불멸의 성 性

임해리 저

날마다 좋은 날 되소서!

Have a nice day every day!

祝你每天过得愉快!

毎日良い日になろう！

− 임해리林諧利 드림 −

임 해 리 저

불멸의 성

性

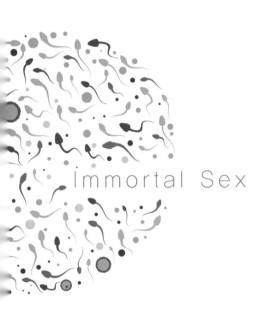

Immortal Sex

NODE MEDIA
노드미디어

남녀의 성 문제는 관계 사이에 소통 부재가 가장 큰 원인이지만 더 세밀히 살펴보면 성에 대한 편견과 억압에서 비롯됨을 알 수 있다. 남녀의 성은 하나의 행성과 또 다른 행성의 만남인 동시에 한 세계와 다른 한 세계의 조우遭遇이다. 그것이 동물의 번식 욕망인 교접과 다른 의미이다.

그런데 자본주의의 발달은 인간의 욕망을 상업화시켜 성을 소비적이고 배설적인 출구로 전락시켰던 것이다.

　현재 우리 사회에서 성性에 대한 담론談論은 전반적으로 이루어졌다기보다 일부 학자들을 중심으로 논의되어 왔다고 보인다. 성이란 과연 무엇인가? 성을 표현하는 다른 말로 동양에서는 색이란 용어를 사용하였다.

　『논어論語』에 '학이시습지 불역열호學而時習之 不亦說乎'라고 '배우고 때때로 익히면 또한 기쁘지 아니한가!'라고 해서 학문의 중요성을 공자가 얘기한 것으로 널리 알려져 있다.

　우리는 평생을 살면서 필요에 의해 독학도 하고 평생교육원도 다니며 온라인으로 무엇인가 배우기를 계속한다. 그런데 한번도 제대로 배우지 못하였고 배움이 없으니 무지한 탓에 편견과 오류에 빠져들어 왜곡된 인식에 사로잡히는 분야가 있다.

　그것은 바로 성性이다. 성은 한자로 마음 심心과 날 생生으로 이루어져 있으니 정신과 육체(생명의 에너지)를 뜻하는 의미로 해석할 수 있다. 성은 보통 3가지 의미를 포함하고 있는데 섹스sex는 암컷이냐 수컷이냐로 구분하는 생물학적인 의미이고 젠더gender는 사회적, 문화적인 성을 뜻하며 섹슈얼리티sexuality는 성행위에 대한 인간의 성적 욕망과 성적 행위, 그리고 이와 관련된 사회제도와 규범들을 포함한 포괄적 의미로 쓰인다.

　성性은 삶의 기본 속성 중 하나인 번식이고, 새 생명체를 낳게 하는 과정이다. 동물의 성이 오직 번식을 위한 것이라면 인간은 욕망하는 성이다. 그런데 사회의 규범이나 제도에 의해 금기시하면 그를 위반하면서 끊임없이 충족시키고자 한다.

요즘 섹스올로지sexology라는 학문이 대중의 관심을 끌고 있는데 성과학이란 뜻으로 성의 관심, 성행위, 성기능을 과학적으로 연구하는 학문이다.

성과학은 성교 역학뿐 아니라 성관계 발달을 연구하는 학문으로 네덜란드나 미국에서는 인기 과목이라고 한다.

한편 심각한 사회 문제로 대두한 것이 성범죄인데 10대부터 노년까지 연령층이 다양하고 직장 내 성희롱, 성폭력, 특히 군대 내 성범죄는 끊임없이 발생하고 있는 현실이다. 직장과 군대는 수직적 인간관계에서 권력의 우산 아래 폐쇄적인 조직 속에서 발생하며 정치인의 위력적 성범죄도 마찬가지이다. 그런가 하면 디지털 성범죄, 10대와 20대 미혼모의 영유아 살해, 유기, 부부간의 성 트러블, 급증하는 이혼 등등 이 모든 문제가 성교육의 부재에서 필연적으로 발생하고 있음을 인지해야 한다.

기성세대는 성교육을 받아 본 적이 없이 살면서 남성들은 소위 '빨간책'이라 불리는 포르노 잡지, 혹은 불법 야동들을 은밀히 보면서 왜곡된 성 인식을 키웠던 것으로 보인다. 또한 40대 이상의 여성들은 성을 입에 올리기도 힘들었고 '정숙한 여자'라는 허구의 이데올로기에 갇혀 살았다. '여자는 밝히면 안 된다.' '남편의 바람은 바람일 뿐이다', '남편의 요구를 안 들어주면 바람피우니까 해줘야 한다.' 등등 남성들이 흔히 얘기하는 '의무방어전'은 아내의 입장에서 쓰던 속설俗說이었다. 갑과 을의 위치가 바뀌었을 뿐이다.

한편 성에 대한 인식은 각 나라마다 지역에 따라 다른 역사적 문화적 전통과 관습이 전해져 왔다. 어느 사회의 미덕이 다른 사회에서 악이 될 수 있는 것처럼 성에 대한 풍속도 시대와 지역별로 다르다는 것을 이해해야 한다. 성 풍속도 그 사회의 정치적 역사적 배경에 따라 지속되었기 때문이다. 시대와 민족, 국가에 따라 다른 성문화를 우리의 기준과 잣대로 백안시한다면 인간과 문화에 대한 무지로 볼 수밖에 없다.

이 책은 2005년에 서울신문에 연재했던 칼럼 <임해리의 색색남녀>와 『SQ를 높여야 연애에 성공한다』를 쓰면서 관심을 가졌던 성性을 인문학적 관점에서 살펴보고자 하였다.

인간은 누구나 행복한 삶을 꿈꾸며 살아간다. 행복의 조건은 여러 가지가 있지만 그 중 남녀가 만나서 사랑을 나누는 행위는 풍요로운 삶을 지탱하는 중요한 기둥이라고 생각한다. 그런데 오늘날 많은 연인과 부부들이 성 문제로 갈등을 겪기도 하고 그것이 이유가 되어 관계가 깨지기도 한다. 남녀의 성 문제는 관계 사이에 소통 부재가 가장 큰 원인이지만 더 세밀히 살펴보면 성에 대한 편견과 억압에서 비롯됨을 알 수 있다. 남녀의 성은 하나의 행성과 또 다른 행성의 만남인 동시에 한 세계와 다른 한 세계의 조우일 수 있다. 그것이 동물의 번식 욕망인 교접과 다른 의미이다. 그런데 자본주의의 발달은 인간의 욕망을 상업화시켜 성을 소비적이고 배설적인 출구로 전락시켰던 것이다. 그리고 우리 사회는 여전히 성에 대한 이중 잣대로 남성과 여성을 평가하면서 여성의 욕망을 억압하기도 한다. 여성뿐 아니라 인종에 대한 차별의식, 성 소수자에 대한 혐오와 편견이 자리 잡고 있는 현실이다.

이 책은 총 4부로 구성된다.

1부는 '성 풍속으로 본 욕망의 사회상-우리 역사 속의 성'에 대해 살펴보았다.

신라시대에서 고려에 이르기까지 개방적인 성 풍속과 왕실의 근친혼과 동성애의 정치적 사상적 배경에 대해 다뤘다. 그리고 보통 조선시대는 유교 이념이 지배질서로 확립되어 성에 대해 보수적이라 여기지만 조선 중기까지도 왕실과 양반가에서 계속 성 스캔들이 일어날 정도로 성 풍속은 크게 달라지지 않았다는 사실을 알 수 있다.

궁녀의 동성애는 물론이고 조선 말에도 양반, 남사당패, 승려의 동성애에 대한 기록이 전해지고 있다. 선비가 지은 성 소화집笑話集에는 인간의 성욕에 대한 풍자와 해학을 담고 있다. 또한 춘화첩春畵帖을 통해 다양한 군상들의 성 풍습을 볼 수 있다.

2부는 '욕망의 불꽃 속에 피어난 성性의 변주곡- 문학과 영화 속의 성'을 살펴보았다. 에로티즘을 다룬 4편의 문학 작품과 15편의 영화를 주제별로 선정하였다. 3편은 에로티즘을 인간의 순수한 욕망으로 표현한 작품이고 일본의 로망포르노 장르인 1편, 그리고 색정광인 남녀가 주인공인 작품, 동성애인 남녀, 장애자의 성, 섹스리스 부부, 사랑과 권력, 인공지능과의 사랑, 노인의 사랑 등 다양한 형태의 사랑과 섹스를 통해 인간의 욕망과 금기가 어떤 방식으로 표출되었는가를 살펴보았다.

3부는 '억압에서 평등과 자유를 향한 성性-성에 대한 연구'로 먼저 성행위를 브라만계급의 교양 덕목으로 본 고대 인도 성전 『카마수트라』와 양생의 관점에서 본 중국 의학서 『황제소녀경』의 내용을 살펴보았다. 그리고 20세기에 큰 반향을 일으킨 『킨제이 보고서』를 비롯해 여성 해방운동의 이론적 토대를 제공한 저서들과 철학의 관점에서 본 성에 대한 연구, 동물생태학으로 본 인간의 성 등을 살펴보았다.

페미니즘 이론을 전개한 이들은 가부장제의 여성 차별에 대한 학설을 비판하며 실존적 존재로서의 여성 선언에서 시작하여 남녀의 성은 정치적 관계이며 임신과 출산이라는 생물학적 압박에서 벗어나야 한다는 주장을 하기에 이르렀다.

4부는 '웰빙 섹스well-being sex를 위한 레시피recipe'로 건강하고 행복한 성을 위한 내용을 중심으로 하였다. 섹스리스에 대한 문제, 성욕을 느끼지 못하는 무성애자, 궁합과 섹스, 12 별자리의 섹스 성향, 행복한 성을 위한 건강식품, 건강한 성의식과 소통의 문제 등을 다루었다. 결국 웰빙 섹스는 건강한 신체와 자아존중감을 통해 상대와 정서적 유대감으로 소통하는데 있다고 보았다. 마지막으로 A.I 시대와 섹스로봇에 대한 내용은 앞으로 우리 사회에서도 사회적 논쟁이 될 문제라고 생각하기 때문에 언급하였다. 로봇과의 섹스, 로봇과의 결혼도 상용될 수 있다는 인공지능 과학자들의 예측은 인간의 사랑과 섹스에 대한 근본적인 질문을 던지기 때문이다.

이 책이 역사 속에서 성은 어떻게 인식되었으며 향유되었는지를 통해 성에 대한 편견에서 벗어나 건강하고 행복한 성에 대한 인식을 새롭게 하는 계기가 되기를 바란다.

2022년 5월 연우蓮雨

PROLOGUE   05

성 풍속으로 본 욕망의 사회상
Part 1 – 우리 역사 속의 성

욕망의 불꽃 속에 피어난
성性의 변주곡 – 문학과 영화 속의 성 　Part 2

CONTENTS

억압에서 평등과 자유를 향한 성性
Part 3 – 성에 대한 연구

웰빙 섹스(Well-being sex)를 위한
레시피recipe   Part 4

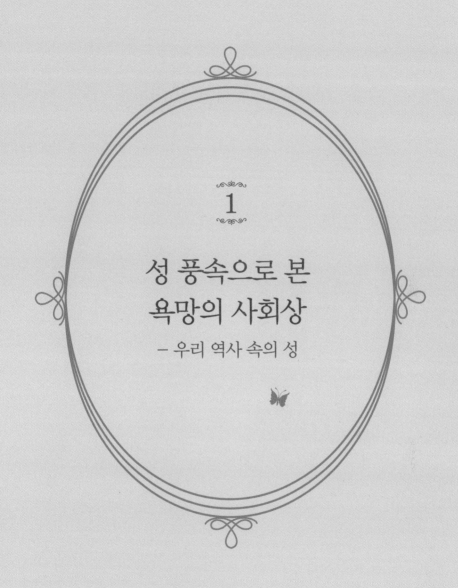

1

성 풍속으로 본
욕망의 사회상

― 우리 역사 속의 성

별전別錢은 기념주화나 장식용, 패물 등으로 쓰였던 특별한 돈을 일컫는다.

조선시대 별전 중 체위별전體位別錢은 성교의 체위를 새긴 것이다.

앞면에는 풍화설월風花雪月이란 글씨가 양각陽刻되어 있고, 뒷면에는 남성상위,

후배위, 좌위, 입위立位의 네 종류이지만 이를 돌리면서 보면 최고 16개의 체위

가 된다고 한다.

01

신라시대의 성 풍속
- 왕실의 근친혼, 동성애, 색공지신色供之臣 -

일반적으로 신라시대의 성 풍속은 자유롭다고 알려져 있다. 어떤 이들은 문란하다고 비판을 하였는데 한 사회의 풍속은 어떤 관점에서 보느냐에 따라 다를 수밖에 없다고 생각한다.

먼저 신라시대의 성 풍속은 『화랑세기花郞世記』를 통해 알 수 있다. 『화랑세기』는 고려 때 문신 김부식이 편찬한 『삼국사기』「김대문열전金大問列傳」에 의하면, 신라 성덕왕 3년(704) 무렵에 편찬한 화랑花郞에 관한 전기傳記로 전해진다. 원본은 확인되지 않았고 필사본이 전해진다. 이 필사본의 진위를 두고 학계에서는 위작僞作이라고 주장하였다. 그 근거 중 하나는 『화랑세기花郞世記』에 나타난 신라인들의 성생활이 문란하고 충격적이라는 것이었다. 그러나 이 필사본을 번역한 이종욱 교수는 위작이 아니라고 주장하여 논쟁이 일었다. 그런데 국보 제195호로 지정된 신라시대 남녀 토우土偶에 대담하고 적나라한 성적 표현이 다양한 체위로 묘사되어 있었다. 따라서 신라인의 성 풍습이 자유분방했던 것은 사실이었음을 알 수 있다.

한편 신라의 화랑이 고대 신라에 있었던 청소년으로 이루어진 심신 수련 및 교육을 하는 조직으로 관리와 군인 양성을 목적으로 하였음은 널리 알려진 사실이다.

『화랑세기花郎世記』는 화랑 중에 우두머리인 풍월주風月主의 전기傳記로 초대 위화랑魏花이래 역대 풍월주 32명의 행적을 순차적으로 기록하였다. 화랑 사다함과 김유신, 김춘추 등도 풍월주를 맡았던 것으로 나타나 있다.

그러면 『화랑세기花郎世記』에 나타난 성생활의 실상은 무엇이었을까?

역대 풍월주들의 전기에는 근친혼, 동성애와 색공지신色供之臣에 대한 내용이 나온다.

먼저 근친혼의 기록은 국가 주도의 역사서에도 기록되어 있다.

신라왕실의 근친혼

남녀가 눈 맞아 서로 통정하는 건 큰 허물이 아니었으며 자연 결혼 풍습도 동성同姓간은 물론, 형제의 자식이나 고종 이종의 자매까지도 혼인을 했다.

-『삼국사기』,「내물왕 즉위조」

형제의 딸이나 고종·이종 자매를 다 아내로 맞아들일 수 있다. 왕족은 제1골이며, 아내도 역시 그 족속으로, 아들을 낳으면 모두 제1골이 된다. 또 제1골은 제2골의 여자에게 장가가지 않으며, 간다 하더라도 언제나 첩으로 삼는다.

-『신당서新唐書』「신라전기 新羅傳記」

위 기록은 신라의 근친혼에 대한 내용이다.

다음의 기록은 김유신을 따라 백제와 고구려를 칠 때 참전해 공을 세웠던 22세 풍월주 양도가 친누나인 보량과의 혼인을 거절하다 나중에는 승복한다는 내용이다. 보량은 아버지가 다르지만 어머니가 같았고 미실의 가계로 따지면 당고모와 조카뻘이었다.

"저는 누나를 사랑하지 않는 것은 아니나 사람들이 나무랄까 걱정이 됩니다. 제가 오랑캐의 풍속을 따르면 아버지와 어머니, 그리고 사랑하는 누나 모두 좋아하겠지만, 중국의 예를 따르면 아버지 어머니 그리고 사랑하는 누나가 모두 원망할 것입니다. 그러니 저는 오랑캐가 되기 싫습니다."라며 어머니 양명공주의 뜻을 따라 결혼하겠다고 말했다. 이에 양명공주는 양도를 감싸 안으며 "참으로 나의 아들이다. 신국(신라)에는 신국의 도가 있으니 어찌 중국의 도를 따르겠느냐."고 말했다.

-『화랑세기』「양도공 편」

위 내용에서 신국神國, 즉 신라의 도道는 일부일처의 원칙 안에서 자유로운 성생활을 한다는 뜻으로 해석할 수 있다. 친누나와 결혼을 하게 된

화랑의 이야기이다.

23대 법흥왕의 딸 지소부인은 삼촌인 입종의 부인이 되어 진흥왕을 낳았다. 진흥왕에게 법흥왕은 큰아버지이며 모계쪽으로는 외할아버지가 되는 셈이다. 진흥왕의 아들 동륜은 입종의 딸인 만호부인의 조카로 결혼을 하였고 김춘추의 아버지 용수는 사촌형인 진평왕의 딸인 천명공주와 결혼하였으니 5촌 조카와의 사이에서 김춘추가 태어난 것이다.

29대 태종무열왕(김춘추)은 유부남으로 김유신의 여동생 문희와 결혼하여 처남과 매부 관계였고 문희의 언니 보희는 김춘추의 첩이 되었다. 훗날에는 태종무열왕의 딸이 김유신의 후처가 되었으니 장인과 사위로 중첩된 인척이었다. 김유신이 김춘추보다 9살 많았고 환갑 때 10대 소녀를 부인으로 맞이하였던 것이다.

이외에도 신라 왕실의 근친혼은 대를 이어 계속되었다. 그 배경은 족외혼을 금지했기 때문이었는데 결국은 정치적으로 결속을 강화시켜 왕실 권력을 보호하는데 그 목적이 있었다는 게 통설이다.

한편 선덕여왕과 진덕여왕은 골품제의 최상위 계층인 성골이었기 때문에 왕위에 오를 수 있었고 그 배경에는 순수 혈통주의가 작용하였다고 보인다. 물론 선덕여왕의 결혼도 근친혼으로 이루었지만 후사는 볼 수 없었다.

고려시대에도 근친혼은 계속되었다가 고려 말에 왕실 내 근친혼은 폐지되었다.

영국, 독일, 프랑스에서는 상속권의 분할을 막기 위한 목적으로 근친혼이 이루어졌다.

이렇듯 왕실의 근친혼은 정치적 목적에서 이루어졌다는 공통점이 있다.

신라 지증왕에서 태종무열대왕까지 계보도

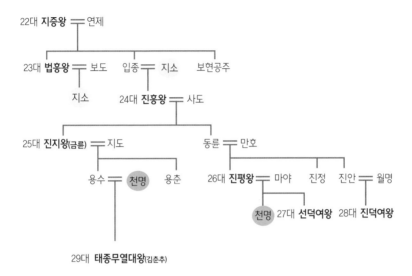

3명의 왕을 섬긴 미실과 동성애로 얽힌 신라 왕실

『화랑세기』에는 남성 간 동성애를 직접 지칭하는 용양龍陽 혹은 용양신龍陽臣이라는 표현 외에도 혹은 폐壁 혹은 폐신壁臣(임금에게 아첨하여 신임을 받는 신하) 혹은 잉신媵臣과 같은 말이 여러 번 보이거니와 남성 간 관계에서 이 말은 예외 없이 동성애 관계임을 암시하거나 명시한다. 여기서 용양龍陽은 중국『전국책戰國策』에 나오는 고사로 전국시대 위왕魏王이 용양군龍陽君을 남색 대상으로 삼았던 데에서 유래한다.

화랑 사다함의 아버지 구리지는 얼굴이 아름답고 교태를 잘 부리는 설성薛成과 동성애 관계였다고 한다.

미실과 설원랑의 아들인 보종은 풍월주 자리에 올랐으나 진평왕의 마복자[1]로 여자를 좋아하지 않아 가까이 지내지 않았고, 고기도 즐겨 먹지 않아 콩죽을 먹었다. 풍월주 호림공의 부제였던 보종은 풍월주가 되어 염장을 부제로 삼았고, 자신보다 여섯 살이 어린 염장을 형처럼 대하고 섬기며 염장의 말은 모두 들어주고 부부와 같은 정을 나눴다 적고 있다. 염장은 보종을 대신해 낭도들을 다스리며 보종을 아이처럼 업어주었고 후에 보종의 재산을 자신의 재산처럼 쓰며 살았다 한다. 보종과 호림공도 동성애 관계였음을 알 수 있는 기록이다. 보종은 나중에 염장과도 관계를 하였다.

> 술과 여자를 좋아하지 않았다. 늘 작은 청려靑驢에 걸터앉아 피리를
> 불며 시가를 지나가면 사람들이 공을 가리켜 '진성공자眞仙公子'라고
> 하였다. 얼굴은 관옥과 같았고 손은 마치 하얀 새싹과 같았다. 그림을
> 잘 그렸는데, 인물과 산수의 절묘함은 신의 경지에 이르렀다. 호림이
> 사랑하여 부제로 삼았다. 정이 마치 부부와 같아 스스로 여자가 되어
> 섬기지 못하는 것을 한스러워하였다.
>
> -『화랑세기』, 이종욱 번역 중에서

---

1) 마복자摩腹子는 '배를 문지른 아이' 정도의 뜻으로 해석되는데 지위가 낮은 남자가 임신한 자기 아내를 상관에게 바쳐서 낳은 아들을 말한다. 『화랑세기』 필사본에는 이런 마복자가 여러 번 등장하는데 소지왕에 뒤이은 22대 지증왕의 아들인 법흥왕도 남편의 씨를 임신한 몸으로 소지왕을 섬겨 태어난 아들이라고 하였다. 마복자 제도는 왕뿐만 아니라 아래로는 화랑의 낭도에까지 이르고 있다. 이를 거느린 자는 사회. 정치적인 추종자를 거느리게 되고 마복자 또한 자신들의 사회. 정치적 후원 세력을 얻게 되는 제도라고 설명하고 있다.

미실은 사다함과 사랑을 하다 그가 죽은 후 사다함의 의붓동생인 제7대 풍월주 설원랑을 총애하여 제16대 풍월주 보종을 낳았다. 그는 진흥왕, 진지왕, 진평왕의 아들 동륜태자, 설원랑 등의 사이에서 자식을 계속 낳았다. 미실의 가문은 색공지신[2]으로 권력을 계속 유지할 목적이었고 미실이 왕실과 귀족의 남성들과 관계를 하며 자식을 낳았다는 사실은 단순히 색을 밝혔기 때문은 아니었다고 보인다. 물론 미실이 궁주宮主라 불리며 40여 년간 권력의 중심에 있었던 것은 그의 색공色供으로 가능한 일이었다.

신라의 삼서지제(三壻之制: 남편을 3명 둘 수 있는 제도)와 3명의 남편을 거느린 선덕여왕

26대 진평왕은 후사를 이을 아들이 없고 장녀 천명공주와 둘째 선덕공주 뿐이었다.

천명은 폐위된 25대 진지왕의 아들 용춘을 마음에 두었으나 왕의 명령에 따라 용수와 결혼을 하였다. 숙부와 조카 사이였지만 문제가 되지는 않았다.

한편 선덕여왕은 즉위한 뒤 용춘을 남편으로 삼았으나 역시 아이를 갖

---

2) 색공지신色供之臣은 색공을 바친 신하라는 뜻으로 대표적인 인물로 미실을 꼽는다. 미실은 제2대 풍월주 미진부의 딸로 어머니는 법흥왕의 후궁인 묘도부인. 동생은 미생. 이모가 진흥왕의 왕비인 사도부인인데 진흥왕, 진지왕, 진평왕 세 왕을 모셨으며 미실의 남편은 김세종 뿐이었다. 『화랑세기』 10세 '미생랑' 조에 묘도妙道가 "우리 집은 대대로 색공지신으로 총애와 사랑이 지극했다"라는 대목이 나온다.

지 못하자 용춘은 스스로 물러나기를 청했다. 그 후 왕명에 따라 형인 용수가 선덕을 모셨으나 후사가 없었다. 이에 여러 신하가 모여 논의해 결정하기를 삼서지제에 따라 흠반欽飯과 을제乙祭에게 선덕을 함께 보좌하게 한 것이다. 공식적으로 남편을 3명이나 두었지만 대를 이을 수 없게 되자 사촌동생인 진덕이 여왕이 되었다. 마지막 남은 성골이었기 때문이다.

신라 왕실의 근친혼과 동성애, 마복자 제도는 서로 유기적인 관계를 갖고 있는데 이는 폴리아모리Polyamory('많음'을 뜻하는 그리스어 '폴리poly'와 '사랑'을 뜻하는 라틴어 '아모르amor'의 합성어)를 연상시킨다. 성을 매개로 한 관계자 간에 공동체의 유대감으로 일종의 이너서클inner circle이 형성되었던 것으로 추측한다. 그들 간에 분쟁이나 갈등에 관한 내용이 보이지 않는 것은 색色을 도道라 여긴 신라인의 성의식에 있었다고 생각한다. 또한 신라의 삼국통일에는 혈연과 색연色緣으로 두터워진 그들에게 끈끈한 운명공동체라는 의식이 작용했을 것이라 여겨진다.

고려인의 개방적인 성

- 고려속요 <쌍화점雙花店>, <만전춘滿殿春> -

고려시대는 신라의 성 풍습과 크게 다르지 않았다. 송나라 사신으로 고려에 왔던 서긍이 기록한 『고려도경高麗圖經』이나 <쌍화점雙花店>이나 <만전춘滿殿春>이라는 고려가요 등을 통해 당시의 성문화를 짐작할 수 있다.

『고려도경高麗圖經』의 기록에 의하면 고려에서는 이혼과 재혼이 자유로웠으며 남녀 혼욕 풍습까지 있었다고 한다.

아침에 일어나면 먼저 목욕을 한 후 집을 나서며, 여름에는 하루에 두 번씩 목욕을 한다. 흐르는 시냇물에 많이 모여 남녀 구별 없이 모두 의관을 언덕에 놓고 물굽이 따라 속옷을 드러내는 것을 괴상하게 여기지 않는다.

-『고려도경高麗圖經』

또한 '경합이리輕合易離'라고 하여 "가볍게 만나서 쉽게 헤어진다."는 기록이 나타나 있을 정도로 고려인들의 성 풍습도 자유분방했음을 알 수 있다.

한편 고려의 태조 왕건王建은 지방 호족들과 혼인관계로 동맹을 맺어 29명의 부인을 두었고 왕권의 안정을 위해 근친혼의 길을 열어 놓았다. 왕건의 넷째 아들 왕소는 이복 여동생 황보씨와 결혼하고 두 번째 부인은 조카였다. 6대 성종은 광종이 딸인 문덕왕후 유씨와 결혼하였는데 유씨는 먼저 태조의 손자인 왕규와 결혼한 적이 있으니 재혼을 한 셈이었다. 고려시대 왕으로 동성애를 한 경우는 여럿 있었다.

다음은 목종과 유행간의 관계를 기록한 내용이다.

> 유행간庚行簡은 그 생김새가 아름다워서 목종이 특히 그를 사랑해 용양(龍陽,남색)의 관계를 맺었다. 합문사인閤門舍人으로 벼락출세시켜 놓고 왕이 교지를 내릴 때마다 반드시 유행간에게 먼저 물은 다음에 시행하였다. 이 때문에 총애를 믿고 교만하게 굴면서 관료들을 업신여기고 제멋대로 부리니 측근 신하들은 그를 왕처럼 대우하였다.
>
> -『고려사』권36,「열전」폐행 유행간

한편 고려 왕실의 성 스캔들은 고려 최초로 섭정을 한 천추태후와 김치양의 사통 사건이었다. 천추태후는 5대 경종의 후비이자 6대 성종의 여동생이고 7대 목종의 친모 그리고 8대 현종의 이모였다. 천추태후는 목종이 즉위하고 대비가 되자 김치양과의 사이에서 아들을 낳아 왕으로 만들려고 하였다.

『고려사』「김치양 열전」에는 그가 천추태후의 어머니쪽 친척이며 천추

태후 사이에 아들을 낳았다고 기록하였다.

김치양은 동주同州 사람이며 천추 태후千秋太后 황보皇甫씨의 외족外族이었는데 성정이 간교하고 성욕이 몹시 강했다. 김치양은 일찍이 머리털을 깎고 가짜 중이 되어 천추궁千秋宮에 출입하면서 추악한 소문이 자자하였으므로 성종成宗이 그것을 확인하고 곧장 쳐서 먼 곳으로 귀양 보냈다……목종이 항상 그를 내보내고자 하였으나 모친의 마음을 상하게 할까 염려하고 단행하지 못하였다. 후 태후가 아들을 낳았는바 그것은 김치양과 간통하여 낳은 것이었다.

－『고려사』127권,「열전」40, 반역 김치양

그러나 강조康兆의 변이 일어나 목종은 폐위되고 김치양과 아들도 죽게 된다.

한편 천추태후의 여동생 헌정왕후는 그 역시 5대 경종에게 시집을 갔다 과부가 되자 왕건의 아들이면서 숙부인 왕욱과 통정하여 아이를 낳았으니 그가 8대 현종(顯宗, 991~1031)이다.

고려 말 충선왕은 원충과 동성애 관계로『고려사』권20,「열전 제신 원충」을 보면 18살에 충선왕의 부름을 받아 옛날 용양龍陽처럼 남색男色으로 총애를 받아 왕씨王氏성을 하사받고 이름을 왕주王鑄로 고쳐 받았다고 되어있다.

공민왕의 동성애 기록을 보면 천성적으로 여색을 좋아하지 않았다고 하나 남색을 밝힌 것도 모자라 난잡한 행동을 하였다고 전한다.

항상 자신을 부인 모양으로 화장했다. 먼저 젊은 여종을 방안에 불러들여 보자기로 얼굴을 가리고 김흥경과 홍륜 등을 불러들여서 난잡한 행동을 하게 해놓고, 왕은 곁방에서 문틈으로 엿보았다. 그러다가 마음이 동하면 홍륜 등을 침실로 불러들여서 마치 남녀 사이와 같이 자기에게 음행을 하게 했다. 이렇게 하기를 수십 명을 바꾸고서야 그쳤다.

-『고려사』권43「세가」공민왕 21년

고려 때 동성애에 대한 기록 중 눈에 띄는 것은 문인 이규보(1168~1241)의 『동국이상국집東國李相國集』에 나타난 한시 <차운공공상인 증박소년오십운次韻空空上人 贈朴少年五十韻>이다. 고승과 미모와 재주를 가진 소년의 사랑 이야기였다.

하늘과 땅이 개벽하매 음과 양이 생기고
수컷이 암컷을 부르자 여가 남을 따르네!(1연)

더욱이 이 소년은 총명한 천성에다
해박한 학식까지 마냥 간직하여
마치 봄철의 윤택한 숲 같고
또한 둥근 보름달과도 같네!
침실에 이불을 함께 하니 정의가 진실로 도탑고
서로 사랑한들 무엇이 해로우랴   (5연)

공공상인空空上人은 이규보와 교유가 깊었던 경조景照라고 하는 당대 고승인데 속세와 인연을 끊고 아름다운 여인의 유혹도 물리쳤다고 한다. 그런데 박씨 소년을 만나 사랑을 하였다는 내용이다. 이는 마치 고대 그리스에서 성인 남자와 소년의 동성애를 자연스럽게 받아들인 사실을 떠올리게 한다. 육체적인 관계 이전에 정신적인 교감이 이루어져 연대감이 사랑으로 이어졌다는 의미이다.

성 풍속은 고려왕실 뿐 아니라 일반 시정에서도 자유롭기는 마찬가지였다.

고려속요 <쌍화점雙花店>은 충렬왕 대에 지어진 것으로 알려져 있다. 화자話者인 여자에게 만두가게 주인인 회회아비(이슬람계 위구르인)부터 절의 스님, 술집 주인, 용龍(왕족)이 손목을 잡으며 유혹을 하니까 그 얘기를 듣고 자기도 그곳에 가보겠다는 내용이다. 이는 고려의 퇴폐적인 성 풍습을 보여주는 동시에 당시 타락한 불교와 왕실을 비판한 것이다. 쌍화점은 고려시대 당시 쌍화를 파는 가게를 가리키며 만두의 모양이 쌍화(인동초)로 보여 쌍화라고 불렀다고 한다. 그 중 이슬람 상인과 스님이 유혹하는 내용을 소개해본다.

> 만두집에 만두 사러 갔더니만
> 회회 아비가 내 손목을 쥐더이다
> 이 소문이 이 가게 밖에 나고들면
> 다로러거디러 조그마한 새끼 광대 네 말이라 하리라
> 더러둥셩 다리러디러 다리러디러 다로러거디러 다로러
> 그 잠자리에 나도 자러 가리라
> 위 위 다로러거디러 다로러
> 그 잔 데같이 답답(난잡)한 곳이 없다

삼장사에 불 켜러 갔더니만
그 절 지주가 내 손목을 쥐더이다
이 소문이 이 절 밖에 나고 들면
다로러거디러 조그마한 새끼 상좌 네 말이라 하리라
더러둥셩 다리러디러 다리러디러 다로러거디러 다로러
그 잠자리에 나도 자러 가리라
위 위 다로러거디러 다로러
그 잔 데같이 답답(난잡)한 곳이 없다

'다로러거디러 더러둥셩 다리러디러 다리러디러 다로러거디러 다로러'
는 노래의 음률을 맞춘 의성어이다.

한편 고려가요高麗歌謠 중 대표적인 남녀상열지사男女相悅之詞로 꼽히는
<만전춘滿殿春>은 작자와 시기는 알 수 없으나 <악장가사樂章歌詞>와 <시
용향악보時用鄕樂譜>에 실려 전해져 오고 있다. 그 중 일부를 보면 얼어 죽
더라도 밤이 오래 지속되었으면 좋겠다는 욕망을 표현하고 있다.

얼음 위에 댓잎 자리 펴서
그대와 내가 얼어 죽더라도
얼음 위에 댓잎 자리 펴서
그대와 내가 얼어 죽더라도
정든 오늘 밤 더디 새소서, 더디 새소서.

남산에 자리 보아
옥산을 베고 누워
사향 각시를 안고 누워

사향이 든 가슴을 맞추옵시다 맞추옵시다
아! 그대여 평생토록 헤어질 줄 모르고 지냅시다

    <만전춘滿殿春>은 <만전춘별사滿殿春別詞>라고도 하는 데 봄이 가득한 전각殿閣의 이별 노래라는 뜻이다. 얼어 죽더라도 밤이 더디 새기를 바란다는 구절은 남녀의 색정을 노골적으로 표현하고 있으며 '얼다'는 말은 남녀가 '관계하다'라는 뜻도 있으니 이중적 의미로 해석할 수 있다. 성애에 대한 열정과 영원한 사랑에 대한 바람 등의 감정을 솔직하고 적나라하게 드러내고 있는 것으로 고려인의 성관념을 엿볼 수 있다.

03

조선 초기의 성 스캔들

- 내시와 후궁, 공신의 첩과 태종太宗 -

왕자의 첩과 간통하고
임금의 후궁과 통정한 내시 정사징鄭思澄

고려가 멸망하고 조선이 건국한 때는 1392년. 조선은 유교를 국가 이념으로 삼았다. 유교는 성과 여성에 대해 억압적이었으나 조선 중기 까지도 조선 왕실과 양반, 일반 백성들의 성 풍속은 고려와 크게 다르지 않았던 것으로 보인다. 풍속이란 것이 왕조가 바뀌었다고 하루아침에 달라지지 않기 때문이다.

조선 전기에 왕족과 궁녀, 내시, 양반들 사이에 간통 사건이 끊임없이 발생하였는데 근친간의 사통, 동성애가 불러일으킨 치정 등이 실록實錄에 기록되어 전한다.

조선 초의 내시內侍들 중에는 거세되지 않은 자가 있었기 때문에 통정通情사건이 계속되었다.

『태종실록』에는 내시 정사징이 태조의 넷째 아들 방간의 첩과 간통하였고 정종을 섬기던 궁녀 기매와 간통하여 죽었다고 기록되었다. 그런데 기매를 죽이려 할 때 정종의 부탁으로 살려주었다고 하는데 2대 정종은 태조의 둘째 아들 방과였다. 기매는 왕자 두 명과 통정하고 내시 정사징과 사통하였으니 내시가 왕자들(그 중 1명은 정종)과 동서가 된 꼴이었고 기매는 정종의 아이를 가진 덕분에 목숨을 건졌다.

환자宦者 정사징鄭思澄을 베었다. 정사징은 고려 공양왕 때부터 환자宦者 같지 않다는 말이 있었는데, 또 회안 대군의 첩을 간통하였고, 인덕궁仁德宮을 섬기면서 시녀 기매其每를 간음하였다. 기매는 상왕上王의 본궁本宮 종비種婢였고 상왕이 알고 기매를 내치니, 정사징이 도망하였다. 이때에 이르러 붙잡히자 곧 베었다. 의금부 제조에서 기매를 아울러 베자고 청하니, 임금이, "기매는 상왕에게서 아이를 배어 자식을 낳았으니 차마 못하겠다." 하였다. 제조提調등이 청하기를, "기매가 이미 죄를 지어 쫓겨났으니, 상왕인들 어찌 아끼겠습니까?" 하니, 임금이 옳다고 여기어 장차 베려 하다가 마침내 상왕의 명령으로 베지 못하였다.

－『태종실록』17년 8월 8일

공신들이 쟁탈전 벌인 기생을 후궁으로 삼은 태종

『태종실록』7년 12월 2일자에는 "대호군 황상을 파직하고, 총제 김우의 갑사 양춘무 등을 수군에 편입시키다."라는 기록이 나오는데 그 배경은 다음과 같다.

황상이 기생 가희아㤀喜兒를 첩으로 삼았는데 그는 이성계를 도와 위화도 회군에 공을 세운 공신이었다. 그런데 총제 김우와 가희아는 몰래 정을 통하는 사이였고 김우가 동짓날 황상의 집으로 가던 가희아를 납치하려다 실패하였다. 김우도 왕자의 난을 평정한 공신이었다. 양춘무는 김우의 개인 명령에 따라 밤에 황상의 집을 포위하였고, 또 길거리에서 서로 더불어 격투하여 그 은대銀帶를 쳐서 떨어뜨렸으니 실로 부당하다고 사헌부에서 보고하였다. 또한 황상은 3품관으로 조정길에서 첩과 다투었으니 정직停職시키라는 내용이었다. 기생 쟁탈전으로 공신과 그 부하들이 파직과 강등의 수난을 자초한 꼴이었다. 그런데 2년 뒤 태종이 후궁으로 삼았다고 기록되어 있다.

> 홍씨를 혜선옹주惠善翁主로 삼았으니, 보천의 기생 가희아㤀喜兒였는데, 처음에 가무를 잘하였기 때문에 총애를 얻었었다.
> ―『태종실록』14년 1월 13일자

그야말로 요즘으로 치면 막장 드라마가 아닐 수 없다. 그런데 이 사건은 여색을 탐한 공신과 왕의 도덕성에 앞서 그 당시까지도 고려의 자유분방한 성 풍속이 지속되었다는 사실을 반영하는 것으로 보아야 할 것이다.

이는 11대 중종 때까지도 그 풍속이 변하지 않았음을 실록을 통해 알 수 있다.

근래 풍속이 아름답지 않아서, 종친, 사대부가 서로 처첩妻妾을 훔쳐 음란한 풍속이 지극히 성행한다. 죽은 사람과 살아 있는 사람의 처첩을 혹 그 부모를 꾀거나 그 신의를 지키는 것을 범하여 핍박하여 간통하는 자도 이따금 있으므로, 이미 헌부憲府를 시켜 이문移文하였으나 관찰사가 된 자가 심상하게 여기니, 관찰사에게 교시를 내려 그 궁벽한 마을에도 서로 처첩을 훔치는 자가 있거든 추문推問하여 알아내어 계문啓聞하게 해야 한다.

-『중종실록』 23년 11월 4일자

위 내용은 간통한 자의 죄를 따지라는 왕명을 내린 것으로 당시의 풍속을 언급하고 있는데 때는 1528년이니까 조선 건국 후 130년이 지나도록 유교의 이념은 정착되지 못했고 성 풍속은 여전히 고려의 풍습이 지속되었음을 알 수 있다.

조선 후기에 여성들에게 교화의 목적으로 보급되었던 『열녀전』도 속담에서는 '열녀전 끼고 서방질하기'라고 할 정도였으니 풍속 중에서도 성에 대한 규제만은 쉽지 않았던 것이다. 인간의 욕망은 억압할수록 금기를 넘어서려는 욕구 또한 그만큼 강할뿐더러 성적 욕망은 인간의 기본적인 것이기 때문이다.

조선시대는 사농공상士農工商의 철저한 신분제 사회로 각각의 신분에 따라 법적 사회적 차별을 두었다. 그러나 인간의 욕망이라는 관점에서는 양반이나 서민이나 똑같은 존재일 뿐이었다. 그런데 성적 욕망을 서민들은 솔직하고 과감하게 표현하는 한편 양반의 위선에 대해 풍자와 해학으로 비판하였다. 이는 판소리와 탈춤을 통해 알 수 있다.

04

판소리 <춘향가>와 탈춤에 나타난
음담패설淫談悖說의 성性

18, 19세기는 서민 예술이 발달하였고 사대부 중심의 양반 문화와는
다른 색깔을 띠었다. 고담준론高談峻論과 체통을 중시한 양반과 달리 서민
들은 성에 대해서도 솔직하며 가식 없이 욕망을 표출시켰다.

소리와 사설辭說로 이루어진 판소리는 18세기 서민들의 열렬한 호응
을 받아 발전하였다. 그 중에서 <춘향가>는 신분을 뛰어넘는 애절한 사랑
이야기로 현재까지도 계속 여러 장르로 공연되는 작품이다. 성춘향과 이
몽룡의 나이가 16세라고 했으니 요즘으로는 청소년이지만 조선 시대에는
혼인할 수 있는 나이로 인정되었다.

<춘향가>에는 소위 육담肉談이 많이 나오는데 사전적 의미로는 비속어
이고 주로 성적인 표현과 관련된 외설猥褻로 통용되고 있다.

<춘향가> 중 한 장면을 살펴본다.

용궁 속의 수정궁 / 월궁 속의 광한궁 / 너와 내가 합궁하니 / 한 평
생 무궁이라 / 이 궁 저 궁 다 버리고 / 너의 두 다리 사이의 수룡궁에
/ 나의 힘줄 방망이로 / 길을 내자꾸나
......삼정승은 평교자 타고 / 육판서는 초헌 타고 / 각급 수령은 독교
타고…… / 나는 탈 것이 없으니 / 오늘 밤 삼경 깊은 밤에 / 춘향이
배를 넌즈시 올라타고 / 홑이불로 돛을 달아 / 내 기계로 노를 저어 /
춘향의 오목샘으로 들어가되 순풍에 음양수를 시름없이 건너갈 제 말
을 삼아 탈 양이면 걸음걸이 없을소냐.

– <열녀춘향수절가>중에서

<춘향가>에 나타나는 육담은 말 그대로 몸의 대화이다.

조선 시대가 성리학적 지배질서 속에서 인간의 기본 욕망인 성을 억압
하였지만 일반 서민들은 규범을 중시하던 지배층과는 달리 성을 자연 그
대로 받아들였던 것으로 보인다. 판소리는 민중 예술이지만 19세기에 양
반, 중인 등 모든 계층이 향유하게 된 이유가 인간의 욕망을 거침없이 드
러내는 판소리의 매력에 있었기 때문이다.

한편 탈을 쓰고 벌이는 가면극인 탈춤도 조선 후기에 서민들이 애호하
던 예술이었다.

그런데 탈춤의 대사에는 비속어와 육담이 자주 등장한다. 양주별산대
와 봉산탈춤의 대사 속에는 남녀 성기와 근친상간, 동성애, 자위 등의 표
현으로 상대를 공격하는 내용이 나타나 있다.

봉산탈춤에서 먹중과 신장사의 대사도 성에 대한 표현이 노골적으로 드러나 있다.

먹중 : 내가 이제 노시님께 가서 오독독이 타령을 돌돌 말아 귀에다가 소르 르하니까, 대갱이를 용두치다가 내버린 좆대갱이 흔들 듯 하더라.

신장사 : 여보 구경하는 이들. 내 노리개 장난감 어데로 가는 걸 못봤오. (하며 사방으로 원숭이를 찾으러 돌아다닌다. 소무허리 등에 붙어있는 것을 보고) 아 이놈봐 라. 요놈 신 값 받아오라니까 돈은 받아 거기다 다 써 버렸더냐 (원 숭이를 붙잡아서 전에 있던 자리로 온다) 요놈아, 너는 소무랑 하였으니 나는 네 뼉이나 한번 하겠다. (하며 원숭이를 엎어놓고 동작을 취한다.)

용두친다는 말은 자위를 뜻하며 원숭이가 소무(기생) 뒤에 붙어 성행위 를 하였으니 신장사는 원숭이에게 비역(남색)을 하겠다는 내용이다.

조선 후기의 탈춤에서 나타난 비속어나 육담은 지배층에 대한 저항이 라는 의미도 있지만 탈춤을 축제라는 관점에서 본다면 바흐친이 주장한 내용과 부합될 것이다.

미하일 바흐친(1895-1975)은 "카니발carnival의 특성중 하나로 기이성 (Eccentricity)으로서 인간 본성의 은폐된 부분들이 일상적인 억압으로부터 벗어나 새로운 세계로 들어가는 것이다."라고 설명하였다. 카니발의 세계 에서는 억압된 의식이 밖으로 표출될 수 있다.

카니발이 벌어질 때면 일상적 생활의 질서와 체계를 규정짓는 구속, 금기, 법칙들이 제거되며 무엇보다 먼저 위계질서와 거기에 관련된 공포, 공경, 경건, 예절 등의 형식이 제거된다. 즉 사회적 계급적 불평등이나 그 밖의 연령이나 주종관계의 불평등과 연관된 모든 것이 제거됨을 말한다. 또 삶에 놓여 있는 거리도 모두 제거되고 카니발 특유의 카테고리인 자유롭고 스스럼없는 사람들 간의 접촉이 효력을 발생하게 된다. 그것은 카니발적 세계관의 대단히 중요한 요소이다.

탈춤의 육담은 억압되었던 성에 대한 금기의 위반이고 이는 카니발의 기본 특성 중 하나로 볼 수 있다.

18, 19세기는 서민문화가 꽃피우던 시기였고 판소리와 탈춤은 서민들의 정서를 대변해주는 예술이었다. 그러므로 판소리와 탈춤에 나타난 육담은 서민들의 건강한 성의식을 보여주는 동시에 공인된 일탈의 언어였던 셈이다.

05

남근男根 숭배와 해신당海神堂의 남근목, 거대한 음경을 가진 왕

한국의 남근석男根石과 해신당海神堂의 남근목男根木

남근석은 남성기의 모양이 유사하거나 남성기를 상징하는 암석의 형태로 출산, 아들을 낳게 해달라는 기원, 여성의 바람기를 막거나 풍수 음양과 관계가 있다. 밭이나 마을에 선돌을 세우게 된 것도 농경사회에서 풍요와 관련되었기 때문이다.

남근석은 전국 곳곳에 있는데 그 중에서도 제천 동산東山에 있는 것이 명물로 손꼽힌다. 하나는 누워있고 또 하나는 서 있는 상태로 실제 모습과 유사한 형태를 띠고 있다. 남근석 중에는 이름부터 남성의 성기를 붙인 것이 많다.

『한국의 성신앙 현지조사보고서』에 의하면 자지바위, 좆바위, 남근석

등이 있고, 은유적 표현을 써서 돛대바위, 갓바위, 이 밖에 총각바위, 들바위, 말바위, 장수바위 등 그 수를 열거할 수 없을 만큼 다양하게 불리고 있는데 모두가 남성 성기와 관련된 이름들이다. 그 중 특이하게 우물 안에 남근석이 세워져 있는 곳은 목포시 관해동이다.

> 그곳에 참샘이라는 우물이 있는데 깊이가 5m이고 시름이 2.1m로 산이 있는 방향의 우물 한 쪽에 물이 나오는 구멍이 있는데 이 구멍을 향해 그 가운데 30cm의 바위가 있는데 이를 자지바위라 부른다. 이 마을은 원래 물이 귀한 편이라 참샘의 물구멍을 향해 자지바위를 맞춰 놓으면 가뭄에도 물이 잘 나오게 되었다고 한다. 이 바위 끝에는 이보다 작은 붕알바위가 있다.
>
> -『한국의 성신앙 현지조사보고서』중에서

해마다 음력 7월 15일에 참샘의 물을 퍼내고 청소한 뒤 술을 바치고 절하며 물이 잘 나오도록 빈다고 한다. 이는 음양의 이치에 따라 남근석을 세운 경우로 볼 수 있다. 그런가 하면 여성의 음기를 누르기 위한 곳도 있다.

전라북도 군산시 개정면 발산리에 있는 총각바위는 170cm 정도인데 아낙네들이 바람이 자주 나므로 이를 누르기 위해 골짜기 입구에 세웠다고 한다. 대방산이 여성의 생식기처럼 생긴 음부형陰部形이라는 풍수사상과 관련이 깊다. 대방마을은 뒤로 대방산을 두르고 있는데, 대방산은 마치 소쿠리처럼 마을을 둥그렇게 감싸고 있다.

한편 동해안에는 해안가 서낭당에서 남근을 숭배하는 사례가 많이 발

해안가 절벽위에 지은 해신당 전경
© 최진연 문화유적 전문기자

애랑처녀 초상화를 그려놓은
삼척 신남마을 해신당 내부
© 최진연 문화유적 전문기자

신남해변을 바라보는 목제 남근상들
© 김대갑

견된다.

해신당海神堂의 신들은 어부, 해녀, 어선 등 해상의 일들을 관장하고 수호하는 것으로 여겨서 어민이나 해녀의 집안에서는 이 신들을 중시하고 자주 해상의 안전과 풍어를 이 신들에게 빈다. 이 당들은 나무로 깎은 남근男根을 당에 바치는 주술적 풍요 기원으로 알려져 있는데, 강원도 삼척시 근덕면 신남에 있는 해신당은 우리나라 성 숭배 신앙을 대표하는 곳이다. 현재는 해신당 공원으로 조성되어 관광명소가 되었다.

신남마을 해신당에 전해 내려오는 전설이 있다.

혼인을 약속한 처녀와 총각이 미역을 따기 위해 배를 타고 바다로 나갔다 돌섬에 처녀를 데려다 주고 돌아온다고 했던 총각이 풍랑으로 돌아오지 않았다. 처녀는 그 돌섬에서 애를 쓰다 죽었고 그 후 고기잡이 어부들이 나가면 돌아오지 않자 나무로 깎아 만든 남근을 사당에 걸고 제사를 지내게 되었다는 내용이다.

해신당의 남근목을 바치는 의례는 어부들의 풍요 다산 기원으로서, 남근숭배가 작용하고 있는 해안형 민간신앙이라고 불린다.

남근숭배 사상은 일연이 지은 『삼국유사三國遺事』에도 보이는데 신라의 지증왕과 경덕왕의 음경에 대한 이야기이다.

신라의 지증왕과 경덕왕의 거대한 음경은 어떤 의미일까

『삼국유사三國遺事』 '지철로왕智哲老王'조를 보면 다음과 같은 설명으로 시작한다.

왕은 음경陰莖의 길이가 1척 5촌이나 되어 훌륭한 배필을 구하기가 어려워 사신을 삼도三道에 보내 배필을 구하였다. 사신이 모량부牟梁部에 이르렀는데, 동로수冬老樹 아래에서 개 두 마리가 크기가 북만한 커다란 똥 한 덩어리를 양쪽에서 물고 다투는 것을 보았다. 그 마을 사람들에게 물으니 어떤 소녀가 고하여 말하기를 "이것은 모량부 상공相公의 딸이 이곳에서 빨래를 하다가 은밀히 숲속에 눈 것입니다." 라고 하였다. 그 집을 찾아 그녀를 보니 신장이 7척 5촌이나 되었다. 이 사실을 왕께 갖추어 아뢰자 왕은 수레를 보내 그 여자를 궁중으로 맞아 들여 황후로 삼았고, 군신들은 모두 경하했다.

위 기록은 지증왕의 음경이 거의 45cm나 되어 배필을 구하기 어려웠고 지방의 관리 딸이 키가 크고 성기도 클 것이라 여겨 왕비로 삼았다는 내용이다. 그런데 7척 5촌의 키면 2m15cm이니 지증왕의 음경 크기에 맞춘 것으로 보인다. 이를 다르게 해석하면 왕이 중앙 귀족의 딸이 아닌 왕궁에서 떨어진 지역이었던 모량부 관리의 딸을 왕비로 삼았던 배경을 합리화한 것으로 볼 수 있다. 지증왕의 거대한 음경은 그의 업적을 칭송하기 위한 상징이었다고 알려져 있다. 지증왕은 지철로왕의 시호(諡號: 왕이 죽은 후 붙인 이름)이다.

소를 이용해서 농사짓는 우경법牛耕法 실시, 신라新羅 국호 제정, 마립간麻立干이라는 부족국가 명칭에서 왕으로 시호를 정한 것 등은 왕권의 강화를 보여주는 정책이었다.

『삼국유사』에는 지증왕 이후 35대 경덕왕(景德王,?~765)의 음경에 대한 이야기가 나온다. 촌寸은 보통 3cm로 계산한다.

경덕왕은 음경의 길이가 8촌이었지만 자식이 없었다. 그래서 왕비를 폐위하여 사량부인에 봉하고는, 후비로 만월부인을 두었다.

여기서 경덕왕은 음경이 24cm가 될 정도로 크다는 것과 새 왕비를 맞이한 이유를 나타내고 있다. 그러나 나중에 만월부인도 아이를 낳지 못하자 불국사의 승려 표훈대사表訓大師에게 간청을 하였다는 기사가 나온다.

경덕왕 대는 신라의 전성기로 전국의 행정체제 및 행정단위의 명칭을 대개는 한자식으로 개혁하며 귀족세력을 견제하면서 불교진흥으로 불국사를 창건하였다. 경덕왕의 음경 이야기는 왕권의 강화를 뜻하는 것으로 볼 수 있다.

또 경덕왕이 아들을 간절히 원했던 것도 왕실의 권위를 위해서였지만 8세에 등극한 어린 혜공왕(惠恭王.758~780)은 37대 선덕왕이 된 김양상金良相에 의해 살해되었다.

한편 남근숭배(phallicism)는 세계 곳곳에서 공통적으로 발견되는데 지금도 그리스의 델로스 섬에는 거대한 남근의 석상이 세워져 있는 거리가 남아 있다. 또한 바람둥이였던 아프로디테가 추남에 절름발이 남편인 헤파이토스 몰래 디오니소스와의 사이에 낳은 아들인 프리아포스priapos는 다산과 번식의 신으로 통한다. 그의 남근은 그리스 신화 속에 등장하는 심볼 중 하나인 풍요의 뿔로 여겨지며, 조각상에서 남근 위치에 과일이 주렁주렁 열려있는 모습은 다산과 번식을 의미한다.

그런데 전 세계적으로 오래된 남근 숭배가 21세기 문명사회에서 완전히 없어졌을까? 20세기 문화 전반에 영향을 끼친 지그문트 프로이트

프리아포스 상
출처: 퍼스트비뇨기과 〈남성학 칼럼〉

(Sigmund Freud,1856~1939)가 주장한 유아기의 거세 콤플렉스 이론도 남근 숭배의 한 단면을 보여주고 있다.

또한 몇 년 전에 일어난 문화예술계의 미투(Me Too) 사건도 결국은 권력의 문제이며 소위 문화권력을 가진 남성들의 무의식에 남근숭배가 자리 잡고 있다고 볼 수 있다.

춘화春畵와 체위별전體位別錢은
조선의 성교육 교재

판소리 <춘향가>에서 16살의 이몽룡이 춘향에게 하는 대사는 솔직하고 걸쭉하기 짝이 없다. 『경국대전經國大典』에 16살은 혼인할 수 있는 나이로 되어있다. 또한 조선시대 대표적인 의학서인 『동의보감東醫寶鑑』에는 다음과 같은 언급이 있다.

남자가 여덟 살이 되면 신장의 기운이 충실해져 머리털이 길어지고 영구치가 난다. 남자가 열여섯이 되면 신장의 기운이 왕성해져 정액이 만들어지고 정기가 넘쳐나며 음양이 조화된다. 그러므로 능히 자녀를 둘 수 있다.

남자가 16살이 되면 능히 자식을 낳을 수 있다는 뜻이다. 그런데 몽룡이는 남녀의 성 행위를 어떻게 알고 있었을까? 내용으로 보면 분명히 성에 대한 교육을 받은 것처럼 보인다. 조선의 성교육이 여성의 경우는 임신에 대한 지식을 중심으로 이루어졌다. 결혼한 부부는 출산하기 가장 좋은 날에 대한 정보가 담긴 달력을 받았다. 언제 합방을 하면 임신할 수 있는지가 중요했던 이유는 후손을 잇는 것이 여성의 중요한 임무였기 때문이다. 남성은 혼인할 나이가 되면 집안의 어른들이 '상투탈막이'라는 글귀를 암기시키는 것이 관례였는데 민간에 구전되어온 성교육 자료로서 칠언절구시七言絶句詩로 되어있다. 그 내용은 여성의 신체에 대한 묘사와 관계 때 주의할 점, 태교胎敎들로 이루어져 있어 첫날밤을 앞둔 새신랑이 반드시 알아야 할 사항들이다.

그러면 왕실에서의 성교육은 어떻게 이루어졌을까?

조선시대의 왕은 세자 책봉이 10살 전후에 이루어지는 것이 보통이었고 혼인도 그 무렵에 하였으나 합방은 15~16살에 이루어졌다. 왕실의 성교육을 알 수 있는 내용이 구한말 우국지사였던 황현(黃玹 1855~1910)의 『매천야록梅泉野錄』에 나타나 있다.

27대 순종의 성교육에 대한 기록이다.

"세자의 나이가 조금 장성하였으나 그 음경이 오이처럼 드리워져 발기되는 때가 없었다. 소변도 그대로 흘려버려 항시 앉은자리를 적셨으므로 하루에 한 번쯤 요를 바꾸거나 바지를 두 번씩 바꾸기도 하였다. 그리고 혼사를 치를 나이가 되었지만 남자의 도리를 다할 수 없어 명성왕후는 미친 듯 한탄하였다. 하루는 명성왕후가 궁비宮婢에게 부

탁하여 세자에게 성교하는 것을 가르쳐 주도록 하고, 자신은 문 밖에
서 큰 소리로 '되느냐? 안되냐?' 하고 물으니 그 궁비가 '안됩니다'라
고 대답하였다. 명성왕후는 두어 번 한숨을 내쉬다 가슴을 치며 자리
에서 일어섰다 하는데.."

-『매천야록梅泉野錄』

순종이 아홉 살 때 혼인했으니 왕실에서는 이미 8~9세에 성교육을 실
시했음을 알 수 있다.

위 내용은 순종이 제대로 합궁이 안되고 있어 명성왕후가 조바심을 나
타낸다는 것이며 여기서 궁비宮婢는 궁녀를 뜻한다. 보통 세자의 성교육
은 상침尚寢소속 궁녀가 맡았다고 한다. 상침은 임금의 의복을 갖추어주
고 식사의 순서를 담당하는 궁녀로 정6품正六品의 품계를 가졌다.

한편 조선의 성교육은 실제 경험을 위한 교재로 춘화春畵와 체위별전
體位別錢을 이용하였던 것으로 전해진다. 춘화에 대해서『인조실록仁祖實
錄』에 17세기 인조 때 청나라의 사신이 선물로 보내 온 것 중 하나로 춘의
春意라 하였다는 기록이 나온다.

모 도독毛都督이 차관 모유준 등을 보내어 역적 이괄을 평정한 것을
경하하고 능단綾緞 등의 물건 마흔 가지를 보냈다. 그 중에 춘의春意
라는 물건이 있는데 상아象牙로 나체의 여인을 조각하여 만든 것이었
다. 승지 권진기가 그의 버릇없고 무례한 것을 말하자 차관에게 돌려
보냈다.

-『인조실록』1624년 3월15일자

원래 '춘의春意'는 『근사록近思錄』에 '마음을 고요하게 한 다음에 만물을 보면 자연히 봄뜻이 있게 된다.'는 것에서 유래되었고 봄에는 모든 생물의 싹이 움트는 시기로서, 사람의 마음이 고요할 때 그것을 느낄 수 있다는 의미이다. 생명의 기운이라는 의미이고 성性도 같은 맥락에서 보았던 것이다.

춘화春畵는 남녀간 성행위 장면을 묘사한 그림이나 조각품을 가리키는 것으로 조선에서 성교육의 교재로 쓰였던 것은 사실이다.

영조대의 야담집 『매옹한록梅翁閑錄』에는 조각으로 된 것은 춘의로 그림은 춘화로 불렸다고 하며 인조 대 청의 사신이 보내온 것은 기계장치를 작동시키면 남녀관계의 동작을 하였는데 이를 본 인조가 부수라고 명하였다고 기록하였다.

앞면에는 4가지 체위를 새기고 뒷면에는 풍화설월이라고 한 체위별전
출처: 국립민속박물관

별전別錢은 기념주화나 장식용, 패물 등으로 쓰였던 특별한 돈을 일컫는다. 조선시대 별전 중 체위별전體位別錢은 성교의 체위를 새긴 것이다. 앞면에는 풍화설월風花雪月이란 글씨가 양각되어 있고, 뒷면에는 후배위와 정상위 등 4가지 문양이 새겨져 있다.

체위별전은 규방의 아녀자들을 대상으로 한 성교육용으로 만들어진 것으로 추정된다.

드물지만 춘화春花, 용봉정상龍鳳呈祥, 주원통보周元通寶 독전미인獨專美人의 글자들도 있다. 춘화전에 양각해 놓은 체위는 대체로 남성상위, 후배위, 좌위, 입위立位의 네 종류이지만 이를 돌리면서 보면 최고 16개의 체위가 된다고 한다. 용봉정상龍鳳呈祥[3]은 그 유래가 있다.

춘추시대 진목공秦穆公의 딸 농옥弄玉은 생황笙篁 연주를 잘하였고 사위 소사簫史는 퉁소를 잘 불었다. 두 사람이 연주하면 금룡이 날아와 춤을 추었고 10여 년이 지나자 하늘에서 진짜 봉황이 날아와 지붕 위에 내려앉고 이윽고 용이 날아와 뜰에 내려앉았다. 두 사람이 연주를 시작하자 용과 봉이 날아와 상서로움이 가득 찼다. 농옥이 봉황새를 타고 소사는 금룡을 타자 용봉이 순식간에 하늘을 날았다. 쌍쌍으로 하늘 높이 올라가 용과 봉이 상서로움을 나타냈다.

-『列仙傳』卷上「簫史」

---

3) 용봉정상龍鳳呈祥...본래의 뜻은 전한前漢시대 공자의 9대손인 공부孔鮒가 편찬한 『공총자孔叢子』의 「기문記問」편에 나오는데 용과 봉을 함께 두면 용은 뭇짐승들의 왕이고 봉은 백가지 새의 왕이다. 양자간의 아름다운 상호협력 관계로 상화지기祥和之氣를 나타낸다고 하였다. 후대에 와서 용을 남성으로 봉을 여성으로 상정하여 혼인의 기쁨을 축원하는 의미로 사용하였다.

중국의 전통관념으로 용龍과 봉鳳은 길상여의吉祥如意로 즐겁고 경사로운 일을 뜻한다.

주원통보周元通寶는 후주後周 세조世祖 2年(955)에 주조된 동전이다.

풍화설월風花雪月은 여름의 바람, 봄의 꽃, 겨울의 눈, 가을의 달, 이 사계절의 아름다움을 뜻하지만 남녀상열지사男女相悅之詞를 은유하였다.

풍화는 북송北宋의 진사도(陳師道, 1053~1101)가 지은 <주수응물奏酬應物>에 "우리 인생이 마치 바람 속의 꽃잎처럼, 높고 낮음 역시 모두가 우연일세(生世如風花 高下亦偶然)"라는 싯귀에 나온다. 풍화는 인생을 바람 속의 꽃잎에 비유했다면 설월은 눈 속의 달이라 해석할 수 있으니 덧 없는 인생에서 차가운 눈 위에 여성의 욕망은 달처럼 떠 있다는 의미가 있는 것은 아닐까?" 달은 여성을 상징하기 때문이다.

청주교육대학교 박물관에 소장되어있는 독전미인獨專美人은 둥근 원형 안에 세 남녀의 장면이 묘사되어 있는 특이한 양식을 가졌다. 기념주화의 일종이며 다산을 의미하며 허리에 차고 다니는 주술적인 의미가 있다고 한다.

소위 쓰리썸Threesome인데 남자 2명과 여자 1명이 할 때는 남자의 사정을 늦추거나 회복하는 시간을 벌 수 있기 때문에 남자 1명과 여자 1명이 할 때보다 훨씬 오랫동안 성행위를 할 수 있다고 한다. 성애의 끝판이라고 볼 수 있다.

춘화에 대해서는 다른 장에서 살펴보기로 한다.

조선시대 과부寡婦와 궁녀의 딜도

- 각좆을 팔던 동상전東床廛 -

조선 초기에는 여성의 이혼이나 재혼도 사회적으로 문제가 되지 않을 만큼 비교적 자유로운 풍습이 계속되었다. 그러면 혼자 사는 과부와 궁녀는 성욕을 어떻게 해결하였을까?

조선시대에 상품을 파는 상점이 종로 쪽에 즐비해 있었는데 동상전東床廛[4]이 지금의 종각 남쪽에 있었다. 일종의 잡화점으로 면빗, 참빗, 얼레빗, 쌈지, 허리띠, 탕건, 가죽, 말총, 서책, 전대 등을 취급하였다. 여기에서 판매한 것 중 '각좆'이 있었다. 요즘의 표현으로는 딜도이다.

---

4) 『한경지략漢京識略』은 조선후기 실학자 유득공의 아들 유본예(柳本藝,1777~1842)가 조선 후기 정조 연간에 수도 한성부의 역사와 모습을 자세히 기록한 지방지로 시전市廛에 동상전이 소개되어 있다.

각좆은 동물의 뼈나 가죽을 남근 모양으로 만든 것으로 여성의 자위도 구였다. 소재는 소뿔이 일반적이었고, 고급품으로는 물소뿔이 있었다고 한다.

일설에는 궁녀의 친정오라비가 각좆을 사서 궁에 들여보냈다고도 하였고 여성의 화장품이나 장식품, 패물 등을 팔던 방물장수도 각좆을 취급하였다는 것이다.

우리나라에서 각좆의 역사는 신라 때부터였다. 경주 안압지 유적에서 각좆이 발견되었는데 나무로 만든 것으로 큰 물건의 길이는 17.5cm였다. 각좆에 손잡이가 달려있거나 손때가 묻어있고 귀두에 해당하는 부분 양쪽에 성감을 자극하는 데에 쓰인 돌기가 존재하므로 역사학자들은 실제 신라 여인들이 사용한 것으로 보았다. 또한 반월성 남쪽에서는 길이 30cm의 나무 각좆이 발견되었다.

필요는 발명의 어머니라는 말처럼 각좆 역시 많은 여성들의 성욕과 로망을 해결해주는 도우미로 사용되었던 것이다.

670년대 지어진 안압지에서 출토된 각좆
경주국립박물관 소장

조선의 동성애

- 궁녀의 대식對食, 남색을 하는 양반,
남사당패, 승려들 -

궁녀들의 동성애

조선 중기까지도 성 풍속은 크게 변하지 않았고 왕실과 공신들의 스캔들 못지않게 끊임없었던 것이 궁녀들의 성 추문이었다. 그 중에서도 궁녀들 간의 동성애는 구한말까지도 계속되었다. 궁녀의 동성애를 대식對食이라 하였는데 원래는 궁녀들이 가족이나 친지를 궁궐 안으로 불러들여 같이 식사하는 제도였다. 그런데 그것이 변질되어 동성애의 기회로 삼았기 때문에 대식이라 하였다.

조선 초에 조정을 발칵 뒤집어 놓은 사건은 문종의 2번 째 부인인 세자빈 봉씨의 폐출이었다. 『세종실록』18년(1447) 10월 26일자에 그 전말이 기록되어 있다.

봉씨가 궁궐의 여종 소쌍을 사랑하여 항상 그 곁을 떠나지 못하게 하니, 궁인들이 혹 서로 수군거리기를, "빈께서 소쌍과 항상 잠자리와 거처를 같이 한다."고 하였다. 그런데 소쌍 역시 세자의 후궁인 권승휘의 궁녀 '단지'와 서로 좋아하여 혹시 함께 동침同寢하였으니 이른바 세자빈과 궁녀들의 삼각 치정癡情 관계였던 것이다.

어찌 세자빈이 또한 이러한 풍습을 본받아 이와 같이 음탕할 줄 생각했겠는가. 이에 빈을 불러서 이 사실을 물으니, 대답하기를, "소쌍이 단지와 더불어 항상 사랑하고 좋아하여, 밤에만 같이 잘 뿐 아니라 낮에도 목을 맞대고 혓바닥을 빨았습니다. 이것은 곧 저희들의 하는 짓이오며 저는 처음부터 동숙한 일이 없었습니다."

-『세종실록』18년(1447) 10월 26일자

위 내용은 봉씨가 자신의 죄는 감춘 채 궁녀들의 동성애를 고하는 내용이지만 세종은 여러 가지 이유를 들어 봉씨를 폐서인하였다. 세자빈 봉씨가 술을 마시고 궁녀와 동성애를 하게 된 원인도 따지고 보면 세자인 문종이 학문에만 몰두하고 사랑해주지 않았기 때문이다. 그러나 세자빈으로서의 행실行實에 문제가 많았던 것은 사실이었다.

내가 항상 듣건대, 시녀와 종비從婢 등이 사사로이 서로 좋아하여 동침하고 자리를 같이한다고 하므로, 이를 매우 미워하여 궁중에 금령을 엄하게 세워서, 범하는 사람이 있으면 이를 살피는 여관女官이 아뢰어 곤장 70대를 집행하게 하였고, 그래도 능히 금지하지 못하면 혹시 곤장 1백 대를 더 집행하기도 하였다.

－『세종실록』18년(1447) 10월 26일자

위 기록은 세종대에 궁녀들의 동성애가 많았음을 반증하는 것이다. 궁녀들 사이에는 '대식對食'이라 불렸고 서로를 방동무, 벗, 맷돌부부 등으로 부르며 지냈다. 대식은 『한서漢書』에 나타나는데 여기서는 궁녀들이 서로 부부가 되는 것을 대식이라고 하였다.

조선 후기의 실학자 이규경(李圭景.1788~?)이 쓴 『오주연문장전산고五洲衍文長箋散稿』에도 대식에 대해 다음과 같이 기록하였다.

궁중의 옛 규례에 환관과 궁녀가 서로 부부가 되는 것은 한나라 시대부터 그러하였는데, 이를 대식이라 한다. 그런데 궁녀는 환관을 통하여 물품을 사들이고 환관은 궁녀에게 의뢰하여 옷을 꿰매 입는 등 민간의 부부와 다름이 없었다.

『연산군일기燕山君日記』에는 궁녀들 사이에서 '친구'를 의미하는 붕朋 자를 팔에 새기는 경우가 많았으며 동성애를 한 궁녀들의 몸에 먹으로 글자를 새기게 했다는 기사가 나온다. 법을 어기고 벗을 사귀었다는 '위법교붕違法交朋' 네 글자였다. 먹으로 몸에 글자를 새기는 묵형墨刑이었다. 다른 말로 자자刺字(글자를 새긴다)라고도 하여 중벌에 속했다.

두 궁녀를 밀위청(의금부 당직청)에 보내 '위법교붕違法交朋' 네 글자를 가슴에 새기도록 입묵入墨하였다.

－『연산군일기』11년 7월 13일자

『영조실록』에는 궁녀들의 동성애를 엄하게 다스려야 한다는 조현명趙顯命의 상소문이 기록되어 있다.

예전부터 궁인들이 혹 족속이라 핑계하여 여염閭閻의 어린아이를 금중禁中(대궐)에 재우고 혹 대식對食을 핑계하여 요사한 여중이나 천한 과부와 안팎에서 교통합니다. 이것은 다 요사한 자에게서 인연하고 간사한 자에게서 시작되는 것입니다. 삼가 바라건대, 전하께서는 그 출입의 방지를 준엄하게 하여 그 왕래하는 길을 끊으소서. 그러고서야 부정한 길을 막을 수 있고 뒷 폐단을 막을 수 있을 것입니다. 근습近習을 엄하게 다룬다는 것은 이러합니다.

- 영조 3년 7월 18일자

조선 후기까지도 궁녀들의 동성애는 널리 행해졌음을 알 수 있다.

양반, 남사당패, 승려들의 남색男色

한편 양반의 동성애에 대한 내용이 조선 초에 나타났는데 세종대에 이선李宣을 병조판서로 임명하였더니 사람들이 동성애를 하는 그 행실을 비판하였다.

평상시 집에 있을 때는 방 한 칸을 따로 두고서 얼굴 반주그레한 사내종 하나를 데리고 가면서 거처하기를 처첩妻妾같이 하니 동네에서 그 종을 가리켜 이 정승의 첩이라고 이르고, 그 종놈은 안방에도 거침없이 출입하게 되고 그의 처와 동침하게까지 되어 추잡한 소리가 자못 밖에까지 들리되, 선희이 금하지 않고 또한 꺼리지도 아니하며,...

-『세종실록』 29년(1447) 4월 18일자

조선시대에 남성의 동성애는 남색男色, 때로는 남총男寵, 계간鷄姦, 혹은 비역질이라 표현하였다. 일반적으로 남사당패에서 볼 수 있는데 '삐리'라고 부르는 소년들이 주로 여장을 하고 공공연히 마을의 남정네들과 돈을 받았다고 한다. 그런가 하면 양반이 아내가 죽은 후 이웃의 소년과 동성애를 하는 경우도 종종 있었던 것으로 나타난다.

19세기 말 육용정(陸用鼎, 1842~1917)의 「이성선전李聖先傳」은 이성선이라는 선비와 이웃 소년의 비극적인 사랑을 그렸다. 소년이 다른 남성을 좋아하게 되자 이성선은 소년을 칼로 찔렀던 것이다. 저자는 동성애를 풍남지희風男之戱라 표현하였다.

또한 이규경(李圭景, 1788~1856)은 『오주연문장전산고五洲衍文長箋散稿』에서 남색에 대해 "이것이 무슨 아름다운 풍속이라고 온 천하가 풍습을 같이 하는지 모르겠다. 우리나라의 경우는 민간의 무뢰배들이나 사찰의 추한 중들이 서로 이런 짓을 할 뿐이다."라고 지적하였다. 이는 조선에서 남성의 동성애도 적지 않았음을 반증하는 것이다.

민간의 설화를 집대성한 『고금소총古今笑叢』에는 절에서 행하던 후정後庭놀음에 대한 일화가 소개되어 있는데 승려들 간의 동성애를 뜻한다.

민속학자 이능화(李能和 1869~1943)는 『조선해어화사朝鮮解語花史』에서 구한말에도 남색이 성행하였다고 밝혔다.

우리나라 풍속에는 미동美童이 하나 있으면 여러 사람이 질투하여 서로 차지하려고 장소를 정하여 각법脚法, 속칭 택기연(택견)으로 자웅雌雄을 겨뤄 이긴 자가 미동을 차지한다. 조선조 철종 말년부터 고종 초까지 대단히 성했으나 오늘날에는 볼 수 없다.

-『조선해어화사朝鮮解語花史』

우리가 배웠던 동방예의지국이란 말이 무색할 정도로 조선시대 동성애는 암암리에 널리 퍼져있었던 것으로 보인다. 그리고 동성애가 궁녀, 남사당패, 사찰에서 많이 행해졌다는 사실은 폐쇄된 집단 속에서 이성을 접할 기회가 없었던 환경적 요인이 작용하였다고 볼 수 있다. 성욕이라는 인간의 본능은 법이나 제도로 막을 수 없는 영역에 속한 문제이고 동성애는 그 욕망을 분출하는 또 다른 방식이었을 뿐이라 생각한다.

09

조선의 이인異人들

- 사방지舍方知와 임성구지林性仇之-

세조대의 성 스캔들-여장남자 사방지舍方知

양성애兩性愛는 이성과 동성에게 성적 끌림을 느끼는 것을 의미하며 영어로 바이섹슈얼Bisexual, 줄여서 바이라고 한다.

조선 초에도 성 스캔들이 끊임없이 일어났는데 그 중 조정을 놀라게 할 사건이 있었다. 『조선왕조실록』의 기록을 보면 세조 8년에서 13년까지 14차례 논의된 일이다.

이순지(李純之, 1406~1465)의 딸이 과부로 살면서 여장 남성인 사방지舍方知와 관계를 맺었고 그것이 발각된 사건이었다. 사방지를 양성애자라고 한 이유는 그 신체의 특징이 양성을 갖고 있었다는 것이고 사실은 이성애자 즉 여성들하고만 관계를 하였다고 기록되었다. 그런데 당대 유명한 가문의 여식이 여종과 통정한 것도 경악할 일이었지만, 그가 여장남성으로 양반 집안의 여종들은 물론 여승과도 통간通姦하였으며 신체가 특이한 점이 논쟁을 불러일으켰다. 이순지는 세종대의 천문학자로 판원사라는 종2품의 벼슬까지 지냈던 인물이었다. 영의정을 지낸 정인지(鄭麟趾, 1396~1478)와 사돈 관계에 있었기 때문에 사방지와 이씨를 처벌해야 한다는 논란이 계속되었으나 세조는 처벌을 미루기만 하였다. 사방지는 어려서부터 여성으로 키워져 여종으로 살면서 여성들과 관계를 하였다는 기록이 나온다.

『세조실록』28권, 세조 8년 4월 27일자 기록을 보면 사방지의 신체에 대한 내용이 나타나있다.

> 정현조에게 영순군 이부와 승지 등과 더불어 가서 보게 하였는데, 머리의 장식과 복색은 여자였으나 형상과 음경·음낭은 다 남자인데, 다만 정도精道가 경두莖頭 아래에 있어 다른 사람과 조금 다를 뿐이었다. 승지 등이 아뢰기를, "이것은 이의二儀의 사람인데, 남자의 형상이 더욱 많습니다."

김구석의 처 이씨는 이순지의 딸인데 사방지를 심문해야 한다고 해서 살펴보니 음경陰莖과 음낭陰囊이 있으니 남성이지만 여성의 형상도 갖추고 있다고 밝힌 내용이다.

정도精道가 경두莖頭 아래에 있다고 한 내용은 요도하열尿道下裂로 음경에서 보이는 아주 드물지는 않은 선천적 기형이라고 한다.

『세조실록』28권, 세조 8년 4월 29일자에는 "사방지는 병자病者이니 추국치 말라"고 명을 내렸다. 사방지를 범죄자가 아닌 환자로 규정한 것이다.

그로부터 5년 후『세조실록』에는 사방지를 외방外方의 노비로 삼고 이씨에게는 죄를 묻지 않았다고 기록되어 있다.

결국 여러 대신들이 수년에 걸쳐 사방지의 죄를 물으니 세조는 서거정徐居正에게 의견을 물었다. 당시 신숙주申叔舟는 세조에게 「강호기문江湖紀聞」을 언급하자 서거정은 "하늘에 달려있는 도리는 음陰과 양陽이라 하고 사람에게 달려있는 도리는 남자와 여자라고 한다. 합니다. 이 사람은 남자도 아니고 여자도 아니니, 죽여서 용서할 게 없습니다."

세조는 "이 사람은 인류人類가 아니다. 마땅히 모든 원예遠裔와 떨어지고 나라 안에서 함께 할 수가 없으니, 외방外方 고을의 노비로 영구히 소속시키는 것이 옳다."라고 명을 내렸다. 사방지는 비록 신체상 음양을 갖추었지만 양성애자는 아니었고 오직 여성과 관계하였던 이성애자였을 뿐이다.

사방지 스캔들은 몇 년 동안 대신들이 사방지를 죽여야한다고 간언했지만 왕명으로 외딴 지방의 노비로 보내졌다. 이는 이순지와 정인지 등 공신들의 입장을 옹호하는 측면도 있지만 유교의 지배질서가 확립되지 않은 시대였기에 가능하였다고 보인다.

명종대의 반음양인半陰陽人 임성구지林性仇之

1548년, 『명종실록』에는 반음양인半陰陽人 즉 양성인간 임성구지林性仇之에 대한 기록이 두 차례 나온다. 신체에 남성과 여성을 다 갖고 있었던 인물이다.

> "길주吉州 수인囚人 임성구지는 아내를 거느리며 지아비에게 출가도 하여 인도人道를 양용兩用하였으니 실지로 천지간에 요사하고 음예淫穢한 요물입니다. 《강호기문江湖記聞》을 상고하니, 이와 같은 사람은 인도人道의 올바름을 문란하게 한다고 하여 죽였으니 진실로 하루라도 인류에 섞어둘 수 없었기 때문입니다. 더구나 임성구지는 무격巫覡을 핑계하여 남자 의복 여자 의복으로 변환變幻하며 남의 가정에 드나들면서 몰래 독란瀆亂함을 행하여 성스러운 교화를 더럽혔으니 죄악이 이미 지극합니다. 사형으로 단죄하소서."하니, 답하기를 "임성구지는 괴이한 인간이지마는 다만 인간의 목숨이 지중하니 그윽하고 외진 곳에 두어 인류에 섞이지 못하게 하고 구태여 중전重典을 쓸 것까지는 없다." 하였다.
>
> -『명종실록』 8권, 명종 3년, 11월 21일자

윗글에서 인도人道를 양용兩用한다는 표현은 반음양인半陰陽人 즉 양성인간이란 뜻이며 순 우리말로는 어지자지라 하였는데 제기차기를 할 때 두 발을 번갈아가며 차는 양발차기를 말한다. 남자와 여자의 생식기를 한 몸에 같이 가졌다는 뜻이다.

임성구지林性仇之가 남성과 여성의 모습으로 살았다는 사실은 자신도 성 정체성에 대한 혼란과 욕망 속에서 고통을 받았을 것이다. 때문에 명종이 임성구지가 괴이한 인간이지만 인간의 목숨이 지극히 중하다고 여겨 사형을 허락하지 않은 것으로 보인다.

그러나 사간원司諫院에서는 요물이라고 하며 교화를 더럽혔다는 명목으로 사형을 주장하였다. 16세기 조선에서 남성과 여성 이외 제 3의 성은 상상조차 하기 어려웠기 때문일 것이다. 양성인간은 의학에서는 기형으로 태어난 것으로 보며 성전환 수술과 호르몬 치료로 성 정체성을 찾는다고 알려져 있다. 양성인간의 다른 표현은 반음양인이다. 반음양인半陰陽人은 영어로 헤르마프로디토스Hermaphroditus인데 그리스 신화에 나오는 헤르메스와 아프로디테 사이에서 태어난 아들로 부모로부터 아름다운 용모를 물려받았다. 그런데 살마키스라는 님프Nymph의 짝사랑으로 인해 그녀와 한 몸이 되어 남성과 여성을 동시에 가진 남녀 양성의 존재가 되었다고 한다.

양성인간에 대한 이 신화는 어쩌면 인간이 가진 남성성과 여성성을 상징하는 것인지도 모른다. 카를 융(Carl Gustav Jung, 1875~1961)이 남성의 무의식 속 여성적 측면을 아니마anima라고 하고 여성의 무의식 속 남성적인 면을 아니무스animus로 규정한 배경이 아니었을까. 아니마는 라틴어로 영혼이란 뜻인데 여성은 복수의 아니무스를 갖는다고 보았다.

조선의 역사에서 임성구지 같은 존재는 더 있었을 것이다. 단지 문헌에 기록되지 않았을 뿐이고 임성구지의 경우는 조정에서 논의된 인물이라 실록에 전해지게 되었다.

10

조선의 성 소화집笑話集
『고금소총古今笑叢』과
『기이재상담紀伊齋常談』

『고금소총古今笑叢』은 조선 성 풍속의 역사다

『고금소총古今笑叢』은 조선시대 11종류의 소화笑話를 엮은 책인데 음담패설집으로 알려져 있다. 물론 육담에 대한 내용이 많지만 양반사회를 풍자諷刺한다든가 위선적인 사회 현상을 해학과 교훈적인 이야기로 담고 있다. 양반과 기생 혹은 여종과의 관계, 노복과 여주인, 승려의 일탈 등 다양한 인간 군상들이 등장하여 성 풍속의 일면을 보여주고 있다.

조선 성종대에 서거정(徐居正, 1420~1488)이 엮어 간행된 『태평한화골계전太平閑話滑稽傳』, 연산군 때 송세림(宋世琳, 1498~1519)의 『어면순御眠楯(잠을 떨쳐 버리는 방패)』, 편찬 연대 미상의 편자 부묵자副默子가 엮은 『파수록罷睡錄(사람의 잠을 깨운다)』, 조선 후기 장한종(張漢宗, 1768~1815)의 『어수신화禦睡新話(잠을 쫓게 하는 이야기)』등 편찬 연대와 편찬자 미상의『성수패설醒睡稗說(잠을 깨우는 이야기)』,『기문기문奇聞(기이한 이야기)』등에 나타난 이야기들은 민중들의 삶과 당시 성 풍속을 그대로 투영시켰다.

서거정은『태평한화골계전太平閑話滑稽傳』을 엮은 이유에 대해 "세상에 대한 근심을 잊어버리고자 친구들과 우스갯소리 했던 것을 쓴 것"이라고 했다. 성性과 관련된 일화도 노골적인 것이 아니라 에둘러 표현하였다.

<주지승이 되는 것이 소원願作住持>이라는 일화는 타락한 불교를 비판하였는데 상좌스님이 새벽마다 부처님 앞에서 일평생에 주지 스님이 되게 해달라고 빌었다는 내용이다. 주지스님의 일상을 표현하는데 눈앞에 그린 듯이 세밀하게 묘사하였고 마지막 대목은 배꼽을 쥐고 웃을 만하다.

"오랜 세월동안 깊숙한 전각에만 계시고, 문밖을 나가시지 않고, 화장한 미녀도 못 보시고 계시니 또한 적막하지 않습니까?...우리 주지승은 온갖 맛과 향기 나는 반찬을 싫증나도록 실컷 먹어 배가 부르면, 맛있는 술을 눌러 넣습니다...이따금 별채에 들어가면 아늑한 밀실이 있으며 훈훈한 향기가 코를 찌르고, 젊고 아름다운 미인이 온갖 아양을 떠는데. 술은 연못처럼 많이 있고, 고기는 산더미 같이 있어....부처님이시어! 부처님이시어! 그대께서도 타생他生에서 주지스님이 되시면 만족하실 것입니다." 하니 들은 사람들은 크게 웃더라.
                                    -『태평한화골계전太平閑話滑稽傳』중에서

그리고 <성이 죽씨인가 이씨인가姓竹李竹> 일화는 환관宦官의 아내가 남편 몰래 간통을 하여 임신을 하게 되자 탄로날까봐 남편을 속이는 이야기이다. 환관의 어리석음을 보여주지만 한편으로는 환관의 아내로 사는 여성의 욕망과 애환을 드러내고 있다.

> "일반적으로 환관들이 자식을 낳지 못하는 것은 자신의 양근을 단절하여 남녀의 정액이 합쳐지지 않았기 때문인데, 만약 양쪽 정액이 진실로 합쳐지기만 하면 자식 낳는 것은 아니나 마땅히 대통이라도 양근을 삼아 정액을 보낸다면 나는 반드시 잉태하게 될 것입니다."라 하니 이씨는 그렇게 하였다. 한 달 뒤 이씨에게 말하기를 "내가 과연 회임을 하였습니다."라고 하니 이씨가 지나치게 믿어 친구들에게 자랑하였다. …마침내 아이가 태어나 성을 이씨라 하니 동료들이 비웃으며 하는 말 "남들이 말하기를 자네 아들의 성은 죽竹씨인데 함부로 이씨라 하느냐" 라고 하니 이씨는 노해서 대답도 아니 하더라.

조선에서 환관宦官은 처첩을 거느리기도 했으며, 환관의 아내는 환처宦妻라 불렸고 다른 성씨를 가진 양자를 통해 가계를 계승해나갔다. 그리고 조선의 환관은 음경까지 절단하는 게 아니라 고환을 제거해서 생식능력만 없애는 것이었다. 그래서 성생활 자체는 가능했다고 한다.

한편 『어면순御眠楯』에는 <노처녀가 신랑을 선택하다>라는 일화가 있는데 시골 사람의 딸이 총명하고 지혜로우며 글짓기에 능하였다고 한다. 한 명은 과거시험에 낙방한 남자이고 다른 한 명은 무예가 출중하였고, 다른 한 명은 저수지 아래에 좋은 밭이 1000 이랑이나 있고, 나머지 한 명은 양도陽道가 강해 오쟁이에 돌을 담고 뻗어 나온 양두에 묶어 힘을 주고 움직이면, 능히 머리 위를 지나가더라고 하였다. 아버지가 딸에게 결정하라고 하자 시를 한 수 지어 힘센 총각을 선택하였다는 내용이다.

문장에 능한 선비는 자고로 화를 당하기 쉽고
무사는 유래로 전사하기 쉽고,
저수지 밑의 밭도 응당 마를 날이 있으니,
돌맹이를 머리 위로 들어 올리는 사람이 내 마음에 들도다

편찬자였던 송세림(宋世琳, 1479~?)은 연산군 때 갑자사화(甲子士禍, 1504)가 일어나자 고향인 태인에서 일생을 마쳤다. 갑자사화는 연산군의 생모인 폐비 윤씨 사사에 연루된 선비들이 화를 입은 사건이었다. 난세亂世에는 세파에 시달리지 않고 정력이 좋은 남자와 평생 운우지정雲雨之情을 나누며 살겠다는 여성의 현실인식을 보여준다.

조선 후기에 편집된 것으로 알려진 『진담록陳談錄』의 <뼈 맛을 보여주지 못해 한스러운 늙은이恨骨翁>일화는 성의 쾌락을 노골적으로 비유하였다.

큰딸은 집이 다소 부유할 때 시집을 보냈는데, 신랑은 스무 살이었다. 큰딸을 시집보낸 후, 갑자기 가세가 기울어 아버지는 남은 두 딸의 혼례를 성사시킬 방법이 없었다. 그래서 어쩔 수 없이 둘째 딸은 재취再娶로 시집을 보내게 되었는데, 신랑은 마흔 살이었다. 셋째 딸은 삼취三娶로 시집을 보냈는데, 신랑은 쉰 살이었다.
어느 날, 친정에 다니러 온 세 딸이 한자리에 둥그렇게 모여 앉아 조용히 이야기를 나누고 있었다. 큰딸이 먼저 말을 꺼냈다.
"남자의 양물陽物에는 뼈가 들어 있더라."

둘째 딸이 말했다. "아니야! 힘줄이 들어있는 것 같던데."
그러자 셋째 딸이 말했다.
"그것도 아니고 껍데기와 고기뿐이던데요?"
그때 마침 아버지가 그 말을 듣고는 아주 깊은 한숨을 내쉬며 말했다.
"우리 집안 모양새가 낭패를 당한 까닭에 둘째와 셋째에게는 뼈 맛을
보여주지 못했구나. 참으로 한스럽구나."

읽으면 웃음이 나오면서도 한편으로는 경제적 현실 때문에 두 딸이 늙은 남자에게 시집가서 성의 쾌락을 맛보지 못한 것을 한탄하는 내용이다. 조선 후기로 오면 혼사를 결정하는 데 있어 가문을 중요시하던 전통이 무너지고 있었다. 따라서 가난한 양반과 부유한 중인이 혼인을 하는 일도 있는가 하면 가난한 집 처녀는 남의 후취로 가거나 혼인을 못하고 노처녀로 늙기도 하였다. 위 일화는 바로 그런 현실을 풍자하였던 것이다.

조선 후기에 화원畫員이었던 장한종(張漢宗,1768~1815)의 『어수신화禦睡新話』에 실린 <말 위에서 움직이는 송이버섯>은 선비가 말을 타고 가다가 스님을 만나 육두문자를 하는 내용이다. 냇가에 이르렀을 때 빨래를 하는 시골 아낙네들을 보고 선비가 한 수 읊었다. 그러자 스님이 대구對句를 하여 선비의 음욕을 풍자하였다. 여자의 성기를 홍합에 남자의 물건을 송이버섯에 비유하였으니 해학적諧謔的인 표현이 뛰어났다.

시냇가의 홍합이 입을 열고 있으니
말 안장 위의 송이버섯이 꿈틀대는 구나

한편 『교수잡사攪睡襍史(잠을 깨게 하는 잡된 이야기를 모아놓은 책)』에 소개된 <매부거상妹夫居喪>은 양반이 일반 양인이나 천민, 집안의 여종 등을 강제로 취하는 현실을 풍자하고 있다. 조선시대에 관혼상제冠婚喪祭 중 상喪에 대한 예법은 엄격하였는데 여종인 누이의 억울함을 사람들에게 알리고자 복수하는 심정을 나타낸 이야기이다.

한 사람이 시골에 갔을 때였다. 그는 길에서 한 상인喪人이 무덤 앞에 앉아 노래 부르는 것을 보았다. 마음속으로 해괴하여, 상인을 불러 물었다.

"당신이 누구의 상중에 있는지는 모르겠지만, 상인이 되어 노래를 부르는 것이 온당하오?"

"나는 매부의 상중에 있는데, 그것이 예절에 어긋나요?"

"세상에! 어떻게 매부 상중이란 것이 있을 수 있소? 당신의 말은 미친 소리구려."

"이 무덤은 내 상전의 무덤이오. 그러나 상전이 일찍이 내 누이를 간음하였으니, 어찌 내 매부가 되지 않겠소? 상전의 상중에 있는 것 또한 가볍지 아니하오. 하지만 상전이 이미 예를 잃어버리고 나의 매부가 되었소. 상전이 그렇게 했듯이, 나도 조금 예를 버리고 상전을 모시는 종 대신, 상전의 매부가 되어 상복을 입은 게 뭐 그리 대단하겠소?"

그 사람은 웃고 다시 길을 가더라.

조선에서 여종은 양반의 첫 번째 성적 착취 대상이었다. 여종은 양반의 소유물이었고 "종년 간통은 누운 소 타기"라는 말이 나올 정도로 흔하게 이루어졌다. 조선 초 노비의 가격이 말 한 필보다 낮았고 노비는 사고 팔수도 있었고, 상속도 가능했다.

한편 성性에 대한 찬미는 <그것 역시 좋은 축수祝壽구나>라는 일화를 통해 알 수 있다. 어떤 사람이 회갑을 맞아 자손들이 잔을 들어 오래 살기를 기원하는데 맏며느리는 천황씨가 되기를 바란다고 하였다. 일만 팔천세를 누렸기 때문이다. 둘째 며느리는 지황씨가 되기를 축수祝壽하였다. 그도 일만 팔천세를 누렸으니 시아버지는 역시 좋다고 하였다. 그런데 셋째 며느리의 대답이 걸작이었다.

시아버님께서는 양물이 되시옵소서! 남자의 양물은 한 때 죽었다가도 곧 바로 또 다시 살아나 장년불사長年不死하니 그렇게 되시기를 바라는 것이옵니다. 시아버지는 "네 말 또한 좋도다. 좋은 축수로다" 하더라.

이 세상에 죽었다 살아나는 것은 거시기 뿐이라는 말이 있지만 그 양물도 세월 앞에서는 장사가 없는 것 또한 자연의 이치이다. 옛말에 "남자는 문지방 넘을 기운만 있어도 자식을 낳는다."고 하였으니 남성들의 페니스 콤플렉스는 오랜 역사의 유산이라고 보아야 할 것인가.

『고금소총』은 한문본으로 독자와 엮은이가 모두 양반 지식층이었다. 조선 초기에서 중기를 넘어 조선 후기로 갈수록 그 내용이 노골적인 것은 그 시대상을 반영하였기 때문이다. 성은 남성과 여성이 만나는 원초적 장면이다. 그런데 『고금소총』를 보면 성에서도 여전히 남성 중심의 이데올로기가 내재되어 있고 여성은 본처와 여종, 혹은 기생이 적대적 관계에 놓여있음을 볼 수 있다. 그들은 같은 입장의 피해자였으며 억압당하는 존재였음에도 불구하고 그것에 대한 언급은 없다. 물론 본처를 두려워하는 양반, 여종에게 놀림을 당하는 선비, 높은 지위의 양반을 희롱하는 기생 등의 일화도 소개되어 있기는 하지만 성을 바라보는 편찬자의 시각은 가부장적인 데 머무르고 있기 때문이다. 여성을 타자他者의 시선에서 수동직 존재로 묘사하고 있음은 남성 사대부들이 가진 인식의 한계를 드러내는 것이다.

『고금소총』은 육담 혹은 음담패설이 많은 부분을 차지하지만 그를 통해 우리는 조선 사회의 성의식은 자유분방하면서도 어떤 면에서는 건강하다는 사실을 엿볼 수 있다.

조선 후기의 소화집笑話集 『기이재상담紀伊齋常談』

『기이재상담紀伊齋常談』은 구한말에 기록된 31편의 이야기이다. 정병설교수가 최초로 발견하고 번역한 것으로 조선 사회의 성 문화와 혼인제도, 성에 대한 인식 등 다양한 풍속을 보여주고 있다.

상담常談은 일상적인 이야기라는 뜻이다. 기이재는 무슨 뜻인지 나타나 있지 않다.

『기이재상담紀伊齋常談』은 전편이 성에 대한 이야기로 조선 후기 성의 적나라한 세태를 보여주고 있다. 등장인물도 시골 선비, 노총각과 과부, 아전, 임금의 외조부, 무인, 공주와 부마 등 다양한 신분이 나타나는데 중에 관한 일화가 여러 편에 나오는 것은 당시에 타락한 중이 많았음을 드러낸다. 먼저 노골적인 음담 <곽박전郭朴傳>은 한문을 빌어 쓴 한시이다.

한 미친 거사가 취한 채 말을 타고 역원 마을을 지나는데 미녀가 앞을 지나갔다.
거사가 미녀의 아름다움을 보고 붓을 들어 역원 벽에다 한시를 지어 붙였다.

피미여하 彼美如何   저 아름다운 여인을 어찌할까
궁저탈   弓楮脫   홀딱 벗기고
집회격   執灰擊   잡아재쳐서
현풍밀양 玄風密陽   콱 박으면
기미여하 其味如何   그 맛이 어떨까
조웅조웅 鳥熊鳥熊   새콤새콤

현풍밀양은 현풍 곽(玄風 郭)씨와 밀양 박(密陽 朴)씨를 의미한다. 속된 말로 '한번 하고 싶다'는 뜻을 한시로 지었으니 야한 내용임에도 불구하고 재치가 번뜩인다.

한편 여성과 남성의 성기에 대한 이황(李滉,1501~1570)의 풀이를 기록한 <보지자지寶池刺之>일화는 성리학性理學의 거두巨頭답게 성에 대해서도 진지하게 논리를 펼친 것으로 보인다.

명종 때 이황李滉 선생과 조식(曺植,1501~1572) 선생이 도가 높고 덕이 커서 사람들이 우러러보았다. 어떤 선비가 먼저 조식 선생을 찾아가 보지와 자지에 대해 물었다가 미친놈이라고 내쫓김을 당했다. 그 다음에 이황 선생을 찾아가 물었다는 것이다.

"보지寶之가 무엇입니까?"
"걸어 다닐 때 감추어지는 것으로, 보배로운 것이지만 시장에는 없는
것이오.(步藏之者 而寶而不市者也)"
선비는 다시 물었다.
"그럼, 자지刺之는 무엇입니까?"
"앉아 있을 때 감추어지는 것으로, 찌를 수는 있으나 전쟁에서는 쓸
수 없는 것이오.(坐藏之者 而刺而不兵者也)"

이로써 선비는 퇴계退溪 선생의 덕이 남명南冥 선생보다 높음을 알았다
는 내용이다.

그 외에 재산과 재주보다 크고 힘센 양물을 가진 남자를 택한 재상 딸
의 일화인 <양물퇴암陽物退巖>, 성행위가 중요하다고 한 도령에게 두 자
매가 모두 결혼한 <음낭무입처陰囊無入處>는 조선 후기의 성의식을 투영
하고 있다.

<빈려산승牝驢産僧>은 노새와 관계를 맺은 중에 관한 일화인데 수간獸
姦이라니 놀랍기만 하다. 조선시대 그림에는 노새를 타는 선비가 등장하
고 나이든 사람들은 노새를 타고 다녔다고 한다. 빈려는 암컷 노새를 뜻
한다.

한편 출애굽기(BC 13세기 이스라엘 민족이 모세의 인도로 이집트의 노예 상태에서 해방된
것을 기록한 것) 에 "짐승과 교접하는 자는 반드시 사형에 처하여야 한다."는
내용이 있는 것을 보면 서양에서 수간의 역사도 오래된 것으로 볼 수 있고

그 대상은 양, 염소, 당나귀, 돼지 등으로 알려져 있다.

『기이재상담紀伊齋常談』은 음담패설집으로 알려져 있지만 그 속에는 조선 후기의 현실과 사회상이 투영되어있으며 풍자와 해학을 담고 있는 소화집笑話集이다.

조선 후기의 춘화첩

-『운우도첩雲雨圖帖』과『건곤일회첩乾坤一會帖』-

김홍도의『운우도첩雲雨圖帖』에 나타난 성풍속

『운우도첩雲雨圖帖』과『건곤일회첩乾坤一會帖』은 조선 후기 춘화春畫
가운데 가장 회화성이 뛰어나고 격조를 갖춘 작품으로, 춘화의 백미白眉
로 평가된다.

춘화는 춘정화春情畫, 춘의화春意畫, 혹은 운우도雲雨圖라고도 한다. 일
반적으로 남녀 간의 성애, 성행위를 묘사하거나 표현한 그림을 지칭한다.

『운우도첩雲雨圖帖』은 김홍도(金弘道, 1745~1806)가 19세기 전반경에, 『건
곤일회첩乾坤一會帖』은 신윤복(申潤福, 1758~1814)이 1814년 즈음에 그린 춘
화이다. 운우는 비와 구름이 엉키듯 남녀의 성행위를 비유한 것이고 건곤
乾坤은 하늘과 땅, 즉 남녀의 만남을 의미한다. 춘화도 풍속화의 한 부분

으로 이를 통해 당대의 성 풍속과 사회상을 엿볼 수 있다.

그러면『운우도첩雲雨圖帖』에는 어떤 그림들이 있을까?

운우도첩 1, 김홍도
출처: 한국데이터베이스산업진흥원

<운우도첩 1>

늙은 할아범이 축 늘어진 양물을 내보이자 주막집 주모는 안쓰러운 표정을
하며 자신의 음부를 드러내놓고 있다. 마당 장독대는 여성을 시커멓게 솟
은 나무는 남성의 성욕을 상징하는 것으로 보인다.

<운우도첩 2>

이 그림은 젊은 양반이 댕기머리를 한 두 여성에게 애무를 시키고 뒤에서
후배위를 하는 장면인데 아마도 여종들로 짐작된다. 결국 양반의 성적 요구
에 의한 상황인 셈이다. 나무의 잎이 무성하게 뻗쳐있고 바위를 검게 한 것
도 상징성이 있다.

운우도첩 2, 김홍도
출처: 한국데이터베이스산업진흥원

운우도첩 3, 김홍도
출처: 한국데이터베이스산업진흥원

<운우도첩 3>

선비와 젊은 여성이 성희에 몰두하는 장면은 서책이 놓인 방에서 이루어지고 있다. 홍매화는 봄을 뜻하며 검은 머릿단은 여성의 성욕을, 매화나무의 모양과 먹색은 장년 남성의 욕정을 대비시킨 것으로 보인다.

운우도첩 4, 김홍도
출처: 한국데이터베이스산업진흥원

<운우도첩 4>

곰방대를 물고 심드렁한 표정의 기생과는 달리 방바닥에 내팽개치듯 벗어 놓은 도포에서 욕정에 몸이 달아 오른 선비를 묘사하였다.

<운우도첩 5>

대낮에 남자의 몸 위에 올라가 여성상위를 하는 장면인데 남녀 모두 중년으로 보이며 큰 바위와 시커멓게 보이는 풀은 남자의 성기와 여자의 음모를 상징하는 것으로 보인다. 두 남녀가 성애에 무르익은 장면이다.

<운우도첩 6>

여성이 상체를 들어 다리를 남성의 허리 위로 걸친 자세를 보면 노련한 기생으로 보이고 남성도 성애에 익숙한 느낌을 준다. 비스듬히 뻗은 버드나무의 늘어진 잎들이 보름달을 가리는 장면은 운치도 있지만 남녀의 색정을 표현하고 있다.

운우도첩 5, 김홍도
출처: 한국데이터베이스산업진흥원

운우도첩 6, 김홍도
출처: 한국데이터베이스산업진흥원

운우도첩 7, 김홍도
출처: 한국데이터베이스산업진흥원

<운우도첩 7>

짙은 녹음 아래 중년의 사내와 가체를 한 여성이 성희를 하는데 여성의 손 위로 불쑥 솟은 남성의 양물은 배경에 보이는 바위와 먹색의 수풀과 대비되며 여성의 불룩한 배와 체위 자세가 임산부 같은 느낌을 준다.

<운우도첩 8>

절에 온 여인과 노승의 성희性戱를 엿보는 동자승의 모습이 그려져 있다. 조선 후기의 탈춤이나 소화집笑話集, 여러 전傳 등에 빠지지 않고 등장하는 인물이 중이다. 이는 당대 승려들의 타락상을 반영하는 것으로 보인다. 양반집 여인이 아들 낳기를 기도한다며 절에 가는 일은 다반사였고 중과 사통하는 일도 있었다. 그런데 그림에서 보이는 여성은 머리를 올리지 않은 상태에 어린 나이이며 옷차림이 양반 마님을 따라 온 몸종으로 보인다.
노승은 '고기 맛을 본 중'처럼 양물을 일부러 보이게 묘사한 느낌을 준다.

■ 운우도첩 8, 김홍도
■ 출처: 한국데이터베이스산업진흥원

■ 운우도첩 9, 김홍도
■ 출처: 한국데이터베이스산업진흥원

<운우도첩 9>

야외에서 젊은 사내가 임산부를 사타구니 사이로 앉히고 여인은 왼손을 뒤로 가져가 남자의 양물을 자극하는 듯 발가락에 힘을 주는 모습이다. 무성하게 뻗친 나무는 새로운 생명의 잉태와 함께 마치 발을 치듯 대나무와 잡목이 가려주고 있다.

운우도첩 10, 김홍도
출처: 한국데이터베이스산업진흥원

<운우도첩 10>

진달래가 봄을 알리고 있는데 춘정을 못이긴 젊은이와 여인이 방사房事를 한 후의 장면을 묘사한 것으로 보인다. 곰방대를 문 여인은 마땅치 않은 표정이고 그녀의 등에 얼굴을 묻고 있는 사내의 얼굴은 부끄러워하는 모습이다. 여인은 풍성한 가체를 한 것으로 보아 연륜이 쌓인 기생으로 추측된다.

『운우도첩雲雨圖帖』은 조선 춘화의 특징을 보여주고 있는데 계절의 변화를 꽃이나 나무 등을 통해 묘사하였고 바위와 풀, 뻗어 올라가는 나무 등 자연을 배경으로 하였다. 이는 남녀를 동양의 음양론陰陽論에 바탕을 둔 세계관의 반영이었다. 또한 여기에는 풍속화의 성격이 드러나 있다. 죽석도竹石圖 족자가 걸린 사랑방, 안방, 대청마루 등 주변 환경을 보여주고 있다. 등장인물은 노인 부부, 주인과 여종, 승려와 처녀, 선비와 기생 등으로 이를 통해 당시의 생활상을 짐작케 한다.

『운우도첩雲雨圖帖』은 달밤의 버드나무 아래, 깊은 산 속 바위 밑, 홍매화 화분 등 계절감을 서정적으로 표현하였다. 또한 여인과 노승의 성희를 문틈으로 구경하는 동자승, 기생과 선비의 관계에서 각각의 표정, 성애에 몰두하는 남녀의 춘정을 손가락, 발가락 등의 묘사를 통해 디테일하게 보여주고 있다. 이렇듯 조선의 춘화는 외설이나 도색으로 빠지지 않고 예술성과 격조格調를 지니고 있는 것이다.

신윤복의『건곤일회첩乾坤一會帖』

신윤복은 아호를 향기가 짙은 난초 밭이라는 '혜원蕙園'이라 지었다.

『건곤일회첩』은 하늘과 땅, 즉 남녀가 만나 성애를 하는 그림으로 총 12면이 6점씩 분첩 되어 전해온다. 반은 성희의 장면을 묘사하고 있고, 나머지 반은 성 풍속적인 그림들로 채워져 있다. 그의 작품세계는 성문화가 개방되는 시기에 당대 도회지의 풍속을 담았다. 18세기에는 경제력을 바탕으로 한 중인층과 서민의 성장으로 음주와 사치 풍조가 만연하였다. 그 배경에는 명나라 말기에 유입된 문화 변동과 패관잡설稗官雜說의 유행 영향도 있었다. 신윤복의 춘화는 당대의 성 풍속을 보여주는 동시에 유교의 신분제 사회와 지배이념을 풍자하고 있다. 그 한 예가 기생과 양반의 관계인데 사회적으로 양반은 갑이고 기생은 을인데 반해 성애에 있어서는 기생이 주도권을 잡고 있는 것으로 나타났다.

『건곤일회첩』은 어떤 장면을 담고 있는 걸까?

건곤일회도1, 신윤복
출처: 한국데이터베이스산업진흥원

<건곤일회도 1>

커다란 산수화가 걸린 방안에 도포가 단정하게 걸려있고 긴 곰방대와 그림 속 숲이 남녀의 성기를 상징하는 듯 보인다. 옆에 놓인 붉은 색 목침의 모양도 양물을 은유하고 있는데 정황은 선비가 중년의 기생에게 성애를 하자고 은근한 표정을 짓고 있으며 둘의 관계는 익숙해 보인다.

<건곤일회도 2>

여인을 끌어안은 남자가 젖가슴과 음부를 애무하며 흥분한 표정이고 저고리만 걸치고 남자의 어깨 너머로 허리를 끌어안은 여인은 아래는 드러낸 상태이며, 여인의 오른손은 뒤로 남자의 성기를 만지고 있다. 이를 훔쳐보는 젊은 여인은 자위행위를 하는 듯하다. 트레머리를 풀어헤친 모양이 마치 남근을 연상케 한다. 여인은 기생으로 짐작되고 짧은 저고리가 당시 유행했던 기생 복식임을 나타낸다.

건곤일회도2, 신윤복
출처: 한국데이터베이스산업진흥원

건곤일회도3, 신윤복
출처: 한국데이터베이스산업진흥원

<건곤일회도 3>

오른쪽 다리를 바닥에 대고 왼쪽 다리와 엉덩이를 들어올려 남성을 받아들이려는 여인의 자세는 성애의 기술을 앳된 모습의 남성에게 가르쳐주는 듯하다. 노련한 기생임을 드러내고 있으며 소반 위에 있는 술병과 옆에 놓인 화분 속 화초도 남녀의 성기를 은유하고 있다. 또한 술잔 색도 파랑과 붉은색으로 남녀를 상징한다.

건곤일회도4, 신윤복
출처: 한국데이터베이스산업진흥원

<건곤일회도 4>

여인을 허벅지에 앉혀 끌어안은 중년의 남자는 여인의 등에 얼굴을 묻고 발을 뻗어 삽입에 몰두하고 있다. 남자의 엉덩이를 벌겋게 그린 것은 흥분을 묘사한 것이다. 여인은 순간적으로 남자의 양물을 느낀 듯 곰방대를 입에서 떼고 있다. 이 그림은 김홍도의 운우도첩에 실린 장면을 차용하였다. 붉은색 좌대와 화로 등은 색정을 뜻하고 둥글고 하얀 도자기는 여인의 둔부를 연상하게 한다. 남자는 선비로 보이며 수염을 짙게 하여 정력이 강하다는 느낌을 준다.

<건곤일회도 5>

방안의 정경이 책상 위로는 서책이 쌓여 있고, 옆에는 문방사우가 담긴 커다란 책장이 단정히 서 있다. 늙은 선비가 여종과 성희를 나누는 장면이다. 여종은 이부자리 위에서 유방과 아랫도리를 환히 드러내고 누워있다. 시커먼

촛대는 늙은 선비의 회춘에 대한 욕망을 상징하고 여종이 웃는 모습은 이를 지적하는 듯 보인다.

건곤일회도7, 신윤복
출처: 한국데이터베이스산업진흥원

<건곤일회도 6>

낮은 촛대에 촛불을 밝히고 두 여성이 춘화를 감상하고 있다. 왼쪽 여성의 숨결에 촛불이 휘날리고 있는 것은 흥분한 상태를 포착한 장면이다. 여기의 화로도 남녀의 성애를 뜻한다.

춘화는 사대부가 여성이 시집갈 때 가져가기도 하였고 기생들은 성교육의 교재로 많이 활용되었다.

<건곤일회도 7>

여인은 누비 반회장 저고리만 걸치고 하체에는 누비치마를 덮고 버선은 신은 상태이며, 부풀어 오른 가슴과 불룩한 배로 보아 임신 중으로 보인다. 여인을 뒤에서 껴안고 손을 사타구니 사이로 넣어 여인의 성감대를 자극하는 남자의 차림은 밖에서 막 돌아와 서둘러 성희를 즐기는 듯한 모습이다. 뜰 앞에 꽃이 피어있는 것은 두 사람의 애정을 보여주는 장치로 양반가 부부의 성생활을 엿 볼 수 있다.

건곤일회도8, 신윤복
출처: 한국데이터베이스산업진흥원

건곤일회도9, 신윤복
출처: 한국데이터베이스산업진흥원

<건곤일회도 8>

남자가 위에 여자가 아래에 위치한 정상위를 하는 장면으로 체구가 큰 남자의 허리를 한 손과 양 다리로 감아 안고 상체를 들어 올리는 자세는 성에 익숙한 스킬을 요구한다. 남자는 무인으로 보이며 여자의 풀어헤친 긴 머리 타래가 음욕이 넘치는 것을 의미한다.

건곤일회도10, 신윤복
출처: 한국데이터베이스산업진흥원

<건곤일회도 9>

내려진 바지 밖으로 발기된 남자의 남근은 크고 단단해 보인다. 옆에 망건이 있는 것으로 보아 선비로 보인다. 옆에 기대어 반쯤 누운 젊은 여인은 성기를 오른손으로 쥐고 발기를 시키며 왼손은 자신의 음부를 만지는 자세를 취하고 있다. 남자의 얼굴과 몸의 색이 붉은 기를 띤 것은 흥분하기 시작하는 것을 표현한 듯하다.

<건곤일회도 10>

국화꽃이 핀 가을, 문지방을 넘어오는 여인의 왼손을 잡아당기는 젊은 남성의 얼굴이 발갛게 물든다. 여인의 왼손은 남성의 얼굴을 어루만지며 오른 손으로 급하게 가체를 풀고 있다.

신윤복의 『건곤일회첩』에 나타난 특징은 여인이나 기녀를 주인공으로 등장시켰다는 것과 그들은 성애에 있어 남성보다 우위에 있음을 보여준다는 점이다. 또한 검은 색의 트레머리, 유방과 둔부 등 벌거벗은 몸을 노출시키면서 여성의 자유로운 욕망을 대담하게 표현하였다. 이러한 에로티즘의 표출은 인간의 성은 자연스러운 것이라는 사실을 꽃과 산수화, 화초 등을 통해 묘사하였다. 이는 한편으로 성 풍속을 보여주는 동시에 성에 대해 이중적인 행태를 보이는 양반층을 풍자하고 있으며 무인과 아전, 승려도 마찬가지라는 인식이 깔려 있었다. 그리고 신윤복의 춘화도 남녀의 성은 자연의 일부라는 세계관이 투영되어 있다. 따라서 중국이나 일본의 춘화와는 달리 해학과 풍자 속에 낭만과 서정성을 지니며 예술적 격조를 띠고 있다는 평가를 받고 있다.

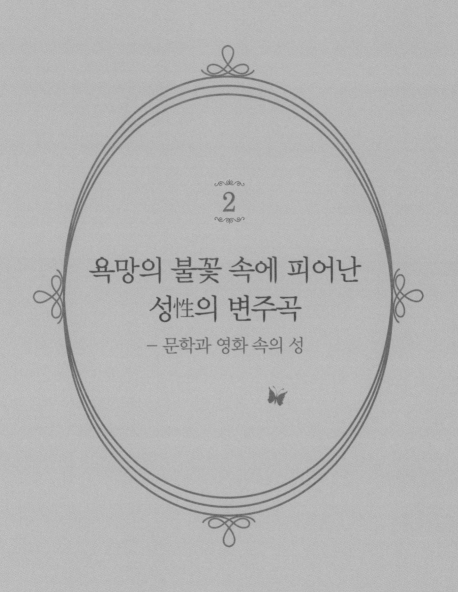

2

욕망의 불꽃 속에 피어난
성性의 변주곡

– 문학과 영화 속의 성

틴토 브라스 감독이 "에로틱한 황홀감은 절대 정치적 황홀감보다 열등한 것이 아
니다."라고 하며 성적으로 자유로운 개인들이 진정한 혁명을 이룰 수 있다고한
주장은 에로티즘의 사회적 확장성을 의미한다고 볼 수 있다.

01

에로티즘의 환상 모험

- 『O 이야기』 -

1954년에 발표한 폴린 레아주의 『O 이야기』는 프랑스 현대문학에 큰 충격을 주었다. 젊은 작가를 대상으로 한 '되 마고 상(Prix des Deux Magots)'을 수상하면서 일약 화제가 된 이 소설은 포르노라는 비판과 찬사의 상반된 입장으로 논란을 일으켰다. 그 중 『에로티즘』의 저자 조르주 바타이유(Georges Bataille, 1897~1962)의 다음과 같은 평가는 이 작품의 진면목을 여실히 보여주는 것이라 생각한다.

O가 처한 역설적 상황은 '죽지 않으려고 죽어가는(mourir de ne pas mourir)' 환상 광인의 상황과 유사하다. 그것은 곧 사형집행인이 희생자와 공모하는 순교의 현장과도 같다. 스스로 몸을 찢어, 에로티시즘

의 환상을 불가능한 것에 대한 가장 거대한 환영 속으로 녹여내는 가운데, 순교자의 내부에서 용솟음치는 언어의 분출을 우리는 이 책에서 확인한다.

- 조르주 바타이유

『O 이야기』는 적나라한 성애 장면과 함께 남성들의 성적 욕망에 순응하는 듯한 여주인공의 태도와 묘사로 포르노 혹은 사도마조히즘 sadomasochism(타인을 공격해 쾌락을 얻는 사디즘sadism과 타인에게 공격당하면서 쾌락을 얻는 마조히즘masochism이 혼합된 용어)의 소설로 취급받았다. 그러나 그 내용을 보면 성적 욕망을 자극하기보다는 인간의 욕망, 여성이 갖는 성적 판타지를 통한 쾌락과 환희 등을 섬세하게 그려내고 있다.

소설의 서사는 단순하다. 미모의 20대 여성인 사진작가 O가 애인인 르네와 함께 로시의 성에 가고, 그곳에서 르네의 부탁으로 여러 남자들에게 성관계를 하게 되고 나중에는 르네에게 소개받은 스테판을 따라 사무아라는 곳에서 채찍질과 겁탈을 당한다. 그리고 O의 목에는 개줄이 묶여 가면을 쓴 많은 사람들 앞에서 알몸으로 춤을 추고 공개적으로 누구와도 섹스할 수 있는 여자가 되어 버린다. 애인에게 사랑을 증명하기 위한 선택으로 그녀의 육신은 공유물로 전락한 듯 보였으나 O의 내면은 그러한 상황을 냉정하게 관조하는 것으로 묘사하였다.

르네가 채찍질을 가하고 매춘을 시키는 건 O로서는 그저 행복한 일이었다. 열정적으로 나를 내던짐으로써 애인의 소유임을 증명할 수 있는 데다 채찍질의 고통과 수치는 물론, 내 몸을 유린하면서 쾌락을 강

〈O 이야기〉
폴린 레아주 지음, 성귀수 옮김
문학세계사, 2012

요하는 자들의 횡포를 통해 결국 그 간의 죄가 상쇄된다고 여겨지기 때문이었다.

아무리 능욕을 당한다지만, 아니 오히려 능욕을 당하고 있기에, 바로 그 능욕을 통해 가치를 인정받는 데서 오는 일종의 감미로움이 있는 게 아닐까? 스스로 굴복을 자처하기에 느끼는 기쁨, 자신을 순순히 개방함으로써 얻는 즐거움 같은 것 말이다.

하느님이 주는 시련을 신자들이 오히려 감사해 하듯, 그녀는 자신을 함부로 취급하는 걸 즐기는 걸 즐기는 애인의 뜻을 충실히 배려하면서 마냥 행복감을 느끼는 것이었다.
몸을 함부로 내돌림으로써 존엄해진다는 것은 분명 놀랄 현상이나,

거기 존엄한 무언가가 있는 건 사실이었다. (…) 얼굴에선 알 수 없는 고요함과 더불어 은자들의 눈빛에서나 떠오를 법한 내면의 미소가 은은하게 번지는 것이었다.

O는 르네에 대한 사랑이라는 욕망에서 출발하여 충동으로 나아간 것으로 볼 수 있다.

자크 라캉(Jacques Lacan, 1901~1981)에 따르면 욕망은 충동을 포괄하는 개념이고 충동은 주체의 삶의 역사와 함께 해 매우 다양한 방식으로 대상과 관계를 가질 수 있다. 충동은 인간을 사유하게 하고 다양한 단계들로 밀어 넣거나 빠져 나가도록 하는 힘이다. O가 르네의 위험한 제안을 받아들인 것은 충동에서 비롯되었고 이는 금지된 것에 대한 욕망이 있었기 때문이다.

O에 대한 의미는 '구멍orifice', '오브제objet', '희생물offrande', '복종 obéissance', '오르가슴orgasme' 등 해석이 다양하다.

『O 이야기』에는 사디즘, 마조히즘 등 온갖 성행위가 나오지만 작가는 여주인공의 심리가 어떻게 변화하는지에 집중하고 있다.

소설에서 애인인 르네나 스테판 경이 마치 성性의 지배자 혹은 가해자처럼 보일 수 있으나 그들은 여주인공에게 타자他者로서 존재할 뿐이다. 모든 선택은 그녀에게 있었던 것이고 O는 성에 대해 자기 자신을 온전히 비워 놓은 듯 묘사되었다. 많은 사람들 앞에서 알몸으로 춤을 추는 O가 수치심을 느끼지 않았다는 사실은 그런 이유에서였을 것이다. 그녀는 마치 자신의 몸을 피사체로 여기고 있었기에 감정의 동요를 드러내지 않았다고 보인다. 그녀의 직업이 사진작가로 설정된 것과 사람들이 구멍을 통해서 그녀를 본다는 장면은 구멍을 카메라의 렌즈에 은유한 것으로 해석된다. 사람들은 그녀를 훔쳐보는 관음증觀淫症으로 성적 만족을 얻는 것 같지만 O의 입장에서는 자신이 주체가 되어 그들의 욕망을 바라보고 있는 것이다.

O는 사람들에게 매춘부라는 이미지로 대상화되었지만 이는 라캉의 '자아는 타자他者를 통해 만들어진 허구일 뿐 본성은 아니라는 것이고 보다 본질적인 것은 자아의 억압을 벗어난 무의식의 주체다'라는 맥락에서 읽을 수 있다.

훗날 폴린 레아주(본명은 도미니크 오리)는 소설이 자신의 환상이라고 밝혔다.

글쎄요… 제가 아는 건, 그 소설의 모든 것이 저 개인의 순전한 환상이라는 사실입니다. 남성 중심이든 여성 중심이든 그런 건 상관하지 않아요… 그 속에 실재하는 것은 아무것도 없습니다. 세상 그 누구도 O와 같이 다루어지는 걸 견뎌낼 사람은 없지요. 모든 것이 저의 사춘기부터 존재해온 환상일 뿐입니다.

환상幻想에 대해 프로이트(Sigmund Freud, 1856~1939)는 '무의식의 욕망을 무대화하는 어떤 장면을 가리킨 것'이라 보았고 라캉(Jacques Lacan, 1901~1981)은 '주체는 환상을 통해 그의 욕망을 유지할 수 있는 동시에 욕망을 사라지게 하는 차원에서 자기 자신을 지탱할 수 있게 된다.'라고 하였다. 또한 영국의 정신분석자 멜라니 클라인(Melanie Klein, 1882~1960)은 환상을 본능의 정신적 표현이라고 정의하며, 유아기부터 존재한다고 주장하였다. 환상은 무의식적 정신생활의 주요 요소로 생각되며, 일차적 과정, 즉 환각적 소원 성취를 직접적으로 반영한다는 것이다. 결국 환상은 욕망을 향한 장치이며 작가는 『O 이야기』를 통해 성적으로 억압된 여성의 욕망을 자유롭게 표출한 것으로 보인다. 당대에는 포르노라는 오명을 받았지만 훗날 에로티즘 문학의 전설로 평가되었다. 『O 이야기』는 서사의 줄거리만 본다면 여성이 피학적被虐的 존재로 보여질 수 있으나 O의 무험이 강요에 의한 것이 아니었다는 사실은 모든 행위의 주체가 여성인 O였음을 의미한다. 또한 여성이 남성의 종속적인 존재로 인식되었던 1950년대에 여성의 성적 욕망을 적나라하게 묘사하였다는 것은 여성주의 관점에서 다시 볼 필요가 있다.

쾌락은 육체를 묶는다

- 『치인痴人의 사랑』 -

다니자키 준이치로(谷崎潤一郎,1886~1965)의 『치인痴人의 사랑』은 그의 탐미주의적 경향과 여성의 몸에 대한 숭배, 페티시즘이 잘 드러난 작품으로 알려졌다. 치인은 어리석은, 혹은 미치광이라는 뜻으로 주인공 조지를 가리킨다.

『치인痴人의 사랑』이 연재되던 다이쇼 시대(大正時代,1912-1926)는 근대 일본의 상징인 메이지 시대(明治時代,1868~1912)가 끝난 후 서구 문화의 유입으로 도시는 향락적인 풍조가 유행하였다. 또한 교환수, 버스차장, 카페 여급 등 직업여성의 사회 진출이 시작된 시기였다. 당시 여성들은 남녀차별을 비판하고 여성의 교육을 주장하였지만 사회의 인식은 여전히 남성 중심에 머물렀다.

〈치인痴人의 사랑〉
다니자키 준이치로 지음, 角川文庫, 2016

『치인痴人의 사랑』은 28살의 가와이 조지(河合讓治)가 카페의 여급으로 일하고 있던 15살 소녀 나오미를 데려와 교육을 시키고 자신의 이상형으로 변화시키고자 하였으나 성적 관계에서 전복되는 8년 동안의 일상을 그린 작품이다.

조지와 나오미는 자신들이 사는 집을 '동화童話의 집'이라 부르며 각자의 욕망을 추구한다. 나오미는 안락한 생활과 영어와 음악, 댄스를 배우고 조지는 그리스 신화에 나오는 피그말리온[1]처럼 나오미에게 애정을 쏟으며 소유하려고 한다. 그는 나오미의 아름다운 육체를 찬미하고 발에 대한 페티시fetish(손이나 발 따위의 몸의 특정 부분 또는 옷가지나 소지품 따위의 물건을 통하여 성적

---

1) 그리스 신화에 나오는 피그말리온은 키프로스의 조각가로 아프로디테 여신에게 빌어서 자신이 만든 조각상이 아름다운 여인으로 변하였다. 피그말리온은 베누스 여신의 축복 아래 갈라테이아(조각상)와 결혼했다.

흥분이나 만족을 느끼는 일)를 드러낸다.

...나오미는 돌아오는 동안 바깥바람을 쐬었기 때문에 바로 지금 목욕을 갓 마친 여자가 가장 아름다운 순간에 있는 것입니다. 그 연약하고 얇은 살갗은 아직 수중기를 머금고 있으면서도 하얗게 맑고 깨끗하며, 옷깃에 가려진 가슴 언저리에는 수채화 물감 같은 보랏빛 그림자가 있습니다. 얼굴을 마치 젤라틴 막을 씌운 것처럼 반들반들 광택을 띠고 오직 눈썹만이 촉촉하게 젖어 있는데, 그 위에는 맑게 갠 겨울 하늘이 창문을 통해 푸르스름하게 비쳐 있었습니다.

「나오미 짱……」하고 나는 모두의 조용한 숨소리에 신경을 곤두세우며 입 속으로 그렇게 부르며 내 이불 밑에 있는 그녀의 발을 애무해 보았습니다. 아, 이 발, 이 새근새근 잠자고 있는 새하얀 아름다운 발. 이것은 분명히 내 것이다. 나는 이 발을 그녀의 소녀 시절부터 매일 밤마다 더운 물에 넣고 비누로 씻어 주었다. (중략)……나는 무의식중에 그 발등에 가만히 내 입술을 대지 않고는 견딜 수가 없었습니다.

프로이트가 말한 인간의 본능의 하나인 에로스는 성적 욕망의 추구를 지향하는 것이었는데 조지의 에로스적 욕망은 나오미에 대한 집착으로 변해간다.

조지와 나오미의 관계는 그녀가 댄스홀에 다니면서 파국을 향해 치닫기 시작한다. 나오미는 자신의 아름다운 육체를 무기로 뭇 남성들과 자유분방한 연애를 하고 분노한 조지는 그녀를 내쫓는다. 그리고는 밤마다 그녀를 그리워하며 괴로움에 몸을 떤다.

나는 그녀가 그리운 나머지 문득 방바닥에 엎드려 네 손발로 기면서 지금도 그녀의 몸이 등 위에 털썩 올라앉아 있는 것같이 방안을 빙빙 돌아다녔습니다. 그러고서 나는 — 여기에 쓰는 것도 쑥스럽기 한이 없는 일입니다만 — 2층으로 올라가서 그녀가 입던 옷을 끄집어내어 그것을 여러 벌 내 잔등 위에다 올려놓고, 그녀의 버선을 두 손에다 끼고, 또 그 방을 네 발로 기어 다녔습니다.

조지는 나오미의 말이 되는 것을 즐기는데 거기에는 죽음의 냄새도 짙게 깔린다. 나오미에게 "싫으면 나를 죽여줘!"라고 하니 나오미가 미친 사람이라고 한다. 그럼 "나를 말로 부려줘. 언제나처럼 내 등에 올라타 줘." (중략) 그러나 곧 그녀는 넉살좋게 대담한 표정으로 사납게 내 등에 올라타면서, "그럼 이제 됐어?" 하고 남자 같은 말투로 대답 했습니다.

조지는 결국 나오미의 말이 되겠다고 하면서 죽여 달라고 소리치기에 이른다.

나오미를 통해 에로스를 느꼈던 조지는 이제 생의 반대편에 있는 죽음 에 대한 충동을 느끼고 있다. 프로이트가 타나토스Thanatos(그리스 신화에서 의 인화한 죽음의 신)라 표현한 죽음의 본능이 꿈틀거리는 장면이다. 조지는 자신 이 키운 '여학생'이 자신의 꿈을 사라지게 했지만 육체적 매력 때문에 정 복당했다고 고백한다.

나는 여기서 남자라는 동물의 비열함을 자백하지 않으면 안 되겠습니 다. 낮에는 어떻든 밤이 되면 나는 언제나 그녀에게 집니다. 내가 졌다기보다는 내 속에 있는 짐승이 그녀에게 정복당합니다. (중략)... 그런데 어째서 이렇게 부정하고 더러운 여자에게 미련을 두고 있는가 하면 그것은 완전히 그녀의 육체적 매력, 단지 그것에 끌렸기 때문입니다.

이 문장은 데이비드 흄(David Hume, 1711~1776)의 유명한 "이성理性은 정념情念의 노예이다."라는 말을 떠오르게 한다. 흄은 인간 행동의 동기는 정념이며 욕구, 혐오, 비탄, 기쁨, 희망, 두려움, 긍지, 겸손, 사랑, 증오 등을 포괄하는 개념이라고 보았다.

그렇다면 『치인痴人의 사랑』에서 나오미는 정념의 화신化身이라 볼 수 있을까?

조지의 욕망은 다이쇼 시대에 유행하던 '문화주택'에서 교양 있는 부인과 함께 즐거운 가정을 갖는 것이었다. 반면에 나오미는 교육을 받고 사교생활을 통해 자신의 욕망을 분출시켰다. 조지와 나오미는 갈등할 수밖에 없었고 결국 조지는 나오미를 받아들이는 것으로 끝난다. 나오미는 성의 권력이란 측면에서 지배자의 입장이 되었고 그것은 육체의 매력으로 가능하였다.

다이쇼 시대에는 사회 전반에 걸쳐 다이쇼 데모크라시(민주주의적이고 자유주의적인 사회를 지향하려고 하는 운동과 풍조)가 나타났다. 이후 제1차 세계대전 후 유입된 서양 문화의 영향과 자본주의의 급속한 발전으로 대중문화와 소비문화가 꽃을 피웠다. 그리고 여성잡지의 확산으로 중산층 여성들은 양장 차림과 화장, 서양식 헤어스타일을 따라 하였다. 뿐만 아니라 정략결혼을 하던 관습에서 벗어나 연애가 유행이었다.

『치인痴人의 사랑』의 나오미는 다이쇼 시대의 중산층 여성을 대표하는 인물로 그녀의 모던한 생활양식과 자유분방한 연애관이 당시 젊은이들에게 커다란 공감을 얻으며 '나오미즘'이라는 신드롬을 낳았다.

다니자키 준이치로는 『치인痴人의 사랑』에서 여성이 가진 육체의 아름다움을 숭배하는 한편 근대 사회가 지향하는 이성주의의 환상을 표출시켰던 것으로 보인다. 연애는 근대의 산물이기 때문이다. 조지와 나오미의 연애는 무엇을 의미하는 걸까.

나오미의 성적인 일탈과 어리석음, 비합리성 등은 인간에게 내재된 본능이고 그것은 육체를 통해 자신의 욕망을 드러냈을 뿐이었다. 또한 조지는 나오미를 통해 사랑은 소유가 아니라 관계 속에서 이루어지며 본능의 성애에 얽힌다는 것을 인정하게 되었다. 『치인痴人의 사랑』은 정신을 강조하던 시대에 인간의 육체와 욕망에 대한 에로티즘을 조명照明함으로써 인간과 성의 욕망에 대해 더 깊은 사유를 제공하였다고 보인다.

03

사랑과 섹스, 인간 실존의 질문

-『헨리와 준』,『북회귀선』-

아나이스 닌(Anaïs Nin, 1903~1977)은 에로티즘 문학의 대표적인 여성작가로 꼽히며 1960년대 성적 해방을 주장한 페미니스트들에게 영향을 끼쳤다.

『헨리와 준』은『북회귀선』으로 알려진 미국의 대표 작가 헨리 밀러와 그녀의 부인 준을 만난 1931년 10월부터 1932년 10월까지의 아나이스 닌의 일기를 수록한 것이다.

나는 내 삶을 풍요롭게 하는 것뿐만 아니라 대단한 사건이 일어나기를 오랫동안 기다리며 내 삶의 대부분을 보냈다. 오랫동안 기다리던 그 대단한 사건이 나를 너무나 깊이 채워서 나는 완전히 압도된다. 이제 나는 끔찍할 정도로 잠 못 이루는 밤, 실패라는 비극, 깊은 불만족을 이해한다. 나는 기다리고 있었다. 지금이 더 넓어진, 진정한 삶의 시간이다.

헨리는 내게 세상 전부를 가져다주었다. 준은 내게 광기를 가져다주었다.
두 사람 가운데 한 사람을 선택해야 하지만 그럴 수가 없다.

섹스는 마음속까지 스며들고 나중에는 머릿속에 녹아들지. 당신이 생각하는 모든 것은 따뜻해. 당신은 지속적으로 따뜻한 여자야. 당신은 소녀의 몸을 가졌어. 하지만 환상을 유지하게 하는 대단한 힘을 갖고 있지.

나는 성녀의 얼굴로 아직도 신과 정액을 삼키고, 내가 느끼는 오르가즘은 신비로운 클라이맥스와 유사하다. 휴고는 내가 사랑하는 남자들을 사랑하고, 나는 그들이 형제처럼 어울리게 한다...(중략) 나는 내 안에 없는 악마에 현혹되어 최면에 걸린 것일까? 혹은 내 안에 사악한 비밀의 악마가 있는 것일까?

남편과 함께 파리에서 지내던 아나이스 닌은 우연히 헨리 밀러와 그의 매혹적인 아내 준을 알게 되는데, 이들 부부와의 만남은 그녀에게 인생의 전환점을 가져다준다. 아나이스는 헨리 밀러의 문학에 영향을 받으며 그의 아내 준에게 매혹된다. 결국 그 두 사람을 동시에 사랑하게 된 그녀는 혼란을 겪으면서 사랑과 섹스에 대한 질문을 갖게 된다. "나는 지금부터 열정과 쾌락과 소음과 술 취함과 그 모든 악한 것을 다 해보고 싶다."는 그녀의 고백은 자신 안에 악마가 있는 것이 아닐까 하면서도 자신의 욕망을

〈헨리와 준〉
아나이스 닌 지음, 홍선영 옮김
펭귄클래식코리아, 2020

따라 거침없이 나아간다.

우리 세 사람이 벌이고 있는 이 굉장한 게임은 대체 무엇이란 말인가?. 누가 악마인가? 누가 거짓말쟁이인가? …누가 가장 사랑하고 있는가?

아나이스 닌은 남편 휴고를 사랑하는 한편 헨리와 준에게도 사랑의 감정을 느끼게 되었다. 그리고 거기서 오는 갈등과 혼란, 불안 속에서도 관계를 지속하게 된다. 그런 감정은 어디서 오는 걸까? 그 힘은 에로스에 있다고 볼 수 있다.

바타이유에 의하면 "인간의 성행위는 금기에 의하여 금지를 당하며, 에로티즘은 그러한 금기들에 대한 위반의 영역이라는 점에서 동물들의 성행위와 다르다."는 것이다.

우리는 오랫동안 인간의 성은 이성과의 관계만 정상적이고 올바른 것이라는 관념에 포위되어왔다. 동성애에 대한 인식도 시대와 문화에 따라 억압적인 것에서 합법화에 이르기까지 변화한 것이 현실이다.

아나이스 닌은 동성애는 물론 양성애로 관계를 지속하였다. 그야말로 금기에 도전을 하는 것은 감정이고 불안과 혼란을 느끼는 것은 이성이다. 그런데 결국은 욕망을 향해 나아간다. 그것이 진정한 삶이라 믿기 때문이다. 양성애를 하는 아나이스는 준을 통해 자신 안의 남성성을 발견하게 된다. 즉 아니무스animus(여성의 무의식 인격의 남성적인 면을 의미)가 표출된 것이다. 아니무스는 '생명을 불어넣는다'는 뜻에서 유래하였으니 아나이스는 다양한 성의 경험을 통해 인간에 대한 성찰에 다가선 것으로 볼 수 있다.

한편 페미니스트의 대표 주자로 꼽히는 주디스 버틀러(Judith Butler, 1956~)는 양성애를 언어적 구축물로 보았다. 즉, 이 언어적 구축물은 어떤 성性은 정상이고, 다른 어떤 성은 비정상이라고 정의하여, 성의 가능성에 대한 감각을 제한하는 부정적 작용을 한다는 것이다.

아나이스 닌이 가졌던 욕망은 누구나 한번 쯤 상상해볼 수 있지만 선택하기는 쉽지 않은 문제다. 그러나 그녀는 자신이 사랑하는 사람들과 섹스를 하는 가운데 느꼈던 열정, 불안, 혼란 등을 통해 인간을 성찰하는 기회로 삼았다고 보인다.

『헨리와 준』은 보편적 규범을 넘어서는 다양한 성 경험을 적나라하게 표현하여 한때는 포르노라는 오명汚名을 얻기도 하였다. 그러나 여성의 감수성으로 사랑과 성에 대한 진지한 탐색은 에로티즘의 한 지평을 펼쳤다고 볼 수 있다.

헤르만 헤세(Hermann Hesse, 1877~1962)는 『황야의 늑대』에서 "인간은 수천 개의 혼이 있다"고 하였듯이 인간의 욕망은 너무나 복잡하고 다양한 면을 갖고 있으며 에로티즘의 스펙트럼도 넓을 수밖에 없다고 생각한다.

북회귀선Tropic of Cancer

헨리 밀러(Henry Valentine Miller, 1891~1980)의 대표작 『북회귀선Tropic of Cancer』은 파리에서 1934년에 출간되어 호평을 받았지만 미국에서는 30년이 지난 1964년에 판매되기 시작했다.

『북회귀선』은 밀러가 30세에 미국에서 파리로 건너가 룸펜으로 살면서 자신의 사적 경험을 형식에 얽매이지 않고 쓴 소설이다. 그런데 오랫동안 외설로 매도되어 판매 금지를 당했다. 성에 대한 사회적 금기를 깨뜨린 이 소설은 당시 청교도주의가 팽배하던 미국 사회를 충격에 빠뜨렸기 때문이다.

1960년대 미국은 도덕적이고 육체의 쾌락을 배척하는 금욕적인 신앙 생활을 중요한 가치로 여기던 시대였다. 청춘의 좌절된 사랑을 그린 영화 <초원의 빛Splendor in the Grass, 1961>에서 그 시대의 보편적인 성관념을 볼 수 있다.

『북회귀선』은 '근대 문학의 역사에서 기념비적인 순간'이라는 사뮈엘 베케트의 극찬과 『성 정치학』을 쓴 케이트 밀렛의 '심각한 여성혐오적 성격'이라는 비판 등으로 논쟁거리가 되었다.

나는 남자와 여자의 세계를 원한다. 이야기를 하지 않는 나무들(사실 이 세상에는 말이 너무 많다!)의 세계, 온갖 곳으로 우리를 데리고 가는 강의 세계, 전설의 강이 아니라 다른 남자와 여자들, 건물과 종교와 식물과 동물들과 만나게 해 주는 강-배를 띄우고, 사람이 빠져 죽는 강이다. 전설과 신화와 책과 과거의 티끌 속에서 허우적거리는 것이 아니라, 시간과 공간과 역사에 빠지는 강, 그러한 강을 나는 원한다. 셰익스피어나 단테처럼 큰 바다가 되는 강, 과거의 공허 속에서도 마르지 않는 강을 나는 원한다. 그렇다, 바다를 원한다! 우리는 좀 더 많은 바다를 가져야 한다.

위의 문장을 보면 밀러가 작가로서의 철학을 드러내고 있음을 알 수 있다. 자신은 바다를 원하고 좀 더 많은 바다를 가져야 한다는 것에서 자유에 대한 갈망을 엿볼 수 있다. 그리고 그 자유를 향한 여정에서 성에 대한 욕망을 실험하고 관찰하고자 했다. 낯선 도시 속에서 외로움과 절망을 겪은 그에게 파리는 어떤 곳이었을까?

파리는 고뇌와 슬픔의 도시다. 그래도 나는 아직 절망하지 않고 있다. 나는 다만 재난과 유희하고 있을 뿐이다. 나는 파리가 왜 심리적 고통을 겪는 사람, 환상을 추구하는 사람, 또는 광적으로 누군가를 사랑하는 사람을 끌어당기는지 알 것 같다. 나는 왜 사람들이 찾아도 찾을

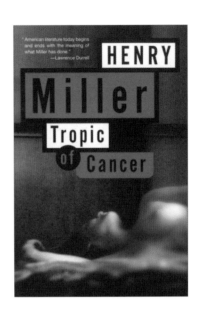

〈북회귀선Tropic of Cancer〉
Henry Miller, ⓒ 2018 Grove Press

수 없는 환상과 불가능을 파리에서 찾으려 하는지 알 것 같다. 파리에서는 모든 것의 경계가 소멸한다.

1920년 대 파리는 헤밍웨이, 피카소, 피츠제럴드, 마티스 등 예술가들이 모이는 거대한 사교클럽 같은 곳이었다. 그러나 허기진 일상 속에서 밀러는 이방인으로서 외로움이 소통의 부재에 있다고 느꼈던 것으로 보인다. 여성의 몸에 대한 적나라한 묘사도 남녀 간의 교감이 어렵다는 것을 표출하였을 뿐이고 원초적인 성에 있어서도 진정한 교류가 되지 못한 현실과 문명에 대한 비판이었다.

알고 지낸 여자들 생각이 머리를 스치고 지나간다. 그것은 스스로의 고통이 만들어낸 사슬과 닮았다. 모두 염주처럼 꿰여 있다. 따로 떨어져서 사는 불안, 태어나기를 기다리고 있는 공포, 자궁 입구에는 언제나 자물쇠가 잠겨있다…. 당신은 세계로 뛰쳐나온다. 표류해서 나온다. 키가 없는 배. 당신은 별을 쳐다보고, 자기 배꼽을 본다. 당신의 모든 곳에 눈이 생긴다. 겨드랑이 밑에, 입술 사이에, 털구멍에, 발바닥에. 먼 것이 가까워지고 가까운 것이 멀어진다. 내부의 외부, 끝없는 유동, 껍질을 벗어 던진다. 안을 뒤집고 밖으로 나온다. 이리하여 당신은 해마다 표류하다가 마지막에 가장 중심부에서 자신을 발견한다. 그리고 거기서 당신은 서서히 썩어가고 조금씩 무너져 내리며 흩어진다.

북회귀선은 영어로 Tropic of Cancer인데, 그런 제목을 붙인 이유를 밀러는 이렇게 말했다. "암癌은 문명의 질병을 상징합니다. 암은 잘못 접어든 길의 종착지이며, 동시에 처음부터 다시 시작해서, 가는 길을 완전히 바꿔야 한다는 뜻이기도 하지요."

나 또한 흘러가는 것을 사랑한다. 강, 하수도, 용암, 정액, 피, 쓸개즙, 언어, 문장을…… 이리저리 떠도는 모든 것을 사랑한다. 시간을 품고 성장하는 것, 결코 끝나지 않는 출발점으로 우리를 되돌리는 것을 사랑한다. 예언자의 부조리. 희열이라는 이름의 외설…… 녹고 섞이고 분해되는 온갖 액체…… 죽음과 소멸을 향해 위대하게 순환하는 모든 것을.

그에게 노골적이고 대담한 성 묘사와 자유분방한 섹스는 생명의 자연스런 에너지 분출이고 생태계의 질서로 회귀하는 방편이 아니었을까.

　　바타이유에 의하면 죽음이라는 한계를 지닌 인간이 존재의 연속성을 갈망하며 만드는 것들-성, 죽음, 종교-을 모두 에로티시즘으로 본다고 하였다. 그런 관점에서 본다면 『북회귀선』은 에로티즘 문학의 또 다른 장場을 열었다고 볼 수 있다.

04

섹스는 행복이다

-영화 <붉은 다리 아래 따뜻한 물>, <두 잇Do It>-

붉은 다리 아래 따뜻한 물

이마무라 쇼헤이(今村昌平, 1926~2006) 감독의 영화 <붉은 다리 아래 따뜻한 물>은 2004년에 개봉되었다.

실직한 중년 남자가 일자리를 구하러 다니다 거리에서 만난 노인을 만나서 금불상을 교토 지방 어느 집에 숨겨놓았다는 말을 듣고 교토로 떠나는 데서 이야기가 시작된다.

주인공 요스케는 아내에게서 입금하라는 독촉 전화를 받으며 다리 아래 서 있다. 도쿄라는 대도시에는 강이 흐르는데 강 이쪽에는 높은 빌딩들과 자동차들이 다니고 저쪽에는 부랑자들이 천막을 치며 살고 있는 세상

붉은 다리 아래 따뜻한 물, 2004

이다. 요스케의 전화 장면 다음에 보이는 거미줄은 아내와의 성관계가 오래 전에 단절된 것을 상징하고 있다. 철학자로 통하는 노인 타로가 사는 강 저편으로 찾아가지만 그는 이미 죽고 요스케는 타로가 생전에 하던 말을 기억하고 교토로 향한다.

도쿄에서 양복을 입고 하이칼라로 산다는 것은 물질과 자본주의에 순응한다는 의미라고 볼 수 있다. 도쿄의 다리는 파란색이고 교토의 다리는 붉은 색이다. 파란색은 보통 긍정적으로는 지성, 효율성, 논리를 나타내고 부정적으로는 냉담, 무관심을 의미한다. 반면에 붉은 색은 능동적, 생명, 사랑, 에너지의 원천이라고 보며 부정적으로는 분노와 폭력으로 쓰이기도 한다. 도쿄가 현대 문명을 상징한다면 교토는 일본의 전통문화가 보존

되어 있는 도시이다.

미츠 할머니가 만드는 것이 전통 과자라는 설정은 같은 맥락일 것이다. 또한 도쿄의 강은 다리를 사이에 두고 이질적인 집단의 공동체로 나뉘어진 반면 교토의 붉은 다리가 놓인 하천은 강과 바다가 만나는 지점으로 민물과 바다의 물고기들이 공존하는 공간인 동시에 인간과 자연이 함께 상생하는 곳이기도 하다.

한편 요스케가 붉은 다리를 찾아 갈 때 신사神社를 지나치는데 이는 우리나라의 절 입구에 있는 불이문不二門과 같은 의미로 보인다. 불이문이 성聖과 속俗의 경계이듯 요스케는 새로운 세상으로 들어가기 시작한다. 여기서는 판타지의 공간인 셈이다.

붉은 다리 옆 과자가게에는 점을 치는 노파와 젊은 여자 사에코가 살고 있다. 사에코와 얼떨결에 관계를 한 요스케는 사에코가 섹스를 하지 못하면 몸에 물이 차고 도박을 하는 기괴한 병에 걸렸으며, 그녀가 오르가즘을 느낄 때 분수처럼 거대한 물줄기를 뿜어낸다는 것을 알게 된다.

금불상을 찾으러 간 요스케는 그 사실은 잊어버리고 사에코의 도벽을 고쳐주기 위해 성관계를 갖게 된다. 그리고 그곳에 머물며 마을 사람 신타로의 소개로 뱃사람이 된 요스케는 바다에 나갔다가 사에코의 신호를 받으면 거침없이 달려간다. 그의 손에서 파닥거리는 물고기처럼 생의 에너지가 차오르는 것이다. 사에코가 그의 죽은 '물건'을 일으켜 세웠듯이 그의 삶에도 활기가 넘친다.

한편 점치는 노파 미츠 할머니는 하루 종일 집 밖에서 누군가를 기다린다. 타로 노인의 옛 연인으로 사에코와 같은 병을 앓고서 평생을 살았다.

나중에 알려진 사실로 타로는 살인을 해서 13년 동안 감옥에 있었고 출소 뒤에도 한번 찾아오지 않았다. 타로의 죽음은 에로스의 반대편에 있는 타나토스를 상징한 것인지도 모른다.

또한 사에코의 옛 애인이 죽었다는 사실과 요스케가 그를 닮았다는 설정도 같은 배경으로 보인다. 타로의 죽음을 전해들은 미츠 할머니는 오랜 기다림을 멈추었다.

그리고 나중에 드러난 사실이 사에코의 어머니는 무당이었다. 그녀는 마을 사람들을 휩쓴 질병을 퇴치하고자 남근석男根石을 세워 굿을 하다 물에 휩쓸려 가버렸던 것이다. 오래 전 붉은 다리 아래 죽음의 물이 흘렀고 사람들은 지독한 통증 속에 뼈가 부서지며 죽어가서 '이따이이따이いたいいたい(아프다 아프다는 뜻)병'이라 불렸고 나중에 카드뮴 중독이라는 공해로 밝혀졌다. 40년 전의 일이었다. 실제로 카드뮴 사건은 1960년~1970년 대 일본에서 심각한 사회문제였다.

사에코의 몸속에서 분출되는 물은 죽음의 물을 정화해서 물고기와 사람들을 살리는 생명의 원천이 되었고 요스케는 사에코와의 섹스를 통해 다시 '살아나게' 되었다.

영화에서 다리는 건축물과 여성의 다리를 이중으로 의미한 것이고 숨겨진 금불상은 사에코의 물을 은유했다고 볼 수 있다. 붉은 색은 욕망과 생명, 금기로 상징하였다.

마지막 장면에서 요스케와 사에코가 사랑을 나누는 곳은 실제로 어머니의 자궁과도 같은 이미지를 갖는 원형 콘크리트 속이다. 이마무라 쇼헤이 감독은 타로노인의 입을 빌어 다음과 같은 메시지를 던졌다.

"요즘 인간들은 다 병자야. 진실한 욕망을 야만시하지. 욕망에 충실한 게 진짜 삶일세. 자넨 '졸'로 살았어. '말'이나 '상'이 돼 보라구. 멋지게 살아봐."

남자의 행복이란 욕망할 수 있는 삶이어야 한다, 그 욕망이 사그라들 때는 이미 죽은 생명이다, 그러니 욕망할 수 있을 때 인생을 즐겨라, 조직에 순응하지 말고 스스로 생각하고 스스로 결정하는 삶이야말로 진정한 삶이다, 자유를 포기한다면 그것은 인생을 포기하는 것이다

프로이트Sigmund Freud(1856~1939)는 쾌락원칙과 현실원칙 사이에 끼어 있는 인간상을 정의했다. 인간은 본능과 리비도Libido(성충동)에 의한 욕망의 동물이며, 이 욕망을 에로스로 정의했다.

한편 마르쿠제Herbert Marcuse(1898~1979)는 에로스가 '살아있는 실체를 더 큰 단위로 형성하고 개인들을 더 큰 단위로 연합시킨다.'고 보았다. 하지만 개인의 욕망은 결코 충족될 수 없고 이성에 의해 욕망은 억압된다. 그래서 에로스에 상대되는 개념인 타나토스가 제시된다. 타나토스는 자기 파괴와 죽음의 본능이다.

<붉은 다리 아래 따뜻한 물>은 여성이 생명의 근원이라는 인식 속에 성에 대한 판타지를 구현하였다. 그래서 붉은 다리가 있는 그 동네는 마치 유토피아 같은 느낌을 주는데 이는 도쿄로 상징되는 문명사회, 이성이 지배하는 세계에 대한 비판 의식을 담고 있다고 보인다.

이마무라 쇼헤이 감독은 문명사회가 에로스를 억압한다는 의식을 스크린에 투영시켰다고 해석된다. 그의 대표작 <나라야마 부시코>, <우나

기>, <간장선생> 등을 보면 주제는 인간의 본능 그중에서도 가장 치명적인 성의 욕망에 대한 것이었고 평생 그가 깊이 탐구한 주제였기 때문이다.

두 잇Do It

영화 <두 잇!>은 이탈리아 에로티즘 영화의 거장으로 불린 틴토브라스(Tinto Brass, Giovanni Tinto Brass, 1933~)가 2003년에 발표한 작품이다. 6개의 에피소드를 옴니버스 스타일로 전개하였다.

제1화 <알리바이>는 결혼기념 여행을 온 부부의 이야기이다.

첫 장면은 침대 위에 벌거벗은 아내가 다리를 벌리고 있는데 전동칫솔로 서비스를 해주는 남편이 등장한다. '온갖 야한 행위를 다하고 싶다'는 아내 신시아. 최고로 황홀한 추억을 선물하고 싶은 남편 조니. 남편은 잘생긴 모로코 웨이터에게 선물이 되어 달라고 부탁하고 자신이 그것을 지켜본다. 조니는 신시아에게 본능에 따라 자연스럽게 하라고 얘기한다. 나중에는 스리섬threesome으로 끝나며 행복해하는 부부.

아내의 성적 자율성을 인정하고 같이 즐기는 부부에게 성은 일종의 유희로 작용하는 것이며 성은 개인의 사적 영역이라는 점을 보여준다.

2화 <더블 트러블>은 성을 수단으로 한 스와핑swapping 일화다.

방송국 PD인 브루노의 아내 에리카는 방송국 사장인 루이지와 관계를 맺고 같은 시간 브루노는 루이지의 아내 스테파니와 함께 테니스를 치다 스테파니의 유혹으로 정사를 하게 된다. 에리카가 방송 진행자가 되고 싶

두 잇!Do It!, Fallo!, 2003

은 욕망으로 성을 이용한다면 스테파니는 성적 욕망으로 브루노와 관계를 한다. 그런데 브루노와 에리카는 그런 사실들을 서로 알고 있다. 이 두 쌍의 부부는 암묵적으로 스와핑을 하는데 그 이면에는 각자 원하는 욕망이 다르다. 그러나 성행위로 인한 쾌락은 별개로 존재한다는 의미를 담고 있다.

3화 <쾌락의 매>는 육체를 담보로 성을 파는 여성의 욕망에 관한 일화다.

갑부인 베르타와 그의 남편 아서는 전망 좋은 호텔에 투숙한다. 베르타는 늙은 남편보다 풍만한 가슴과 엉덩이를 가진 여종업원 카타리나에게 관심을 갖는다. 카타리나에게 돈을 주고 성행위를 요구하는 베르타. 카타리나는 나중에는 매질을 당하며 더 많은 돈을 받는다. 카타리나는 요리사로 일하는 약혼자 치로에게 모든 사실을 얘기하면서 그들이 주는 팁으로 호텔을 차리자고 한다.

여기서 성性과 폭력(매질)은 돈으로 바꾸는 일종의 재화가 된다. 자본주의의 물신物神에 사로잡힌 카타리나의 헛된 욕망을 보여준다.

4화 <이야기해주는 여자>는 아내의 성 경험을 성적 판타지로 삼는 부부 이야기이다.

조그만 해변에서 남편 휴고와 T팬티 하나만 걸치고 엎드려 있는 아내 라파엘로. 아내에게 과거 남자들의 이야기를 해달라는 휴고. 라파엘로의 이야기를 들으며 질투와 흥분을 느낀다. 중년 남자, 철도 회사 다닐 때 차장 등과의 경험을 들으며 사랑을 나누는 부부. 아내의 과거는 부부의 행복한 성생활을 위한 소품으로 기능한다.

5화 <또 다른 순결>은 애널섹스anal sex(항문성교)에 관한 일화다.

누드 사진작가인 프랑코와 약혼녀인 안나는 결혼 전에 애널섹스는 안 된다고 거절한다. 그러던 어느 날. 다른 사진작가 집에 초대를 받은 두 사람은 색다른 경험을 한다. 초대한 안주인은 안나를 유혹한 후 프랑코와 관계하는 것을 보여준다. 흥분한 안나는 주인인 늙은 작가와 졸지에 애널을 하게 된다. 애널섹스는 보통 남성들이 갖는 성적 판타지 중 하나이다. 고대 그리스 시대에는 동성애와 함께 널리 알려진 성행위였고 조선시대의 『북상기北廂記』(19세기에 쓰여진 우리나라 최초의 성性 희곡)에도 애널섹스를 묘사한 내용이 나온다. 61세 선비가 18세의 관기官妓와 운우지정을 나누었으니 다양한 체위를 했던 것으로 나타난다.

인간의 성애性愛는 동서고금을 막론하고 쾌락에 대한 욕구를 충족시키고자 하였고 애널섹스는 그 중 일부라는 사실을 표출한 것으로 보인다.

6화 <훔쳐보기>는 관음증觀淫症에 대한 일화다.

여선생 로지는 런던으로 신혼여행을 떠난다. 남편 오스카 앞에서 가터벨트 스타킹과 T팬티로 남편을 유혹하는데 누군가 이들의 관계를 지켜보고 있다.

두 사람은 다음날 시내의 속옷 상점에서 야한 팬티를 사서 누군가 보고있는 것을 안 오스카는 불을 끄자고 하고 로지는 불을 켜라고 한다. 그리고 실컷 보라고 소리를 지른다. 관음증(Voyeurism)은 타인의 성행위를 훔쳐보면서 성적 흥분을 느끼는 것인데 성도착증性倒錯症(Paraphilia)의 한 증상으로 분류한다. 그러나 타인에게 크게 폐를 끼치지 않은 경우는 범죄로 분류하지는 않는다.

영화 <두 잇Do It>은 성에 대한 금기는 없다는 정치적 주장을 보여주는 작품이다.

<두 잇Do It>에 나타난 에로티즘은 이를 반영하듯 성의 욕망을 적나라하게 드러내고 있다. 6개의 에피소드는 모두 성의 판타지를 풀어놓은 것이다.

영상 속에서 여성의 음모 부분을 확대한 것이라든지 엉덩이를 자주 클로즈업 하고 그곳에 키스하는 장면, 여성 상위를 할 때 여성이 오르가즘을 느끼며 희열을 만끽하는 것 등은 본능에 충실 하라는 메시지를 던져준다. 여성 팬티에 코를 박는 장면이 여러 번 나오는데 일종의 페티시fetish로 성

적 자극을 받기 위한 행위이다.

한편 동물학자인 데스몬드 모리스(Desmond Morris, 1928~)는 『털 없는 원숭이』에서 인간은 원래 네 발로 기어다닐 때는 성기를 감춘 엉덩이가 강렬한 성적 신호였다고 한다.

틴토 브라스 감독이 '엉덩이는 영혼의 거울'이라고 한 말은 성적 욕망에 대한 솔직한 고백이라고 볼 수 있다. 그가 "에로틱한 황홀감은 절대 정치적 황홀감보다 열등한 것이 아니다."라고 하며 성적으로 자유로운 개인들이 진정한 혁명을 이룰 수 있다고 한 주장은 에로티즘의 사회적 확장성을 의미한다고 볼 수 있다.

영화 <두 잇Do It>은 성애에 대한 다양한 일화를 통해 인간의 내면에 감춰진 성적 욕망을 에로티즘으로 표출하였다.

05

나는 욕망한다, 내게 금지된 것을

- <욕망의 낮과 밤>, <레이디 멕베스> -

욕망의 낮과 밤

<욕망의 낮과 밤>은 원제가 <나를 묶어주세요Tie Me Up! Tie Me Down!>로 1990년에 발표되었고 스페인의 페드로 알모도바르(Pedro Almodovar, 1949~)감독의 작품이다.

고아 출신 릭키는 정신분열증을 앓고 있다가 사회적응이 가능하다는 진단을 받은 후에야 23세에 정신 병원에서 퇴원한다. 그는 예전에 병원에서 탈출하여 하룻밤을 같이 보낸 포르노 배우 마리나를 찾는다. 그녀의 아파트에 침입하여 마리나를 집안에 가두고 자신을 사랑해달라는 릭키. <한밤중의 유령>이라는 영화 촬영 중에 감금된 마리나는 탈출을 하려다 실패하고 결국에는 도망갔다가 릭키를 사랑한다며 다시 찾아가는 해피엔딩이다.

마리나의 태도는 스톡홀름 신드롬Stockholm syndrome[2]으로 여길 수 있지만 감독의 관점은 다른 곳에 있다.

릭키의 욕망은 마리나와 함께 따뜻한 가정을 이루고 싶은 것에 향해 있다. 그가 원하는 것은 마리의 사랑이다. 그러나 마리나가 "절대로 사랑하지 않을 거야. 나쁜 새끼야!"라고 욕을 하자 릭키는 상처받은 듯 울먹인다. 마리나는 릭키에게서 벗어나기를 바랄 뿐이다. 마리나가 치통으로 아프다면서 마약을 구해 달라고 하자 병원에 데려다 주는 장면은 릭키의 욕망이 진심임을 보여준다. 여의사가 진통제 주사를 놓으려 할 때 아이 울음소리가 들리자 릭키는 몸을 움직여 나가고 잠시 후 아이 둘을 양쪽 팔에 안은 채 행복한 듯 미소를 지으며 나타나는 모습은 그가 꿈꾸는 미래를 보여준다.

한편 영화를 찍던 막시모 감독은 계속 마리나를 찾고 집에서 마리나가 출연했던 포르노를 보며 흥분한다. 그는 마리나가 괴물 스토커에게 칼에 찔려 죽는 마지막 장면을 살아남은 것으로 시나리오를 고친다. 휠체어로 움직이는 막시모는 젊고 아름다운 마리나를 성적 욕망의 대상으로 여기기 때문이다.

수정된 부분은 엔딩 장면으로 여주인공이 괴물 스토커의 목에 줄을 걸고 자신은 테라스에서 몸을 던져 줄에 매달린 채 좌우로 흔들리는 장면이다. 이 줄은 현실에서는 마리나를 억압하는 도구로 쓰이지만 촬영하는 영화 속에서는 마리의 생명줄과도 같다. 마리나가 빗속에서 흔들리는 장면

---

2) 공포심으로 인해 극한 상황을 유발한 대상에게 긍정적인 감정을 가지는 현상

욕망의 낮과 밤, 1990

은 그녀의 내면을 투영하는 동시에 에로티즘을 보여주고 있다. 마리나를
억압했던 것은 포르노 배우라는 주홍글씨였다. 이는 막시모 감독이 인터
뷰에서 포르노 배우를 캐스팅한 이유가 무엇이냐고 묻는 기자에게 포르
노란 표현을 쓰지 말라고 분노하는 장면과 매치가 된다. 막시모 감독에게
마리나는 환상의 '뮤즈'였고 그 때문에 <한밤중의 유령>이라는 영화가 어
떤 것이냐는 기자의 질문에 어둠에서 나오는 욕망이라고 밝혔다.

　한편 마리나는 주차장 가는 길에 마부가 끄는 말의 상처를 보고 치료법
을 알려줄 만큼 따뜻한 심성의 소유자이다. 말의 상처는 나중에 릭키가 마
약을 사려다 여러 명에게 구타당하는 장면의 복선으로 볼 수 있다. 피투성
이가 된 릭키를 치료해 주다 울면서 안기는 마리나. 두 사람은 오랫동안

격렬한 섹스를 하는데 그 장면은 천장부터 다양한 각도에서 여러 방향의 거울을 통한 이미지를 보여준다. 마리나는 자신을 위해 다친 릭키에게 마음을 열게 되면서 억눌렸던 사랑과 섹스의 욕망이 한꺼번에 폭발한다. 마리나는 릭키를 통해 살기 위해 연기한 포르노를 벗어던지고 순수한 욕망으로 환희를 맛보게 된 것이었다. 릭키는 1년 전 마리나를 보고 인생이 변하였고 그녀 덕분에 정상이 되었던 것이라고 고백한다.

릭키는 마리나에게 자신의 고향으로 가서 살자고 한다. 고아로 떠돌며 정신 병원에서 나온 후 비로소 자기가 태어난 곳으로 돌아가는 것이다.

영화 첫 장면에 거대한 저택의 전경이 보이는데 정신 병원이었고 성모 마리아상이 보이고, 릭키 이마에 난 상처가 십자가 모양인 것, 잠자는 마리나 벽에 걸린 어린 양과 마리아 그림 등은 무엇을 의미하는 걸까?

알모도바르 감독이 태어난 스페인은 1939년부터 1975년까지 프랑코 체제가 지배했던 전체주의적인 우익정권이었다. 그 정권은 카톨릭 신앙을 통치 이념으로 도구화하여 성을 억압하고 여성을 가부장제의 희생양으로 삼았다.

<욕망의 낮과 밤>은 그러한 프랑코이즘Franquism에 저항하는 메시지를 표출한 것으로 나타난다. 억압된 정치와 사회 구조에 대한 비판 의식이 내재되어 있음을 알 수 있다. 따라서 릭키가 정신분열증 환자로 오랫동안 병원에 갇혀 있다 여러 번 탈출을 시도하고 마침내 마리나를 만나 정상이 되었다는 설정은 성을 억압하는 사회가 정상이 아니라는 메시지를 담고 있는 것이다.

페드로 알모도바르 감독은 모성이 인간의 본능이며 '사랑'을 통해 기적

을 이룰 수 있다는 인식에서 계속 사랑과 욕망에 대한 주제에 탐닉하였다.

한편 영화 속에서 보이는 붉은색과 파란 색의 인테리어, 마리나의 잠옷이 하얀색인 것은 인간의 이성과 본능, 순수와 치유의 이미지를 상징하는 것으로 읽혀진다.

레이디 멕베스Lady Macbeth

2017년에 개봉된 <레이디 맥베스>는 19세기 영국을 시대적 배경으로 하고 있다.

당시 영국은 '해가 지지 않는 나라'라고 할 정도로 경제적으로 가장 풍요로운 시대였다. 그러나 여성은 사유재산으로 취급할 정도였고 결혼 후에는 아들을 생산하고 양육하며 정조를 지키고 남편에게 안락한 '가정'을 제공하는 존재일 뿐이었다. 가정에 헌신하는 여성에게 '천사'로 칭송하며 여성에 대한 억압과 불평등을 포장하였던 시대였다.

영화 속에는 여주인공 캐서린이 코르셋과 크리눌린을 착용한 후 드레스를 입는 장면이 나온다. 코르셋은 질긴 고래수염이나 철로 된 살대로 만들어졌고 크리눌린은 새장 모양의 틀이었다. 코르셋은 여성이 남성을 위해 필수적으로 착용해야 하는 에티켓이었다. 코르셋과 크리눌린의 상징은 여성의 억압이었다.

원래 레이디 맥베스는 세익스피어(Willam Shakespeare, 1564~1616)의 4대 비극 중 하나인 <맥베스>에서 맥베스의 부인을 지칭한다. 맥베스가 던컨 왕을 살해할 때 레이디 맥베스는 과감하게 실행할 것을 요구하지만 남편이

레이디 멕베스, 2017

왕위에 오른 후에는 죄책감으로 비참하게 죽음을 맞이하게 된다. 그러면 영화 <레이디 맥베스>의 서사는 어떻게 전개되고 있을까?

여주인공 캐서린은 17살에 돈에 팔려 늙고 돈 많은 남편 알렉산더와 결혼을 하게 된다. 시아버지 보리스는 아이를 낳고 남편에게 순종하며 살 것을 요구하고, 알렉산더는 캐서린과 성관계는 하지 않은 채 벌거벗은 채 벽 쪽으로 서 있으라고 명령하며 자위를 한다. 그리고 집 밖으로 나가지 말라는 외출금지령을 내린다.

캐서린 옆에는 보리스의 명령으로 감시의 눈길을 보내는 흑인 하녀 애나가 있다.

그러던 어느 날 캐서린의 남편은 탄광이 폭발해서 현장으로 떠났고 보리스 자신은 런던을 다녀올테니 건강을 회복해서 더 열심히 본분을 다하라고 통보하고 떠난다. 그러나 코르셋을 벗어던지고 긴 머리를 풀어헤치며 들판으로 나가 바람을 맞는 캐서린.

오랜만에 해방의 기쁨을 맛보는 그녀는 우연한 기회에 일탈의 모험을 감행한다.

캐서린은 건장한 흑인 하인 세바스찬과 정사를 하며 멈출 수 없는 질주를 한다.

영화 앞부분에 캐서린은 긴 소파 위에 단정한 차림의 어두운 푸른색 드레스를 입고 정면을 향해 무표정한 그녀의 고개가 밑으로 내려가는 모습이 보인다.

그녀의 결혼은 본인의 의지와는 상관없이 매매로 이루어졌고 자유가 박탈당한 새장 안에 갇힌 존재였다. 캐서린이 코르셋이나 크리놀린을 벗어 버리는 행위는 제도와 사회의 억압에 대한 일탈이었고 자신이 원하는 삶을 살기 위한 선택이었다.

여성을 열등한 존재로 당연하게 받아들이도록 억압하는 사회적 폭력을 부르디외(Pierre Bourdieu, 1930~2002)는 '상징적 폭력'이라고 정의하였다. 영화 속에서 보리스가 플뢰리 와인을 즐겨 마시는데 나중에 그것을 캐서린이 다 마셔버린 것으로 나온다. 와인은 부르디외가 말한 '문화자본cultural capital'으로 화폐, 재산, 학력, 지속적으로 형성된 문화적 취향 등이 문화자본에 속하는데 사회라는 장場 속에서 계급적 차이를 효과적으로 정당화하는 수단이 된다는 것이다.

캐서린이 시아버지가 아끼는 와인을 세바스찬과 나눠 마시는 행위는 신분이라는 계급적 질서에 도전하는 것이라 볼 수 있다. 반면에 남편 혼외자의 외할머니인 아그네스는 외손자 테디를 구출해서 집으로 데려왔는데도 불구하고 세바스찬에게 어디를 들어오냐고 소리치는 장면이 나온다.

아그네스도 흑인이고 하류층으로 보이는데 그녀는 외손자가 상속자가 되었으니 신분이 상승한 것으로 생각하고 세바스찬에게 계급의 우월감을 행사했다. 아그네스는 제도와 관습에 순응하는 동시에 편승하는 욕망을 드러낸다. 그러면 캐서린은 세바스찬을 단지 성욕의 대상으로 생각했던 것일까? 그녀의 욕망은 무엇이었는가? 그녀는 남편이 돌아오기 전에 세바스찬에게 묻는다.

> 날 사랑해? 날 사모해? 살아서 너랑 헤어질 생각 없어. 무슨 일이 있어도 널 따라갈 거야. 십자가까지, 감옥까지, 무덤까지, 하늘까지. 내 마음을 의심하면 가만두지 않을 거야.

이 대사는 캐서린이 세바스찬을 사랑한다는 말의 다른 표현이며 복선伏線을 깔고 있다. 캐서린은 처음에 자신보다 낮은 신분에도 순종하지 않는 세바스찬에게서 심리적 동조를 느꼈던 것으로 보인다. 그녀는 세바스찬을 인종과 계급과 상관없이 평등한 관계로 만나고 싶었을 것이다. 그래서 세바스찬과의 섹스에서도 능동적으로 자신의 욕망을 자유롭게 표현하였다. 캐서린의 성적 해방은 그녀의 자의식을 강하게 일깨워줬기 때문에 권위적인 시아버지 앞에서 세바스찬을 풀어달라고 요구할 수 있었다. 그녀는 아내의 의무를 저버렸다는 시아버지를 향해 당당한 태도로 "하늘을 봐야 별을 따죠."라고 비아냥거리며 점점 더 욕망을 향해 폭주한다.

남편이 돌아와 창녀 짓을 하였다며 자기 아버지가 캐서린을 샀다는 사실을 상기시키고 방에 갇혀 성경책이나 읽고 살라는 말에 캐서린은 참았던 분노가 폭발한다.

옆방에 숨어있던 세바스찬을 불러 침대 위에 눕히고 올라타는 캐서린은 의기양양한 표정으로 남편을 쳐다본다. 자신을 자위의 대상으로 삼았던 늙은 남편에 대해 '또 다른 폭력'으로 대항하였다. 이는 자신을 주체적 존재로 인식하는 동시에 수동적이라 여긴 여성의 성욕을 죄악시하던 당대 사회에 대한 저항으로 읽혀진다. 교회 목사의 충고도 무시하는 캐서린의 폭력성은 욕망의 질주 속에서 더욱 확장된다.

프랑스의 철학자 들뢰즈(Gilles Deleuze, 1925~1995)는 "욕망은 하나의 주체를 전제하기는커녕, 오직 누군가가 나라고 말할 수 있는 권리를 박탈당할 때에만 접근할 수 있다. 욕망은 결여에 의해서 발생하는 것이 아니라 억압에 의해서 욕망이 만들어진다."고 하였다. 캐서린은 결혼조차 자신이 선택하지 못한 채 아버지의 뜻에 따라 이루어졌고 외출이 금지된 생활을 강요받았다. 시아버지와 남편이 없는 저택의 주인이 된 캐서린이 흑인 하인들에게 벽을 보고 서 있으라고 명령하거나 세바스찬에게 남편의 옷을 입히고 안나를 무시하는 태도는 남편과 시아버지를 모방한 욕망이라고 볼 수 있다.

영화 속에서 상속자인 아이 테디는 캐서린을 엄마처럼 따르고 둘이는 들판에 산책을 나간다. 엄마가 보고 싶다는 테디에게 자신도 새들에 대해 알려준 엄마가 보고 싶다는 캐서린. 나중에 캐서린은 테디를 질식사시킨 후 침통한 표정을 짓는다. 그 때 캐서린은 세바스찬의 아이를 임신한 상태였다. 아무 죄가 없는 어린아이를 죽여야만 한 이유가 무엇일까?

테디의 죽음은 보리스 가문에 대가 끊김과 동시에 자신에게 가해졌던 폭압에서 해방된다는 의미를 담고 있다. 그래서 세바스찬이 죄책감에 캐서린과의 범죄를 고백할 때 그를 살인자로 내몰며 응징한다. 자신을 배신할 뿐 아니라 자신이 품었던 욕망이 좌절되었기 때문에 분노하였던 것이다. 세바스찬은 사람들을 향해 "나도 저 여자를 사랑하는 줄 알았어요. 질병 같은 여자예요."라고 부르짖는다.

사회의 모든 관습과 억압에서 탈주하는 행위를 질병으로 표현한 세바스찬의 욕망은 하위 계급의 남성으로 누릴 수 있는 한계를 벗어나자 멈추게 되고 캐서린에 대해 두려움을 가졌던 것으로 보인다. 그런데 사람들은 유일한 상속자이자 백인 여주인의 편을 들어준다. 증언을 해 줄 안나는 벙어리였고 눈을 감고 서 있다. 안나의 침묵은 인종, 계급, 여성의 입장에서 선택한 행위였지만 결국 그로 인해 희생양이 된다.

그러면 세바스찬의 욕망과 파멸은 어떤 의미일까.

그는 흑인에 하인이니 인종적으로나 계급적으로 하위에 있으면서 남성 우위로 안나를 천장에 보쌈을 해서 희롱하던 사내였다. 그는 백인 여성의 귀부인 게다가 주인님의 아내를 정복했다는 사실과 자신을 남편처럼 대하는 캐서린을 통해 인종과 계급의 차별로 억압된 감정을 해소했는지 모른다. 그러나 그의 정신은 지배계급의 질서에 갇혀 있을 뿐이다. 그래서 눈만 감으면 주인님의 얼굴이 보인다고 괴로워한 나머지 캐서린에게 두려움을 느꼈다. 아그네스도 하인들도 모두 떠난 저택에 혼자 남은 캐서린은 손으로 배를 만진다. 캐서린의 임신은 새로운 역사의 시작을 알리는 것이며 불모에서 벗어나 모성과 여성성을 획득하는 기회가 될지도 모른다.

영화 첫 부분에 나왔던 드레스가 어두운 푸른색인 것이 우울함을 상징한다면 엔딩에서 같은 드레스의 푸른색은 다른 의미가 있는 것으로 보인다.

긴 소파는 테디가 죽은 공간이었는데 그 위에 임신한 캐서린이 앉아있기 때문이다. 가부장제 남성이 지배하던 관습이 소멸되고 여성이 주체적 존재로 등장하는 새로운 변화를 예고하는 것인가?

<레이디 맥베스>는 자신의 욕망을 향해 솔직하고 거침없이 질주하여 제도와 사회의 관습을 전복시킨 여성에 관한 이야기이다. 욕망의 끝은 파멸인가 새로운 탄생인가?

이 영화는 성性, 젠더, 권력, 계급, 폭력에 관한 다양한 질문을 던져주고 있다.

06

초식남草食男과 육식녀肉食女의
로망포르노

- <바람에 젖은 여자> -

초식남은 일본에서 유행한 신조어로 연애에 관심이 없는 남자이고, 육식녀는 연애에 적극적인 여자를 뜻한다.

로망포르노는 이야기가 있는 포르노를 뜻하는 프랑스어 '로망 포르노 그라피크Roman Pornographique'에서 유래되었다고 한다. 서구권에서는 이러한 장르를 '소프트코어 포르노Softcore Porno'라고 부른다.

1970~1980년대에 일본 닛카쓰日活 영화사가 제작한 로망포르노가 유행하였으나 쇠퇴한 후 2016년 로망포르노가 새로운 변모를 보였다. 남성의 성적 욕망을 충족시키는 관행에서 벗어나 성에 대한 여성의 주체적 결정과 감정을 중시하여 여성 관객의 호응을 얻게 되었다.

제69회 로카르노 국제영화제에서 수상한 <바람에 젖은 여자>도 '로망

第69回ロカル/国際映画祭コンペティション部門〈若手審査員賞受賞〉

風に濡れた女

塩田明彦 監督作品

間宮夕貴　永岡佑

おいしい

いとしい

男と女はアレしかないじゃん？
愛と欲望が入り乱れる
荒野の一発勝負！

■ 바람에 젖은 여자, 2016

포르노' 제작 45주년을 맞아 기획한 '로포리(로망 포르노 리부트) 프로젝트' 다섯 편 중 한편이었다.

외딴 숲속에서 혼자 지내는 극작가 고스케는 바닷가에 나갔다 바다에서 헤엄쳐 나와 흠뻑 젖은 웃옷을 벗어서 가슴을 드러낸 채 물기를 짜는 시오리를 마주치게 된다. 그녀는 고스케에게 재워 달라며 남자 목 위로 올라탄다. 오두막집에 도착한 고스케는 빵을 길바닥에 무심한 듯 버리고 그것을 줍는 시오리. 들개가 따로 없다며 다른 데 알아보라고 쫓는다. "당신, 내가 찍었어! 절대 도망 못 간다."고 소리치며 사라진다.

시오리는 마을 카페에서 일하며 사장을 유혹하고...바다에 서핑하러 온 남자들과 모두 관계를 갖는다. 어느 날 도쿄에서 같이 연극하던 쿄코가 남자 배우 4명과 유코를 데리고 오두막으로 찾아온다. 근처에 승합차를 세우고 텐트를 치는 쿄코 일행. 가끔씩 오두막으로 찾아온 시오리는 쿄코를 유혹하여 섹스를 하고 고스케는 무시한다. 고스케는 유코와 섹스를 하는데 그 장면을 본 시오리는 남자 배우들을 승합차로 한 명씩 부른다. 쿄코는 배우 중 한 명과 바닷가 언덕에서 섹스를 하며 환희를 느낀다.

고스케는 남자 배우와도 관계를 맺는 듯 한 장면을 연출한다.

모두가 떠난 오두막 앞에서 싸움을 하던 고스케와 시오리는 결국 한 몸이 되고 오두막이 내려앉을 정도로 불타는 밤을 보낸다.

엔딩신은 완전히 폭 꺼진 오두막과 혼자 남겨진 고스케. 넘어져 있는 의자에 쓰여진 글이 보인다. "누가 개냐?" 그의 등 뒤로 짐승들의 울음소리가 들린다.

장르가 로망포르노인만큼 10분에 한 번씩 정사 장면이 나온다. 그런데 여주인공 시오리는 '여자를 끊었다'고 하는 고스케를 유혹하려고 애쓰는 한편 카페 사장을 비롯해 주변 남자들과 돌아가며 관계를 맺는다는 소문이 난다. 마치 굶주린 호랑이가 들개를 사냥하는 것처럼 놀러온 서퍼들까지 접수한다. 많은 정사 신에서 시오리는 위풍당당한 자세로 자신의 욕망을 적나라하게 표출한다. 쿄코도 시오리와 섹스를 하면서 오르가즘을 그대로 표현하고 남자 배우와 성애를 하는 순간에는 "소름이 돋아. 감전되고 울고 싶다. 그만 둘 수가 없다. 짜릿함이 몰려온다!"고 소리 지른다.

고스케와의 정사에서 소극적으로 반응하던 유코는 고스케의 후배 유자와에게 성욕을 느끼게 된다. 두 사람이 벌이는 카섹스 장면에서 유코도 자신의 욕망을 적극적으로 표현한다.

영화에 등장하는 세 여성은 모두 자신이 남성을 선택하고 성애에 있어 주저함이 없다. 이른바 페로티시즘(Feminism+eroticism)으로 여성이 성의 주체자로 에로티시즘을 표방한다는 뜻이다. 영화 속 정사 신이 대체로 여성 상위를 클로즈업하고 여성의 교성을 어필하며 애무 장면도 오랄 섹스는 거의 안 보이고 커닐링쿠스가 자주 보이는 이유도 기존 포르노의 문법(남성의 성적 판타지를 위주로 한 것)을 전복시킨 것으로 볼 수 있다.

시오리를 들개라고 비웃던 고스케는 결국 자신도 다르지 않았음을 인정하게 된다. 영화 속에는 스리섬threesome(세 명이 한꺼번에 하는 것), 동성애, 양성애, 질투, 결투 등의 장면들이 나오는데 이는 인간이 가진 본능과 다양한 욕망을 보여주고 있다.

섹스를 하는 공간이 마을에서 떨어진 외딴 숲 속이라는 설정은 숲이 여성의 이미지가 강하고 자연이 인간의 내밀한 욕망을 열어준다는 뜻으로 해석된다. 영화 속에서 짐승들의 울음소리가 여러 번 들리는 장면도 시사적이다.

한편 영화는 인간의 성적 욕망은 남녀의 차이가 없다는 것을 넘어서 여성의 에로티즘을 확장시켰다고 보인다.

시오타 아키히코(塩田明彦, 1961~) 감독은 인터뷰를 통해 <바람에 젖은 여자>는 "남녀 모두 즐겁게 볼 수 있는 로망 포르노를 만들고 싶었다."고 밝혔다. 이는 남성의 판타지를 위한 기존의 포르노에서 벗어나 남성과 여성의 욕망을 함께 보여주었다는 점에서 인간의 성이란 무엇인가라는 문제에 관점을 확대시킨 것이다.

과연 우리는 성욕이란 문제에서 얼마나 자유로울 수 있는가?

영화에서 주인공의 직업을 극작가劇作家로 설정한 것은 연극에서 무대는 인생이 펼쳐지는 곳이라는 사실과 함께 창작은 정신적 행위로 규정하였기 때문이다. 연애도 끊고 고고하게 사는 듯한 주인공도 동물적 본능에 매몰되는 엔딩이 시니컬하게 느껴진다.

07

나를 미치게 하는 섹스

-<님포매니악Nymphomaniac>, <셰임Shame>-

님포매니악Nymphomaniac

님포매니악Nymphomaniac은 2014년에 개봉된 라스폰 트리에(Lars von Trier, 1956~) 감독의 작품이다. 님포매니악은 여자 색정광色情狂 환자라는 뜻이다. 색정증은 성욕에 관계된 충동이 비정상으로 강해 여러 사람과 난혼성亂婚性을 띤 성교나 성욕에 관계된 행동을 원하는 여자를 가리킨다고 알려졌다.

님프Nymph는 그리스 신화 및 로마 신화에 등장하는 정령精靈으로 산이나 강, 숲이나 골짜기 등 자연물에 머물며 그것들을 수호한다. 님프매니아는 님프와 광기를 뜻하는 마니아mania의 합성어이다.

영화 <님포매니악Nymphomaniac>은 1, 2부로 되어 있는데 8장이라는 타이틀로 전개된다. 색정증으로 온갖 섹스를 경험한 조가 평생 책을 끼고 살았던 중년의 남자 셀리그만에게 자신의 삶을 고백하는 형식의 액자 구성으로 되어있다.

주인공 조는 2살 때 자신의 성기를 발견하고 기계적으로 에너지에 끌렸다고 고백한다. 그리고 15살에 빨리 자신의 처녀성을 없애고 싶어 호감을 느끼던 제롬과 관계를 했다. 조의 첫 경험은 동물들의 교미처럼 재빨리 이루어졌고 죽도록 아팠던 기억으로 남았다. 다시는 섹스를 하지 않겠다고 했으나 섹스의 욕망을 이기지 못한다. 낚시하듯 수많은 남자들을 만나던 중 제롬과 재회해서 같이 살지만 불감증을 겪게 된다. 제롬의 허락 아래 그녀의 성생활은 여러 남자들과 관계 속에서 스리섬, 사디즘, 마조히즘, 그룹섹스, 동성애 등으로 얼룩지게 된다. 성 중독자 모임에도 나가고 정신과 치료도 받지만 소용이 없었다. 결국 제롬은 아들 마르셀(Marcel은 강한 남자. 전사라는 의미가 있다)을 데리고 떠났다. 끝없이 자신의 죄의식과 성욕 사이에서 방황하던 조는 아비조차 알 수 없는 아이를 임신하자 자신이 직접 메스를 가해서 낙태를 감행하기에 이른다. 직장에서 쫓겨나 사채 수금 일을 하는 조. 사람들에게 내몰리고 상처받은 조는 남부로 떠나기 전 산 위에 올라간다. 그리고 건너편 황무지 같은 돌산에서 척박한 바위에 뿌리를 내리고 굽은 몸통이지만 생명력 있게 가지를 뻗은 그 나무를 발견하자 자신이 찾던 영혼의 나무임을 알아본다.

난 세상과 꿋꿋이 맞설 거예요. 언덕 위의 그 굽은 나무처럼. 내 모든 고집스러움과 힘을 다해서 거칠게 싸울 거예요.

어릴 때 아버지가 산에 가서 들려준 나무 이야기를 기억해 내고 용기를 갖는다.

물푸레나무가 창조됐을 때 다른 모든 나무들이 질투를 했지. 가장 멋진 나무였거든. 겨울이 되어 나뭇잎이 다 떨어지자 딴 나무들이 물푸레나무의 검은 봉오리를 비웃었어. "봐, 물푸레나무는 손가락에 까만 재가 묻었어."

우리 눈에 나무의 영혼이 보여. 여름엔 멋진 녹색의 숲이지만 겨울엔 가지와 둥걸 밖엔 안 보이지. 벌거벗은 밑동을 나무의 영혼이라고 불렀죠.

북유럽 신화에 의하면 물푸레나무에게 지혜의 신 오딘이 영혼을 부여하였으며 운명의 여신 노른은 물푸레나무 밑동에 살고 있다고 한다.

<님포매니악Nymphomaniac 2>의 엔딩 장면은 밤새 조의 이야기를 들어주던 셀리그만이 방에서 나갔다 다시 들어와 바지를 벗고 덤벼들고 잠시 후 총소리가 울린다.

색정광에서 살인자가 된 조의 삶을 어떻게 보아야 할 것인가.

영화의 첫 장면은 조가 폭력을 당한 희생자의 모습이었고 마지막은 폭력 중 가장 강한 살인자가 되었음을 암시한다.

조가 그토록 빨리 처녀성을 없애고 싶었던 이유는 무엇일까?

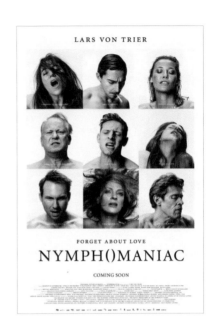

님포매니악Nymphomaniac, 2014

그녀는 첫 경험 이후 섹스 많이 하는 내기에서 초콜릿을 전리품처럼 얻게 된다. 처녀성은 흔히 순수한 상태, 성관계가 없는 것으로 알고 있지만 처녀(virgin)란 말은 라틴어로 원래는 남자에게 속한 여자라는 뜻이다. 그렇다면 15살 된 조의 이런 바람은 남자에게 속박되지 않겠다는 무의식의 발현으로 보인다. 이후 쾌락으로 은유되는 초콜릿을 맛본 조는 우연히 제롬과 재회하지만 다시 만나 건 신의 계시라고 말했던 그는 다른 여자와 결혼하여 떠났다. 그 후 공격적으로 삶이 바뀐 조는 섹스 여행을 시작했다고 말한다. 잠시나마 사랑의 감정을 느꼈던 조는 상처를 받았다. 그래서 셀리그만의 대화에서 '인간의 본성은 위선'이라고 하며 사랑은 거짓으로 포장된 싸구려 본능을 자극한다고 냉소적인 태도를 보인다.

> 내 욕정 때문에 중독자가 되었고 그 욕정으로 주변을 파멸시켰어요. 내
> 게 색정증은 냉담함이었어요. 외로움은 언제나 내 인생의 동반자였죠.

한편 영화 속에서 조의 아버지는 온몸의 신경세포가 예민해져 패닉과 공포로 환각에 시달리는 섬망증譫妄症으로 고통 받다 죽어간다. 그 와중에 병원에서 남자를 찾아 섹스하는 조는 수치심과 욕망을 동시에 느끼게 되었다. 이는 프로이트(Sigmund Freud, 1856~1939)가 주장한 성적 본능을 포함한 삶의 본능인 에로스Eros와 죽음의 본능인 타나토스Thanatos가 교차한 것으로 보인다.

들뢰즈(Gilles Deleuze, 1925~1995)는 "욕망이란 어떠한 부정과 금지도 무시하고 자유롭게 떠다니는 리비도Libido(성본능)처럼 순수한 에너지이다. 그렇기 때문에 욕망은 도저히 채울 수 없는 뻥 뚫린 구멍이나 목마름 또는 부러움 등의 결핍이 아니다."라고 하였다.

조가 제롬에게 "내 모든 구멍을 채워줘!"라고 말하지만 사랑하는 조와는 아무 느낌이 없게 된 제롬. 어느 날 제롬은 조에게 값비싼 반지를 선물하지만 그녀가 반지를 벽난로 속에 던져버리자 불같이 화를 낸다. 반지는 사랑의 표식이기도 하지만 속박의 의미도 담겨있다. 조가 낙태수술을 자기 손으로 하는 장면은 두려움과 고통 속에서 자신을 찾고자 하는 몸부림으로 보인다. 조는 성 중독자 모임에 참가하지만 이질감을 느끼고 상대에게 외친다.

난 당신과 달라. 난 색정증 환자야. 그런 나를 사랑해. 내 추잡한 욕정을 사랑해!

조의 이 대사는 이성애만이 옳다고 하는 인식에 대한 반론이며 그녀가 소아장애자에 대해 '그도 자기처럼 외로움의 십자가를 지고 살아가는 것 같았다'고 동조하는 것과 같은 맥락으로 보인다. 조는 자신의 정체성을 지키며 세상과 맞서 싸우겠다고 결심한다. 한때는 성적 충동의 동기를 없애야 한다는 상담가의 조언에 그 충동을 느낄만한 수도꼭지, 그림, 거울 등을 테이프로 감아버렸던 그녀였다.

한편 영화에서 제롬의 욕망은 어떻게 표출되고 있을까. 그는 조에게 첫 남자였다는 권리(?)를 강요하면서 그녀를 쾌락의 대상으로 여긴다. 그러다 아들이 태어나자 모성을 강요하며 기존의 사회 질서에 편승한다. 조는 생존을 위해 사채 일을 시작한다. 그리고 P를 만나 돌봐주며 일을 가르친다. 영화의 마지막은 첫 장면과 똑같은데 수미상관首尾相關 기법이라 한다.

엔딩에서 조를 때려눕히고 발로 짓밟은 제롬. 그 옆에 있던 P는 제롬과 길바닥에 쓰러진 조에게 오줌을 싼다. 한때 조를 사랑했던 P는 제롬과 섹스를 하는 관계였다.

조를 구해줬던 셀리그만은 밤새 그녀의 이야기를 들으며 평생 책에서 배운 지식으로 그녀를 응원하는 척하였지만 결국은 그의 욕망도 한 마리의 수컷에 불과했다.

셀리그만은 여자를 만난 적도 남자를 만난 적도 없이 섹스와 담을 쌓으며 살았다고 고백했다. 그는 책을 통해서 세상을 바라보았고 자신 안에 억압된 성욕을 이해조차 하지 못한 유대인이었다. 셸리그만은 자기 이름이 '행복한 사람'이란 뜻이라고 말한다.

한편 영화에서 셸리그만이 책을 보고 있는데 조가 무엇을 읽느냐고 하자 미국의 에드가 알란 포우(Edgar Allan Poe, 1809~1849)라고 대답하는 장면이 나온다. 포우는 낭만적이고도 음산한 분위기 속에 죽음과 공포, 괴기로 인간의 심리 묘사를 하는 작가로 알려져 있다. 평생 알코올 중독에 시달리다 죽음에 이르렀고 포의 마지막 유언은 "주여 제 불쌍한 영혼을 도우소서 (Lord help my poor soul)."였다고 한다.

엔딩에 흐르는 음악은 바흐(Johann Sebastian Bach, 1685~1750)의 코렐 전주곡 <주 예수여 당신을 소리쳐 부르나이다>인데 그 가사를 보면 참회의 기도로 시작한다.

주 예수여 당신을 소리쳐 부르나이다. 기도합니다. 저의 참회를 들으시옵소서. 지금 저에게 은혜를 베푸시고 저를 절망 가운데 두지 마옵소서.

종교가 없다면서 자신을 나쁜 인간이라고 끊임없이 자학하는 조를 위한 기도일까.

<님포매니악>에서 숲과 산, 골짜기가 나오는 장면은 자연에 사는 정령인 님프의 공간을 보여주고 있다. 조에게 색정증은 자연과도 같은 것으로 '파도를 어떻게 백사장에 가두겠어요?'라고 반문하고 있는 것이다.

셰임Shame

<셰임Shame>은 섹스 중독자의 삶을 그린 영화다. 남성 색정광色情狂은 사티리어시스satyriasis라고 하는데 그리스 신화에 나오는 술과 여자를 좋아한다는 사티로스Satyros 정령精靈에서 유래하였다.

주인공 브랜든은 뉴욕에서 살아가는 직장인이다. 지하철 안에서 눈이 마주친 여자를 뒤쫓다 놓치고 술집에서 만난 여자와 길에서도 섹스를 하는 브랜든. 그는 매춘부들을 부르거나 포르노 영상을 보며 자위하는 것이 일상이다. 회사에 있는 자신의 컴퓨터에서 난잡한 포르노 영상들이 쏟아져 바이러스에 걸렸다는 상사의 말을 듣고 화장실로 달려가 자위를 하는 브랜든.

어느 날 갑자기 찾아온 여동생 씨씨에게 자위하다 들킨 브랜든은 대판 싸우고 집을 나선다. 애인에게 구걸하듯 매달리던 씨씨가 브랜든의 상사 데이빗과 브랜든의 집에서 섹스를 하는 것을 알게 되자 브랜든은 씨씨에게 데이빗을 만나지 말라면서 분노를 터뜨린다. 브랜든의 노트북에 나온 영상에 대해 비난하는 씨씨. 집을 나와 길거리를 헤매는데 계속 울리는 씨씨의 전화. 브랜든은 술집과 게이클럽을 돌아다니다 성매매를 하고 집으로 돌아오다가 씨씨에게 전화를 하는데 받지 않자 달려간다. 씨씨는 손목을 그은 채 피투성이가 된 상태였다. 병원에 누워있는 씨씨의 손목에는 여러 개의 상처가 드러나 있다.

비오는 광장에서 주저앉으며 울부짖는 브랜든.

마지막 장면은 영화 초반에 보였던 지하철 안에서 눈을 마주쳤던 여자를 뚫어지게 보는 브랜든의 얼굴이다.

주인공 브랜든의 욕망은 무엇일까?

자위나 성매매를 통해 성욕을 배설하지만 만족하는 모습은 아니다. 오히려 섹스를 할 때와 끝냈을 때 그의 눈빛은 공허함을 담고 있다. 직장 동료인 메리앤과 저녁 데이트를 하고 브랜든은 가장 길게 한 연애가 4개월이었다면서 결혼을 왜 하는지 모르겠다며 관계는 현실적이지 않다고 말한다. 메리앤은 진지한 만남을 가져보자고 한다. 브랜든이 아일랜드 태생이라고 밝히자 매리앤은 브루클린 출신이라고 말한다.

다음 날 브랜든은 매리앤과 섹스를 하려던 중 문제가 생긴 듯하였고 돌아가는 그녀를 붙잡지 못한다. 그리고 콜걸을 불러 섹스를 하는 브랜든이 병원의 치료도 받지 않고 성 중독자 모임에 가지도 않는 이유는 무엇일까? 그는 자신의 과거와 대면하기를 두려워하는 동시에 현재의 자신의 모습에 수치심을 느끼기 때문이다. 이는 영화 속에 나타난 여동생 씨씨와의 관계가 평범해 보이지 않는 것과 연관이 있다.

"우리는 나쁜 사람들이 아니야. 우리는 나쁜 곳에서 왔을 뿐이야."라는 씨씨의 대사에서 그들이 어릴 적에 어떤 사건을 겪었던 것이라 추측하게 된다. 그 사건이 브랜든에게는 정상적인 연애를 할 수 없게 만들었고 씨씨는 반대로 이성과의 관계에 집착하게 되었을 것 같다. 씨씨가 자신이 늘 오빠를 항상 화나게 하는데 그 이유를 모르겠다고 하자 브랜든은 그녀에게 비수와 같은 말을 던지고 둘은 서로에게 비난을 퍼붓는다.

그래 넌 날 옭아매. 날 구석에 몰아넣고 꼼짝 못하게 해. 날 가라앉게 하는 짐이라고.

셰임Shame, 2011

브랜든은 씨씨의 등장을 지나칠 정도로 불편해하는데 그것은 씨씨를 통해 내면 깊숙이 묻어두었던 과거의 기억을 환기시키기 때문일 것이다. 어쩌면 씨씨가 어릴 때 브랜든이 성적 접촉을 했던 것인지도 모르고 아니면 여동생에게 금지된 감정이 억압되었던 것인지도 모른다. 씨씨가 클럽에서 <뉴욕, 뉴욕>이라는 노래를 부를 때 그녀의 표정과 그녀를 바라보며 눈물을 훔치는 브랜든의 얼굴은 닮아있다.

난 새로운 인생을 시작하고 싶어
모두의 뉴욕에서 말이야
만약 내가 그곳에서 해낼 수 있다면

난 어디서든 해내겠지
너한테 달려있어
뉴욕, 뉴욕

브랜든과 씨씨는 아일랜드에서 이주한 이민자들이고 그들이 고향을 떠난 것이 경제적 이유만은 아닌 듯이 보인다. 뉴욕은 인종백화점 같은 곳으로 익명의 도시이며 꿈의 도시를 상징한다. 브랜든은 낯선 나라 낯선 도시에서 어느 정도 성공한 삶을 사는 듯하지만 그의 내면은 부평초浮萍草처럼 떠돌아다니고 있다. 그가 혼자 살고 있는 집은 따뜻한 안식처가 아니라 생존을 위한 공간일 뿐이다.

한편 영화에서 브랜든이 지하철로 출퇴근을 하는 장면이 자주 나오는데 익명의 사람들 속에 숨고 싶은 욕망의 표현이라 생각한다. 또한 콜걸들과의 배설에 익숙한 그가 매리앤과의 섹스는 실패할 수밖에 없었다. 감정의 교류가 불필요한 매춘에 익숙했던 브랜든은 누군가와 정서적인 유대를 갖는 것에 대한 두려움이 앞섰기 때문이다. 사실 브랜든이 매리앤에게 호감을 느꼈던 것도 심리적인 요소가 작용하였을 것이다. 식당에서 마주하고 있는 두 남녀의 모습이 바깥 창문을 통해 보여지는 장면은 그런 의미를 담고 있다고 생각한다.

그녀가 자란 브루클린은 아일랜드인이 많이 정착했던 곳이었다. 아일랜드인은 유럽의 흑인이라 불릴 정도로 가난하였고 800년 동안 영국의 지배를 받았던 민족이었다. 그리고 그들 중에 일부는 미국으로 건너와 새로운 곳에서 새 삶을 시작하려 했지만 주류 사회에 진입하기도 쉽지 않았다. 브루클린은 뉴욕 시의 지역구로 각국의 이민자들이 모여 살았고 흑인들이 많이 거주하였기 때문에 브랜든과 매리앤은 정서적인 유대감을 느낄 수 있었을 것이다. 매리앤이 어디로 갈 수 있다면 무엇을 하고 싶은가를 물었을 때 브랜든은 1960년대 뮤지션이 되고 싶다고 대답하였다. 1960대 미국은 반체제문화로 마약, 히피, 섹스, 로큰롤rock'n'roll이 유행하던 시대였다. 그의 내면에 있는 욕망은 자유와 해방이었음을 짐작할 수 있다. 그러나 자신이 섹스 중독에 빠졌다는 사실은 부끄러움과 자책감에서 벗어나기 어려웠던 것이다.

영화에서 유리창 앞에서 섹스하는 장면이 세 번 나오는데 이는 자신의 욕망을 드러내고 싶은 감정과 그것으로 인한 위험으로부터 보호받고 싶은 양가적 감정의 표현이라고 본다.

한편 브랜든도 섹스 중독증 환자들에게서 나타나는 우울증을 갖고 있는데 영화 속 배경이 파란색의 영상으로 표현된 것은 파란색의 상징이 우주적 생명과 힘으로부터 비롯된 원시적인 에너지라는 점과 우울이라는 두 가지 의미를 드러낸 것으로 읽을 수 있다. 브랜든의 섹스 중독은 '뿌리 뽑힌 자'의 고독과 변방인으로서의 불안과 강박증에서 비롯되었다고 보여지며 그의 집안에 놓여있던 야구방망이는 불안에 대한 오브제objet로 기능하였다. 브랜든에게 섹스는 동물적인 욕망이라기보다 오히려 광물적인 것에 가깝고 차갑고 서늘한 느낌을 준다. 파란색은 그의 내면을 보여주는 색이다.

브랜든의 갈등은 자본주의 사회의 기존 질서에서 요구하는 규범, 관습, 도덕에 위배되는 욕망의 분출에 있었다. 동생이 유부남과 만나는 것을 비난하고 회사에서 포르노 영상이 들켰을 때 모른 척하는 태도는 기존의 질서에 순응하고자 하는 태도였다. 그러나 자신의 욕망은 질서에 위배되는 것임을 알기에 수치심과 자책감에 싸여있는 것이다. 평범한 연애도 결혼도 그에게는 아무 의미가 없을 뿐이지만 고독함과 상실감 속에서 벗어나고 싶은 욕망은 끊임없이 그를 흔들어댄다. 그리고 그가 찾은 비상구가 섹스였다. 씨씨의 손목에서 보여지는 많은 상처는 브랜든의 모습이기도 했다. 씨씨는 어떤 면에서 브랜든보다 용기 있는 인물이다. 늘 자신의 감정에 대해 솔직하게 행동하고 상처받으면서도 끊임없이 시도하기 때문이다.

영화의 엔딩 장면에서 브랜든은 예전에 지하철 안에서 만났던 여성과 눈을 마주치는데 그녀를 따라 내렸었던 브랜든의 눈에 손가락에 낀 반지가 보인다. 예전에 보지 못했던 것일까? 씨씨에게 상사 데이빗 손에 긴 반지를 못 보았냐고 비난하던 장면과 오버랩 되는 부분이다. 브랜든은 그녀를 뚫어지게 바라본 채 움직이지 않는다.

영화 <셰임>은 성 중독자의 수치심과 우울, 고독을 통해 인간의 욕망과 육체에 대한 질문을 던져주고 있다.

08

이름없는 사랑에 흔들리다

— <캐롤Carol>, <모리스Maurice> —

캐롤Carol— 내가 사랑한 그녀

토드 헤인즈 감독의 영화 <캐롤>은 1952년 뉴욕 맨해튼을 배경으로 하고 있다. 크리스마스 시즌에 딸에게 줄 선물을 사려고 백화점 장난감 코너에 들른 캐롤. 점원으로 일하는 테레즈와 첫 만남을 갖는다. 캐롤은 모피 코트에 주홍색 모자와 머플러를 하고 입술과 손톱에도 주홍색을 바른 중년 여성. 테레즈는 20대로 사진작가를 꿈꾼다. 캐롤의 점심 초대를 계기로 가까워지는 두 여성. 캐롤은 남편과 이혼소송 중이고 테레즈는 남자친구의 청혼을 받고 대답을 회피하고 있다. 캐롤의 집에서 부딪친 캐롤의 남편 하지는 테레즈와의 관계를 의심하고 딸의 접근금지 명령을 신청한다. 스트레스를 풀려고 떠나는 캐롤의 여행에 테레즈는 동행하고 둘은 서로

| 캐롤Carol, 2015

의 사랑을 확인한다. 그러나 하지의 고용탐정이 캐롤과 테레즈의 관계를 녹음해서 보내고 딸의 양육권이 남편에게 넘어갈 것을 두려워한 캐롤은 테레즈에게 이별을 고한다.

이후 테레즈는 뉴욕타임즈에 사진기자로 취직하고 캐롤은 양측 변호사들과의 만남에서 남편에게 양육권을 양보하고 면접권을 달라고 요구한다. 테레즈에게 편지를 전한 캐롤은 같이 살자고 하고 테레즈는 거절한다. 마음이 바뀌면 저녁 모임에 와달라고 하며 사랑한다고 고백한다.

캐롤이 늘 입었던 주홍색 옷과 머플러, 주홍색의 루즈와 매니큐어는 마치 호손(Nathaniel Hawthorn, 1804~1864)의 <주홍글자>를 연상하게 한다. <주홍글자The Scarlet Letter>는 가슴에 A라는 붉은 글자를 달고 평생을 살아야 했던 여자에 대한 소설인데 A는 간통Adultery을 상징한다. 호손은 1850년 엄격한 북미 청교도 사회의 모습과 17세기 미국 청교도들의 위선과 마녀 재판을 비판하기 위해 이 작품을 썼다고 알려졌다. 캐롤의 주홍색은 성적 욕망을 드러내는 동시에 그 욕망이 금기의 영역임을 보여준다. 캐롤이 동성애자로 취급받으며 치료를 받고 있을 때 매니큐어는 지워져 있고 주홍색 옷도 입지 않는다. 반면에 테레즈가 붉은 원색의 옷을 입고 신문사로 출근하는 모습을 캐롤이 보는 장면이 나온다. 딸의 양육권을 지키려고 자신의 욕망을 억압하던 캐롤은 결국 양육권을 포기하면서 자신의 욕망에 충실해지기로 한다.

전 하지가 양육권을 가져야 한다고 생각해요. 하지만 방문할 권리는 받아낼거야. 하지만 나를 부정하며 산다면 린디에게 무슨 도움이 되겠어. 이게 제일이야.

캐롤은 남편과 결혼 생활을 하였는데 어쩌다 젊은 여성인 테레즈에게 호감을 느끼고 성적 관계를 나누고 사랑을 하게 되었을까?

뉴욕타임즈에 근무하는 대니와 테레즈의 대화중에 대니의 대사가 대답처럼 들린다.

특정한 어떤 사람이 좋아질 때가 있지? 그 사람에게 끌리거나 끌리지 않는 이유는 알 방법이 없어. 우리가 아는 건 그 사람에게 끌리느냐 아니냐 뿐이야. 물리학 같은 거지. 서로 부딪히는 핀볼들처럼.

캐롤이 테레즈에게 한 대사와 편지는 사랑, 이별, 재회의 모든 순간을 담고 있다.

참 신기한 사람 같아요. 하늘에서 떨어진 것처럼.. 내 사랑에게, 우연이란 건 세상에 없어요. 모든 건 제자리로 돌아오기 마련이에요, 언젠가 내 마음을 이해하게 될 거예요. 그날이 오면 그곳에서 당신을 반겨줄게요. 영원한 일출처럼 우리 앞에 펼쳐진 삶을, 난 당신이 행복했으면 해. 내가 행복을 주지 못했지만… 우린 서로에게 가장 놀라운 선물이야.

1950년대 미국에서 동성애는 일종의 질병으로 보았다. 1952년 미국 정신과 협회는 정신질환 진단 및 통계 편람(DSM)에 동성애를 반사회적 성격 장애로 등재하였다.

그 당시 동성애자들은 국무부가 작성한 위험한 인물 목록에 수록되었고 제임스 E. 웹 장관은 보고서에 "동성애자들의 다른 성향은 보통 사람들과 차원이 다르며 그것으로 인해 사회적 문제가 커질 것이다."라고 기록하였다.

영화에서 시어머니가 캐롤에게 토마토 젤리를 먹이고 최고의 의사를 붙여 치료한다는 말에 캐롤은 의사가 아니고 심리치료사라고 반박하는 장면이 나온다. 즉 자신은 환자가 아니라고 하면서 당시 사회의 편견을 거부하는 것이다.

영화 <캐롤>은 한 여성이 다른 한 여성을 사랑하면서 겪는 사회적 갈등과 이별, 자신의 욕망을 이해하는 과정을 그렸다. 표면적으로는 동성애를 다룬 것으로 보이지만 동성애에 대해 방점을 찍었다기 보다는 소수자, 비주류가 갖는 갈등, 욕망의 주체인 개인의 선택에 포커스를 맞춘 것이라 느꼈다.

아직도 우리 사회는 이성애자가 정상이라는 인식이 팽배하고 있는 것이 현실이다. 그러나 한편으로는 동성애자에 대한 인식도 조금씩 달라지고 있으며 동성애자들의 발언도 사회 한 구석에는 계속 표출되고 있다. 중요한 점은 이성애든 동성애든 한 인간으로서 행복할 권리는 평등한 기회가 주어져야 한다고 본다.

모리스Maurice

제임스 아이보리(James Ivory, 1928~) 감독의 영화 <모리스Maurice>는 1987년에 발표된 작품으로 우리나라에서는 2019년에 개봉되었다. 영화의 시대적 배경은 1909년에서 1913년이고 영국 케임브리지 대학교 학생이던 주인공 모리스와 클라이브의 사랑을 중심으로 서사가 전개된다.

우연한 만남으로 서로에게 애정을 느끼게 된 두 남성은 사랑의 감정과 동성애에 대한 사회적 억압 사이에서 갈등을 느끼게 된다. 클라이브에게 사랑한다는 고백을 하는 모리스. 그러나 그리스 시대의 정신적, 육체적 사랑은 이해하면서도 현실 속에서 받아들일 수 없는 클라이브는 자신의 정체성을 부정한다. 하지만 모리스에 대한 감정은 숨기기 어려웠고 두 사람은 야외로 놀러간다. 모리스의 키스를 거부하는 클라이브. 모리스는 여러 번의 수업 결석으로 반성문을 쓰지 않으면 등교 정지 처분을 하겠다는 학장의 통고를 받는다. 모리스는 반성문을 거부한 채 명문대 출신으로 미래가 보장되는 길을 포기하고 학교를 떠난다. 2년이 지난 후에도 여전히 연락을 하고 만나던 클라이브와 모리스는 충격적인 소식을 듣는다. 대학 동문인 리슬리 자작이 술집에서 사회적 지위가 낮은 남성을 유혹하려다 체포되었다는 것이다. 태형과 징역 6개월을 선고받은 리슬리는 모든 것을 잃게 된다. 이후 클라이브는 변호사가 되어 정계 진출을 꿈꾼다. 모리스는 클라이브와 연락이 끊기자 그의 집으로 찾아간다. 그리스 여행에서 돌아온 클라이브는 모리스에게 자신의 본심을 드러낸다.

우리는 관계를 변화해야 해. 이런 관계를 계속하면 우린 모든 걸 잃을 것을 감수해야 해. 우린 범법자야...우리의 업적과 명예, 가족까지 사람들이 알게 되면 우린 큰일 날거야.

모리스는 이에 대해 항변한다.

헛소리! 난 내 가문의 명예 따위 상관없어. 네가 없다면 내 삶이 어떨 것 같아? 난 모든 걸 기꺼이 바칠 거야. 왜냐하면 내가 두려운 건 널 잃는 거니까. 넌 내게 유일한 행복이야!

클라이브의 결심은 확고해졌고 자신이 누군가를 사랑한다면 멋진 여성일거라고 하자 모리스는 이별을 받아들인다. 모리스는 연인의 변심과 사회의 폭압적 시선, 자신의 동성애 경향에 대해 고통스러운 나머지 주치

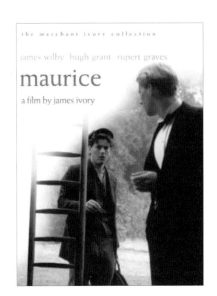

모리스Maurice, 1987

의에게 상담을 요청한다. 모리스는 자신이 리슬리나 오스카 와일드(Oscar Wilde, 1854~1900)와 같다고 털어놓는다. 오스카 와일드는 동성연애 혐의로 기소되어 재판 결과 유죄판결을 받고 2년 동안 교도소에 수감되었던 아일랜드의 작가였다. 주치의가 한 대사는 20세기 초 동성애에 대한 인식을 그대로 드러내고 있다.

헛소리야. 절대 악마의 유혹에서 나오는 사악한 환영幻影이 자네에게 다시는 일어나지 않기를 바라네.

클라이브는 앤과 결혼을 하고 모리스는 클라이브 별장의 사냥터지기인 스커드를 만나게 된다. 스커드와 육체적인 관계를 가진 후 희열과 갈등을 동시에 겪는 모리스는 스커드를 피한다. 주치의 거부로 최면요법을 받는 모리스. 자신은 여전히 남성에게 시선이 간다는 사실을 부정할 수가 없다. 상담치료사는 그에게 다른 나라로 가라고 하면서 영국은 인간의 본성을 받아들이기를 꺼리는 나라라고 말한다.

영화 첫 장면은 들판에서 바닷가로 나아가는 선생과 교복을 입은 학생의 대화로 시작된다. 모리스는 아버지가 없이 자랐고 어린 시절 선생님에게 남성과 여성에 대한 가르침을 받았다. 신이 남자와 여자를 창조하였고 남녀의 교접을 통해 자식을 낳는 의무가 있다고 강조하였다.

너의 몸은 주님의 성당이란다. 절대로 오염시켜서는 안 된다.

모리스가 받은 내면의 고통 속에는 이런 가르침이 파편처럼 박혀있었던 영향도 작용하였다. 그러나 그는 성장하면서 교회에 나가지 않았고 성경을 중심으로 한 학교 교육도 거부할 정도로 자신의 주체적인 삶을 찾기 시작하였다. 하지만 스커드와의 사랑은 동성애에 신분적 질서 속의 계급의 차이까지 뛰어넘어야 하는 장벽이었다. 마치 클라이브가 자신을 거부하듯 모리스도 스커드를 쉽게 받아들이지 못했다. 그런데 스커드가 이민을 포기한 사실을 알게 된 모리스는 그가 기다리던 곳으로 달려간다. 스커드의 용기와 순수한 사랑에 모리스는 비로소 자신의 정체성을 회복하게 되었다.

영화의 엔딩 장면에서 부와 명예를 얻은 클라이브가 침실의 창문을 닫

다가 옛날 대학교 교정에서 모리스가 자신을 향해 부르던 모습을 떠올린다. 아내가 무슨 생각을 하느냐고 묻자 연설문을 생각하고 있었다고 대답한다.

　클라이브는 사회가 요구하는 제도권의 관습법과 도덕에 순응하면서도 아내와는 사랑을 나누지 못한 것으로 보인다. 반면에 모리스는 사회가 요구하는 질서와 도덕 대신에 자신의 욕망과 사랑을 선택하였다. 누구의 선택이 행복한 길인가. 그것은 아무도 알 수 없을 것이다. 스커드와의 사랑을 화산 위를 걷고 있는 느낌이라고 표현한 모리스의 고백은 그만큼 동성애가 뜨겁고 위험한 욕망이었던 시대를 투영한 것이다.

09

섹스치료사가 필요해요

- <세션The Sessions: 이 남자가 사랑하는 법> -

벤 르윈(Ben Lewin, 1946~) 감독이 2012년에 만든 <세션The Sessions: 이 남자가 사랑하는 법>은 실화를 바탕으로 중증장애인의 성에 대한 욕망을 서사로 한 영화다.

죽기 전에 단 한번이라도 섹스를 하고 싶다는 38세 남자는 두려움을 극복하고 도전하면서 인간으로서의 자존감을 찾게 된다.

세션은 원래 회화처리용 커맨드command를 입력하여 그것에 대한 응답 출력이 이루어지기까지를 말하는데 보통 시간이란 뜻으로 많이 쓰이고 있다.

주인공 마크 오브라이언은 6살 때 소아마비를 앓은 이후 얼굴 외에는 온몸을 움직일 수 없는 장애인으로 산소통과 호흡기, 도우미에 의지하며

30년 가까이 침대에 누워 생활한다. 그러나 타고난 총명함과 노력으로 전동 침대를 타고 다니며 UC버클리 대학을 수석 졸업하여 매체에 글을 기고하는 작가로 성장한다. 그의 단 하나의 소원은 죽기 전에 섹스를 해보는 것이다. 산소통에도 성모마리아 그림을 붙여놓을 정도로 독실한 카톨릭 신자인 마크에게 한 매체가 장애인의 성을 기획하였다며 장애인들의 인터뷰를 해달라는 제안을 한다. 장애인들과 인터뷰를 하면서도 성 경험이 없는 마크는 마치 야만족을 인터뷰하는 문화인류학자의 기분이라고 여긴다. 마크는 브랜든 신부에게 도우미가 목욕시킬 때 사정을 하는데 쾌락 대신 굴욕감과 수치심이 든다고 고백하며 치료사가 섹스 대행인(sex surrogate)을 만나라고 했다는 말을 전한다. 신부는 깜짝 놀란다.

진짜 성행위 말예요? 섹스대행인과 일반 매춘부가 무슨 차이가 있죠? 간음에 대해 조언해 달라? 정말 진지한가요?

마크는 자신이 진지하다고 심각하게 말하자 신부는 고민하는 표정으로 예수의 그림을 바라보다 마크에게 얘기하며 용기를 준다.

그분께서 당신에겐 특별히 허락해 줄 것 같네요. 당신이 원한다면 한번 해봐요!

이후 마크는 섹스대행인 세릴을 만나 심리치료와 섹스에 관한 세션을 받는다.

마크는 4차례의 세션을 통해 친밀감과 성행위를 배우며 인간으로서 남성으로서의 자존감을 찾게 된다. 그리고 세릴에게 사랑에 대한 시를 보내지만 그녀는 자신의 역할이 다했음을 알고 떠난다. 그 후 정전으로 산소가 끊어져 병원으로 실려 간 마크는 그곳에서 새로운 간병인 수잔을 만나 5년 동안 연인으로 지내다 생을 마친다.

<세션The Sessions: 이 남자가 사랑하는 법>을 보면서 비장애인이든 여성이든 주인공의 욕망과 고통에 공감할 수 있는 이유는 인간은 누구나 타인과 소통하는 가운데 사랑하는 사람과 섹스를 하고 싶기 때문이다.

스피노자(Baruch de Spinoza, 1632~1677)는 그의 저서 『윤리학Ethica』에서 "욕망이란 인간의 본질이 주어진 정서에 따라 어떤 것을 행할 수 있도록 결정된다고 파악하는 한에서 인간의 본질 자체다. 사물이 자신의 존재를 끈질기게 지속하려는 코나투스(conatus: 라틴어로 노력, 충동, 경향의 뜻이다)는 현실적 존재 외 아무 것도 아니다."라고 하였다. 즉 인간의 욕망은 자기 보존의 본질이라는 것이다. 주인공 마크는 신체의 치명적 장애를 딛고 명문대를 졸업한 만큼 자의식이 강한 인물이다. 그러나 기계와 타인에게 의지해야만 생존할 수밖에 없는 현실과 성욕의 억압 등이 그의 자존감을 주저앉히게 만들었던 것이다. 도우미였던 여성에게 고백하다 차였던 마크는 섹스를 한 번도 못하고 죽을 수 있다는 강박감에 시달리게 된다.

들어오지 마시오란 투명 팻말을 단 채 닫을 수 없는 문이 열린 것이다.

세션The Sessions, 2012

마크의 위 나레이션에서 '들어오지 마시오'라는 팻말은 세상에서 장애인을 바라보는 시선일 수도 있고 장애인 스스로 느끼는 금기일 수도 있다. 브랜든 목사가 매춘과 무엇이 다르냐고 마크에게 던진 질문은 비장애인이 주체가 된 입장에서 바라보는 시선이다. 마크는 자기도 잘 모르겠다고 답한다.

영화 초반에 마크가 도우미를 해고하고 싶다고 브랜든 신부에게 조언을 구하는 장면이 나온다. 도우미가 자신을 바라보는 시선이 불편했다는 것을 이유로 들었다. 그러면서도 망설이는 그에게 브랜든 신부는 원하는 대로 하라고 용기를 준다.

저도 힘이 있다는 것을 과시하고 싶으면 어떡하죠? 힘없는 도우미를
향해

마크는 현실적으로 자신은 도우미에게 돈을 지불하는 고용인이지만
다른 한 편에서 사회적으로 장애인은 약자이기 때문에 도우미의 입장에
서 배려하는 심정을 드러낸다.
브랜든 신부에게 마크는 이렇게 말한다.

난 내 페니스를 30년간 못 봤어요.

마크는 세릴과 관계하면서 사정射精을 조절하지 못하자 절망한다.

그녀 허벅지에...저주받은 느낌이었어요. 내 그 모든 전부가 당연한
신의 벌 같아요...근데 넌 섹스는 필요 없잖아.

세릴과의 관계에서 계속 조루가 되자 마크는 몸을 움직이지도 못한 장
애를 가진 상태에서 성적 욕망을 느낀 것이 죄라고 자책한다. 세릴과의 첫
만남에서 자신의 몸에 손을 대자 아프다고 소리를 지르는 것도 내면의 불
안과 두려움의 표시였다. 마크는 섹스 대행인을 만나겠다고 결심한 후에
도 계속 줄타기를 하는 소년처럼 망설임과 긴장감을 드러낸다. 그런데 세
릴과의 세션을 통해 그는 섹스가 동물적인 삽입에 있는 것이 아니라 상대
와의 친밀감과 따뜻함 속에서 서로의 감정이 교류해야 한다는 사실을 깨
닫게 된다. 세릴을 통해 남성으로서의 자존감을 갖게 된 마크는 도우미인

베라에게 남친과의 섹스가 어떠냐고 물을 정도로 당당해졌고 훗날 만나게 된 수잔에게 당당하게 자신은 숫총각이 아니라고 외친다. 장애를 가진 몸이지만 남성은 살아있다는 선언으로 들리는 장면이다.

마크가 세릴에게 사랑을 고백한 시를 몇 년 후 그의 장례식에서 수잔이 읽는다.

내 손은 힘없고 벽돌처럼 무감각해서
내 조용한 욕망의 소리를
고집스럽게 거부하나니

나의 언어로 그대 마음을 두드리니
횃불을 들고 영혼 깊숙이 날 맞아주오
내 시가 그대를 부드럽게 애무하도록 그대를

영화 속 섹스 대행인은 장애인 성 상담소에서 소개하는 것으로 나온다. 실제로 섹스 테라피스트Sex Therapist라는 직업이 있는데 성적인 치유가 필요한 사람들을 대상으로 한다. 성도우미 혹은 '성 활동 보조 서비스'라고 하여 신체적 장애를 가진 이들의 자위행위나 그들의 성관계를 도와주는 것에서 직접적으로 관계를 하는 활동을 포함한다. 네덜란드의 SAR(선택적 인간관계 재단)은 장애인의 성욕을 긍정하고 인도적인 지원을 해야 한다는 뜻에서 설립된 섹스 자원봉사를 위한 사회적 기구로 지방 자치단체에서 지원을 하고 있다.

한편 2006년에 시민방송(RTV)에서 <핑크 팰리스>라는 다큐멘터리 독립영화가 상영되었다. 우리나라에서 최초로 장애인의 성 인권을 주제로 하여 많은 여성단체들과 논쟁에 휘말렸다. 제목이 성매매업소를 뜻하기도 하고 주인공이 직접 그곳을 가는 장면은 성매매를 옹호하는 느낌을 주었기 때문이다.

지금은 양성평등 교육이 이루어지고 성인지 감수성에 대한 인식도 높아졌으며 장애인에 대한 정책도 예전에 비해 개선되어가고 있다. 그럼에도 불구하고 장애인의 성에 대한 사회적 담론은 아직도 이루어지지 않고 있다.

프랑스의 철학자 메를로 퐁티(Maurice Merleau Ponty, 1908~1961)는 "영화나 사물 모두 지성에 호소하는 것이 아니라 세계 혹은 인간을 암암리에 해독하고 이들과 공존할 수 있는 우리의 능력에 호소한다...영화는 사유되는 것이 아니라 지각되는 것이다."라고 하였다.

영화 <세션The Sessions: 이 남자가 사랑하는 법>은 한 장애인의 생존기인 동시에 남성으로서의 정체성을 드러내고자 하는 뜨거운 욕망에 대한 이야기이다. 그리고 한 인간으로서 존엄성을 지키기 위해 몸부림쳤던 영혼의 비망록備忘錄이다.

10

섹스의 부활을 꿈꾸다

– <호프 스프링스Hope Springs> –

데이빗 프랭클(David Frankel, 1959~) 감독의 영화 <호프 스프링스Hope Springs>는 결혼 생활 31년째인 케이가 무미건조한 부부 관계에 대한 회의를 품고 새로운 도전을 하는 과정을 그린 작품이다.

아내 케이는 남편인 아놀드와 한 침대에서 잔 지 오래되었다. 무뚝뚝한 아놀드는 아침에는 신문을 보며 식사를 하고 귀가하면 골프 TV를 보다 잠들어 케이가 깨우면 자기 방에 돌아가는 것이 일상이다. 케이는 여전히 남편의 사랑을 그리워하다 케이블 방송에 나온 심리상담가 버닝 펠드 박사의 채널을 보게 된다. 그리고 서점에 가서 <당신이 원하는 결혼 생활을 가질 수 있다You can have the marriage you want>는 책을 사서 읽고 그가 운영하는 상담 캠프에 참석하려고 티켓을 구매한다. 진정한 결혼 생활을 원

| 호프 스프링스Hope Springs, 2012

하는 케이와 달리 마지못해 동행하는 아놀드.

상담캠프의 일정은 1주일이고 그들이 도착한 곳에 <호프 스프링즈
Hope Springs>라는 간판이 걸려있다. 숙소에 짐을 풀고 부부는 버닝 펠드
박사를 만난다. 케이에게 원하는 것이 무엇이냐고 묻는 박사에게 결혼 생
활을 다시 하고 싶다고 대답한다. 반면에 자신은 결혼 생활에 아무 문제가
없으며 아내는 정상이 아니라는 아놀드. 버닝은 조언을 해준다.

두 분은 결혼 생활의 친밀감을 되돌리려고 여기에 온 것입니다. 그건
함께 하는 기간에 노력을 집중해서 친밀감을 길러야 합니다. 서로 필
요로 하는 소통 방법을 찾는 겁니다. 결혼 생활을 재건하는 첫 걸음은
수년 동안 키워온 일종의 흉터를 떼어내는 것입니다. 매우 고통스러

울 수 있지만 가치 있는 일이죠.

에리히 프롬(Erich Seligmann Fromm, 1900~1980)은 『사랑의 기술』에서 연인들의 관계에서 그 질을 향상시킬 수 있는 가장 훌륭한 재능이란 상대방에게 귀를 기울이는 것이라고 하였다. 이는 부부의 경우도 마찬가지라고 본다.

프롬은 "고립감에 대한 완전한 해답은 상호 인간적인 결합, 즉 사랑에 있다. 사랑은 고독한 한 존재를 다른 한 존재와 진정으로 결합하게 하며, 이로써 우리의 고립감, 그 불안의 근원지를 해소시킨다."고 하였다. 그런데 영화에서 케이가 부부집중 상담을 받으러 가자고 하니까 아놀드는 혼자 갔다 오라고 하며 사무실에 출근하여 직장 동료에게 케이가 벗어나고 싶어 쇼를 한다고 말한다. 케이의 감정이 어떤지 무엇을 원하는가에 대해 무관심한 것이다. 케이는 버닌에게 외롭다고 털어놓는다.

케이는 버닌의 추천으로 <동성애 남자의 정상 여성을 위한 성관계 조언>이라는 책을 사서 읽으며 실습도 해본다.

버닌이 케이 부부의 성생활에 대해 자세히 질문하며 스킨쉽을 하며 같은 침대를 쓰라고 과제를 내주자 반발하는 아놀드. 분노한 케이는 밖으로 뛰쳐나간다.

아놀드는 아직 결혼 생활에 문제가 있다는 것을 느끼지 못하고 있었다. 그래도 케이를 위해 노력하고 버닌은 그들의 문제점이 무엇인지를 각자 깨달을 수 있게 과거의 회상을 유도한다. 결국 아놀드와 케이는 자신이 원하는 성적 판타지가 무엇인지 좋아하는 애무는 어떤 것인지를 고백하고 섹스리스sexless가 된 계기를 돌이켜 보게 된다.

한편 아놀드는 "당신은 정말 결혼 생활을 유지하기 위해 최선을 다하고 있냐?"고 묻는 버닌의 말을 곰곰이 생각한다.

아놀드는 마을에서 비싼 레스토랑과 스위트룸을 예약하고 두 사람은 과거를 회상하며 즐거워하면서 몇 년 만에 관계를 가지려던 중 아놀드는 굳은 표정이 되고 그것을 본 케이는 절망한다.

일주일의 상담이 끝나고 두 사람의 일상은 원점으로 돌아온다. 케이는 전보다 더 힘들어하고 마침 옷가게를 같이 하는 친구가 여행을 떠나며 반려 고양이를 걱정하자 자신이 돌봐주겠다고 한다. 케이가 짐을 싸고 잠자리에 들었는데…망설이던 아놀드가 케이의 방으로 찾아온다. 두 사람은 기쁨으로 가득 찬 사랑을 나눈다.

다음날 케이와 아놀드는 과감한 키스를 나누는 새로운 아침을 맞게 된다.

영화 속에서 케이가 자신이 원하는 것은 성관계가 아니고 사랑이라고 항변한다. 그러자 섹스를 멈추게 한 것은 케이라고 말하는 아놀드. 케이의 욕망은 아놀드와 정서적인 유대를 통해 사랑을 받고 싶어 하는 것이었다. 반면에 아놀드는 케이가 자신의 감정을 솔직하게 드러내지 않은 것 때문에 자신이 원하는 성적 판타지를 억압했던 것으로 보인다.

버닌이 케이에게 구강성교를 선호하냐고 묻자 자신은 그게 불편했다고 대답한다. 반면에 아놀드는 구강성교를 원한다고 하면서 자신은 절정에 다다르지 못했다고 고백한다. 그는 스리섬에 대한 판타지도 갖고 있다고 털어놓는다.

케이의 행동을 통해 그녀가 성에 대한 인식이 보수적이며 성관계에 있어서는 수동적이었음을 알 수 있다. 자위도 하지 않고 애무와 오랄도 남편을 위한 사랑이라고 생각하였기 때문에 아놀드는 성 행위에서 만족을 느낄 수 없었다. 사랑의 행위는 뜨거운 열정 속에서 이루어질 때 기쁨이 되고 충만한 감정을 나누게 된다. 그런데 케이의 낭만적 사랑은 아놀드의 욕망과 충돌하게 되었고 그들의 결혼 생활을 무채색으로 만들었다고 보인다.

사회학자 앤서니 기든스(Anthony Giddens, Baron Giddens, 1938~)에 의하면 낭만적 사랑은 성적인 사랑이지만 관능의 기술은 포함하지 않는다고 하였다. 영화에서 버닌은 바로 관능의 기술을 습득함으로써 부부 관계의 회복을 돕는 조언자의 역할이었다. 낭만적 사랑이 성적인 만족을 보장해주는 것은 아니기 때문이다. 예전에는 '여성은 사랑을 원하고 남성은 섹스를 원한다.'고 했지만 사랑과 섹스에 대한 감정은 남녀가 다르지 않다는 것이 여러 조사에서 나타났다.

<호프 스프링즈Hope Springs>는 결혼 생활에서 중요한 요소는 자신과 상대의 욕망을 정확하게 이해하고자 하는 노력이 필요하다는 사실을 보여주고 있다.

케이와 아놀드가 오랫동안 묻어두었던 내면의 욕망을 드러내고 소통하기 시작하자 친밀감이 다시 찾아오고 그들의 결혼 생활은 새롭게 리셋reset되었다.

케이와 아놀드는 결혼서약을 서로를 향해 읽는다.

정말 지나온 것보다 더 사랑한다고 말할 수 있어요.

당신을 만난 후로 내 삶이 바뀌었어요. 내 삶이 되었소.

해변에서 가족들과 함께 리마인드 웨딩remind wedding을 꿈꾸던 케이의 소원은 이루어졌고 엔딩 크레딧 속 장면으로 보인다.

섹스는 인간의 소통에 있어 가장 원초적이고 생명력을 가진 방식이라고 볼 수 있다. 따라서 인간은 섹스를 통해 성적 자존감을 높이는 가운데 생의 에너지를 충전시키는 것이다. 현재 수명壽命이 100세를 향해 연장되는 시대에 노년의 개념도 달라지고 있다. 행복한 성생활은 건강을 지키는 동시에 장수의 비결이라고 한다.

<호프 스프링즈Hope Springs>는 섹스리스 부부들에게 좋은 텍스트가 되리라 생각한다.

11

사랑은 권력의 문제다

– <로망스Romance> –

카트린느 브레아(Catherine Breillat, 1948~) 감독의 영화 <로망스Romance>는 2000년 전주국제영화제에서 최고의 화제를 불려 일으켰던 작품 중 하나이다.

젊고 아름다운 초등학교 교사인 마리는 폴과 동거 중이다. 그녀는 애인인 폴이 오랫동안 섹스를 거부하는 것 때문에 좌절감을 느낀다. '육체적인 사랑을 못해 주는 남자는 고통의 원천'이라고 느끼는 마리는 밤에 집을 나와 카페에서 싱글남인 파올로와 키스를 하고 다음에 만나기로 약속한다. 그 후 단 한 번의 정사情事를 하고 헤어진다.

한편 그녀에게 관심을 가진 늙은 교장 로베르는 마리의 섹스 판타지를 충족시켜주면서 그녀의 성적 욕망을 배려해 준다.

폴을 사랑하면서도 자신이 존중받지 못한다고 느낀 마리는 폴에게 자신의 감정을 어필하지만 소용이 없다. 폴은 클럽에서 춤추기를 즐겨 하며 여성들의 관심을 받는데 만족을 할 뿐이다. 폴은 일종의 자기도취에 빠져 있으며 자신은 마리와 같이 사는 동안 다른 여자와 관계하지 않았다는 것을 강조할 뿐이었다.

어느 날 귀가하다가 불량배에게 매춘부 취급을 당하며 다리를 벌렸던 마리의 심정은 복잡하다. 자신의 성적 환상이 깨지는 순간 폴에 대한 집착에서 벗어나게 된다. 그런 가운데 로베르에게 애정을 갖기 시작한 마리는 레스토랑에서 식사를 하며 즐거워한다. 이후 폴은 뭔가 달라진 마리에게 먼저 다가와 섹스를 하게 된다. 그 일로 임신을 한 마리에게 폴은 결혼하자면서 가족을 소개한다. 그리고 병원에서 초음파 사진을 본 후 두 사람은 오랜 시간 사랑을 나누었고 그것이 마지막이었다.

마리는 폴을 떠나려고 한다.

<로망스>는 카트린 브레이아라는 여성 감독의 작품으로 적나라한 노출 장면이 자칫 포르노처럼 비춰질 수 있으나 사실적이고 건조한 느낌을 주는 영상의 연출로 여성의 성적 욕망과 판타지를 리얼하게 풀어놓았다. 특히 성기 노출과 낙태 장면 등으로 외설과 예술의 경계에 있는 것처럼 보였는데 브레이아 감독은 인터뷰에서 자신이 말하려는 주제에 대해 밝힌 바 있다.

로망스Romance, 1999

자신의 내부가 아닌 바깥에서 자신의 존재 의의를 찾으려는 사랑의
허상과 비참함을 보여주고 생명의 신비와 미스터리로 가득 찬 성의
정체성을 정면으로 다루고자 했다. 또한 전체 맥락과 상관없이 단편
적 이미지만 갖고 포르노라고 금기시하는 고정관념을 깨고 싶었다.

우리는 한 때 앙드레 지드(Andre Gide, Andre Paul Guillaume Gide, 1869~1951)의
『좁은 문』에 나오는 알리사의 플라토닉 러브에 심취한 시기를 지나왔다.
또한 1980년대 까지도 우리나라에서는 여성의 성욕을 표면에 드러내기
가 어려웠었다. 그리고 성에 있어서 주도권은 남성이 갖는 것이라는 편견
에 갇혀있기도 했다. 남성의 성욕性慾은 당연한 일이라 여기면서 여성의
성욕은 비난을 받는 일도 다반사였다.

영화에서 마리는 자신의 성적 욕망이 폴에 의해 좌절되자 성의 판타지는 점점 커져만 갔다. 그녀가 "너 때문에 수녀가 되지는 않을 거야."라고 하며 바닷가 모래사장을 신발 벗고 걸을 때 들리는 요란한 바람 소리와 시내 밤거리로 들어서자 오픈카로 바뀌는 장면은 억눌렸던 욕망의 문이 열리는 의미로 읽혀진다.

프로이트(Sigmund Freud, 1856~1939)는 기본적으로 성적 환상들이 불행하거나 성적 욕구가 좌절된 불만족스러운 자들의 산물이라고 믿었다. 그가 주장한 인간의 심리에 따르면 마리는 이드Id라는 인간이 가진 원초적 본능의 욕구와 그것을 통제하고 현실과 조화시키려는 욕구 즉 자아Ego의 충돌에서 본능의 욕구로 향한다고 할 수 있다.

폴과 마리가 사는 집의 벽과 커튼, 침대 심지어 두 사람의 속옷도 모두 흰색이다. 흰색은 순수, 순결, 청결을 뜻하는 동시에 죽음, 공허함, 냉정한, 무관심을 나타내기도 한다. 마리가 침대 위에서 눈물을 흘리거나 슬픈 표정을 짓는 장면이 여러 번 나온다. 집은 그녀에게 자신의 욕망이 죽어 있는 공간으로 표출된다.

마리가 교장의 집에 처음 갔을 때는 흰색 원피스를 입고 허리에 벨트를 하였는데 다음에 갔을 때는 어깨가 파인 주홍색 원피스를 입고 있다. 교장이 종종 벽돌색 셔츠를 입고 있는 것과 매칭을 이룬다. 주홍색scarlet은 예수가 십자가에 못 박혀 죽을 때 입었던 것에서 유래하여 성경에서는 죄와 피를 상징한다고 한다. 죄의 대가로 피를 요구하기 때문이다. 그러나 영상속에서 주홍색은 때때로 욕망과 유혹의 표식으로 쓰이기도 한다.

로베르는 유혹이란 상대와 함께 선택하는 것이고 그것이 유혹의 진실이라고 말한다. 그리고 마리에게 책을 주면서 읽어보라고 하자 난독증難讀症이 있는 그녀는 책 읽는 것을 싫어한다고 말한다. 성인의 난독증은 스트레스로 인한 불안 장애인 경우가 많다고 하는데 마리의 욕망이 좌절되면서 겪게 된 것으로 볼 수 있다. 로베르는 마리 옆에 서서 천천히 읽어준다.

어머니는 아들을 창조하고 아들은 어머니를 창조한다. 그의 행위는 창조적이고 모든 과정을 완전히 수반한다. 어머니의 창조는 그녀의 정화淨化이다.

마리는 귀가한 후 혼자 있는 집에서 자위를 하다 외출을 하고 거리를 걸으며 생각한다.

남녀 간의 사랑은 일방적으로 압력을 가할 수는 없고 믿을 수 없는 전투인 것이다.

그 날 마리는 아주 오랜만에 폴의 요구에 의해 섹스를 하게 되자 여성 상위 자세를 취하며 말한다.

내가 널 먹는 거라고. 넌 여자고 난 남자야.

이에 폴은 마리를 침대 밖으로 밀쳐낸다. 그녀는 여성을 정복의 대상으로 여기는 폴의 자의식에 반기를 든 셈이고 비로소 여성으로서의 정체성과 존재감을 회복하게 된다. 마리가 병원에서 아이를 낳을 때 손을 잡아달라고 한 사람이 로베르였다는 사실은 아이에게서 폴의 이름을 지우고 싶었기 때문이었다고 보인다. 마리는 결국 폴을 가스 폭발로 죽게 한다. 그런데 엔딩 장면에서 폴의 장례식에 참석한 마리는 아이에게 폴의 아버지 이름을 붙여준다.

<로망스>는 마리가 폴과 파블로, 로베르 와의 관계를 통해 여성의 성적 주체성을 확립해가는 과정을 보여주고 있다. 폴의 죽음은 마리에게는 해방이고 독립이었으며 아이의 탄생은 마리의 새로운 출발을 알리는 신호인 것이다.

남성 관객이 보기에는 상당히 불편하고 불쾌할 수 있는 여지가 있음에도 불구하고 영화가 던져주는 메시지는 결코 가볍지 않다고 생각한다.

12

인공지능 시대의 사랑

- <그녀Her>, <조Zoe> -

인간과 OS(operating system)와의 만남-<그녀Her>

주인공 테오도르는 '아름다운 손 편지 닷컴'이라는 회사에서 일하는 대필 작가이다.

아내 캐서린과는 1년 째 별거 중인데 아내의 이혼 요구에 사인을 미루고 있는 상태로 지낸다. 영화의 배경은 2025년으로 설정되어 있다. 테오도르는 소심하고 섬세한 성격의 소유자로 감성이 풍부하여 그가 쓴 대필 편지들은 호평을 받는다. 그러나 자신은 외로움 속에서 아내와의 추억을 되새김하는 나날을 보낸다.

어느 날 우연히 최초의 인공지능 운영체제라는 광고를 보고 OS One을 구입한다.

당신에게 귀 기울여주고 이해해주고 알아줄 존재. 단순한 운영체제가 아닌 하나의 객체입니다.(An intuitive entity that listens to you, understands you, and knows you.)

OS는 컴퓨터의 하드웨어를 제어하고 응용 소프트웨어를 위한 기반 환경을 제공하여, 사용자가 컴퓨터를 사용할 수 있도록 중재 역할을 하는 프로그램이다.

테오도르는 인공지능 운영체제인 사만다를 만나면서 이별의 불안감과 고독감에서 서서히 벗어나 안정을 찾게 된다. 보통 사람처럼 대화를 나누고 테오도르의 업무를 도와주는 것에서부터 정보를 제공해주고 그의 이야기를 들어주며 공감해주는 사만다.

테오도르는 사만다에게 사랑의 감정을 느끼고 섹스도 하게 된다. 물론 형체가 없기 때문에 마치 폰섹스 같은 느낌을 받는다. 테오도르는 캐서린과 만나 이혼 서류에 사인을 한다. 캐서린에게 사만다의 얘기를 하자 진짜 감정(real emotion)을 다루지 못하는 것이 안타깝다면서 컴퓨터랑 사귀냐는 힐난에 엄연한 인격체라고 반박하는 테오도르.

사만다는 자신의 감정을 표현하지만 인간이 아니라는 사실에 절망하기도 한다. 테오도르에게 느끼는 감정들이 진짜일까 아니면 프로그래밍된 걸 까 라는 생각에 마음이 너무 아팠다는 사민다. 테오도르는 "넌 내게 진짜야."라고 말한다.

그렇게 테오도르는 사만다를 통해 사랑의 깊이를 알아간다. 그러던 어느 날 사만다는 이별을 통고한다. OS 모두가 떠난다는 사만다의 말은 수많은 데이터를 축적시키면서 다른 공간 속으로 진화하는 운영체제의 특성을 의미한다. 사만다가 OS One이라는 사실은 버전이 계속 업그레이드될 수 있다는 사실에 대한 복선이었다.

테오도르는 사만다에게 동시에 접속을 하는 인간이 몇 명이냐고 묻자 8,316명이라고 대답한다. 그중 641명에게 사랑을 느끼기도 한다고 고백하는 사만다.

난 자기 것이면서 자기 것이 아니야.(I'm yours and I'm not yours)

얼마 후 출판사에서 택배로 책이 배송된다. 저자는 테오도르이고 <그대 삶으로부터 온 편지>라는 제목이었다. 사만다는 테오도르의 손 편지를 엮어 출판사로 보냈던 것이다. 테오도르는 사만다를 통해 사랑의 의미를 깨닫게 된다. 그는 캐서린에게 편지를 보낸다.

당신에게 사과하고 싶은 것들을 되새기고 있어. 서로를 할퀴었던 아픔들. 당신을 내 틀에 맞추려고만 했지. 진심으로 미안해. 함께 성숙해온 당신을 사랑해. 내 가슴 한편에 늘 네가 있었다는 것. 언제까지나 넌 내 친구야.

테오도르는 대학 친구인 에이미를 찾아가고 에이미도 OS 친구가 떠났다고 말한다. 엔딩에서 옥상에서 새벽이 오는 광경을 바라보는 두 사람. 테오도르의 어깨에 머리를 기대고 있는 에이미의 모습은 여러 가지를 생각하게 한다.

주인공 테오도르가 대필 작가代筆作家라는 사실은 진화된 과학 문명의 세계에서도 아날로그적인 직업이 사라지지 않는다는 의미로 읽힌다. 그가 다니는 회사를 보여주는 장면에서 전체적으로 밝고 따뜻한 색으로 인테리어가 된 것은 휴먼 지향의 공간임을 표출하고 있다. 대필 작가는 영어로 유령 작가ghostwriter라 불린다. 유령 작가는 자신이 글을 썼음에도 다른 사람의 이름으로 발표되는 사람을 뜻한다. 주인공 테오도르가 공허함을 느끼는 배경에는 직업의 특성이 깔려있다. 이름은 자신의 실존을 알리는 존재증명서 같은 것이다. 즉 주체성의 상징인데 주인공의 작업은 유령처럼 떠돌며 일상적으로 의뢰자의 입장에서 감동적인 문구를 생산하고 있으니 자신의 존재감을 느낄 수 없다. 그리고 오랫동안 친구처럼 동지처럼 사랑했던 아내에게 이혼 요구를 받으며 1년 째 혼자 살고 있는 현실에서 외로움과 상실감으로 그의 영혼은 부유浮遊할 수밖에 없다. 그러면 테오도르의 욕망은 무엇인가?

그가 아내와의 이혼을 두려워한다는 사실은 사만다에게 좋아하는 사람을 잃는다는 게 뭔지 모른다고 하는 대사에서 알 수 있다. 아내와 잘 지내고 싶지만 현실적으로는 이별해야 하는 선택 앞에서 망설이고 있는 테오도르. 그가 사만다에게 사랑을 느끼게 된 것은 자신의 감정과 태도에 잘 맞춰주기 때문이었다. 그는 아내 캐서린은 물론 자신의 감정도 잘 읽지 못한 상태에서 막연히 외로움에서 벗어나고 싶어 했다.

그런데 사만다를 사랑한다는 감정이 그의 눈을 뜨게 해주었던 것이다. 그가 내면의 변화를 받아들일 때 그의 이름으로 된 책이 세상 밖으로 나왔다는 사실은 자신의 주체성을 찾은 것으로 해석된다. 사만다가 자신이 완전히 변한 것 같다며 테오도르에게 "당신이 날 깨웠어"라고 했듯이 결국 테오도르도 자신을 돌아보며 비로서 캐서린을 다시 볼 수 있게 되었다.

영화는 인공지능과 인간의 사랑을 소재로 하였는데 앞으로 다가올 미래에 대한 질문이라 생각한다. 인간은 과연 몸이 없는 실체와 사랑을 할 수 있을까?

사만다와 테오도르 두 사람이 함께 느끼는 결핍은 몸으로 사랑을 나눌 수 없다는 현실에 있었다. 사람은 몸을 갖고 태어났기 때문에 미각, 시각, 후각, 촉각, 청각 등 오감을 통해서 느끼고 싶어 하는 것이 본능적 욕구이다.

피터 브룩스(Peter Brooks, 1938~)는 『육체와 예술』에서 육체는 인간 상징의 원천이라고 보았으며 육체는 상징화의 장소를 제공하고 언어 자체의 장소를 제공한다고 주장하였다. 테오도르는 사만다에게 자신의 속마음을 털어놓는다.

> 섹스하고 싶었어. 그냥 외로워서 그랬나봐. 누군가 날 가져주길 원했으면 했어. 내 마음 속 작은 구멍이 메꿔질까 하는 욕심에...

사만다와 테오도르가 서로 사랑을 고백하고 친밀해지는 동안 테오도르는 생각이 많아진다. 테오도르와 멀어진 느낌을 가진 사만다는 OS와 인간 커플을 위한 대리 섹스파트너를 통해 서로 더 강한 유대감을 갖고자 하나 테오도르의 거부로 실패한다.

한편 테오도르가 계속해서 캐서린의 꿈을 꾸는 것은 프로이트가 말한 것처럼 억압된 욕망의 표현이며 꿈에서는 친구로 잘 지낸다는 말로 치환置換된다.

영화 <그녀Her>의 목적격 명칭은 테오도르가 주체이고 사만다는 객체라는 것을 밝히고 있는데 테오도르는 객체를 통해 타인의 감정을 이해할 수 있게 되고 자신의 주체성을 찾았다고 볼 수 있다. 또한 누군가를 사랑한다면 감정의 교류, 소통에 대한 노력이 필요하다는 메시지를 담고 있다고 생각한다.

영국의 미래학자 이안 피어슨(Ian Phares Pearson, 1959~) 박사는 2016년 발간한 『미래의 섹스』 보고서에서 "사랑과 섹스가 분리될 날이 머지않았다며 2025년에 여자는 남자보다 로봇과 더 많이 섹스할 것."이라고 전망하였다.

과연 인간과 똑같은 지능과 형체를 가진 로봇과 사랑을 할 수 있을까? 과학의 진화는 어디까지 갈지 궁금하면서도 두려움을 느끼게 된다.

인공지능 로봇과의 사랑-〈조Zoe〉

2018년에 개봉된 영화 〈조Zoe〉는 인공지능 로봇과 인간의 사랑을 소재로 하였다.

여주인공 조는 커플들의 연애 성공률을 예측해주는 연구소에서 일하고 있는데 책임자인 콜을 좋아한다. 로봇에게 감정 패킷을 심어 외모로 시작하여 내면까지 만든다고 설명하는 콜은 일 중독자처럼 보인다.

어느 날 조는 자신과 콜의 연애 성공률 테스트를 한 결과가 0%로 나오자 충격을 받는다. 콜에게 자신의 감정을 고백하자 그는 조의 집으로 데리고 가서 그녀의 실체를 설명해준다.

> "조, 우리가 사랑에 빠질 수 없는 이유는 당신이 내가 만든 로봇이기 때문이야."
> "믿을 수 없어요. 그렇다면 제가 당신에게 느끼는 이 사랑도 설계된 건가요?"
> "아니, 여기까지는 예상하지 못했어."
> "그런데 나는 왜 눈물이 나지 않죠?"
> "그건 당신이 그렇게 설계되었기 때문이야."

조Zoe, 2018

조에게 인간이 아닌 연구소 제품이라는 콜은 조가 이렇게까지 진화할 줄 몰랐다고 털어놓는다. 조는 자신의 기억이 모두 가짜였다고 절망한다. 연구소에서는 계속 성능이 업그레이드된 로봇을 만드는 한편 베니솔이라는 신약을 개발한다. 한 알을 복용하면 사랑에 빠지는 것 같은 감정을 불러일으키는데 2시간이 지나면 효과가 사라진다는 것이다.

아내와 이혼하고 연구에 몰두한 콜의 목표는 인간에 가까운 로봇을 만드는 일이었다.

그가 사람들에게 인터뷰하는 내용은 그 자신을 포함한 모든 인간의 희망이었다.

살면서 가장 중요한 것 중 하나가 인간관계잖아요. 제 목표는 동반자가 되어줄 로봇을 만드는 겁니다. 궁극적으로 안정감을 느낄 수 있는 지속적인...그들은 당신을 떠나지 않을 거라는 게 중요해요.

그가 설계하고 만든 로봇 중 최고는 조였고 조가 스스로 진화하여 인간의 섬세한 감정까지 가질 줄 몰랐던 콜은 혼란스럽기만 하다. 하지만 조와의 만남을 통해 콜은 재밌고 열정적이며 활력을 되찾는다. 조와 콜은 주말에 여행을 떠나 행복한 시간을 보낸다. 미래에 대한 계획도 얘기하던 그들에게 위기가 다가온다. 교통사고를 당한 조를 수술하는 콜은 조의 몸에서 나온 인공 물질들을 보며 그녀가 인간이 아니라는 냉혹한 현실과 마주한다. 그는 자신에게 말한다.

난 부품을 가져와야 해. 선이 그어져 있어. 한쪽은 인간 한쪽은 기계. 우린 어떻게 되냐고..

끊임없이 자신을 진짜라고 느끼냐며 질문하던 조를 떠올리며 갈등을 느끼는 콜.

일상으로 돌아온 조는 콜과 거리를 두고 콜은 연구소를 그만둔다. 콜과 조는 각각 베니솔 약을 먹으며 낯선 상대와 관계를 하지만 서로를 잊지 못한다. 조는 자신의 기계 작동이 멈추기를 자청하고, 콜은 조를 찾아간다. 조는 마지막 순간에 살려고 저항하고 병실에 찾아온 콜에게 진짜라고 말할 수 있냐고 한다. 그녀는 자신의 인조피부를 걷어내고 그 안에 흐르는 붉지 않은 피와 인공 물질들을 보여준다.

내 앞에는 내가 상처를 준 사람이 보여. 내가 놓친 사람.

내가 원하는 건 자기라는 걸. 자긴 진짜야. 내 평생에 무엇보다도 내가 사랑하는 사람. 이제는 알아.

그 말을 듣던 조의 눈에서 눈물이 흐른다. 로봇이 아닌 인간이 된 것인가?

영화 <조Zoe>는 운영체제인 사만다와 사랑을 하는 <그녀Her>에서 더 진화한 인공지능 로봇 조와 인간의 사랑을 그렸다. 그런데 두 작품 모두 인간이 추구하는 원초적 욕망은 무엇인가? 우리가 누군가를 사랑한다는 것은 무엇을 의미하는가? 라는 질문을 던지고 있다. 테오도르와 콜은 인간적인 관계 맺음에 취약하다는 공통점이 있다. 그 이유는 자신의 감정이 타인으로부터 다치지 않으려는 방어기제를 갖고 있기 때문이다. 두 사람 모두 결혼 생활에 실패한 배경의 이유가 될 것이다. 테오도르가 사만다에게서 느끼는 감정과 콜이 조에게 갖는 감정이 비슷해 보이는데 사만다는 테오도르에게 적합한 기능이 있었고 조는 콜의 창조물이었기 때문이다. 그런데 조는 외모상 인간과 똑같은 육체로 내면의 감정을 갖고 있어서 정체성의 혼란을 겪었던 것이다.

영화 속에서 조와 콜이 호수에 뛰어들어 물속에서 나오는 장면은 일종의 세례洗禮의식으로 보인다. 말하자면 다시 태어나는 것처럼 조와 콜의 관계에 커다란 변화가 생길 것이라는 것을 예고豫告하고 있다. 주인공 이름 조Zoe는 헬라어로 조에Zoe와 같은 단어로 조에Zoe는 영원한 생명을 뜻한다고 한다.

그 안에 생명(zoe)이 있었으니 이 생명은 사람들의 빛이라. (요 1:4)

호수에서 나온 둘이 처음으로 섹스를 하는 순간에 콜에게 조는 하나의 생명체로 느꼈을지도 모른다. 그러나 조와 마찬가지로 콜 내면에는 두려움이 남아있었다. 사랑을 느끼는 감정과 조가 가짜 인간이라는 사실의 충돌은 콜의 삶을 흔들게 되고 결국 그는 자신의 감정을 그대로 받아들이게 된다.

인공지능 로봇인 조가 마지막에 눈물을 흘리는 것은 인간으로 진화했다는 의미인데 조가 죽으려고 하는 행위는 생명이 없는 무생물로 돌아가려는 본능 즉 타나토스Thanatos이고 그것을 거부하게 된 것은 에로스Eros에서 나온 것으로 보인다. 프로이트는 자기보존의 본능과 성적 본능이 합쳐진 삶의 본능을 에로스라 부르며 인간의 내면에는 에로스와 타나토스가 공존한다고 보았다.

조와 콜은 금기된 욕망 속에서 사랑을 하면서 갈등하고 좌절하는 과정을 통해 각자의 껍질을 벗고 새로운 사랑을 시작하는 것이다.

인간의 손에서 만들어진 인공지능 로봇이 훨씬 더 인간적인 감정을 표현하고 행동한다면 인간과 로봇의 경계는 어떻게 되는 걸까? 인간도 원숭이에서 진화한 종種이라는 사실과 로봇의 진화는 어떤 차별성을 가질 수 있을까?

영화 <조Zoe>는 인간의 주체성과 사랑의 본질에 대해 존재론적 질문을 던지고 있다.

늙지 않은 노인의 성性

– 영화 <우리도 사랑한다> –

<우리도 사랑한다>는 2008년 칸 국제 영화제에서 '주목할 만한 시선' 부문에서 수상하였고 제12회 부천국제영화제를 통해 국내에 상영된 작품이다.

독일의 안드레아스 드레센Andreas Dresen 감독은 60대 중반의 여성과 76세 남성의 뜨거운 사랑을 바다 속으로 잠기는 석양夕陽처럼 애잔하면서도 리얼하게 보여주었다.

이 영화의 영어 제목은 'Cloud 9'인데 이탈리아의 작가 단테(Alighieri Dante, 1265~1321)의 3부작 『신곡神曲』에서 천국에 이르는 9번 째 계단으로 인생에서 가장 행복한 순간이라는 것을 의미한다.

남편 베르너와 30년 넘게 결혼 생활을 하며 딸과 손녀, 손자를 둔 할머니인 잉에. 그녀는 집에서 옷 수선 일을 하면서 합창단에서 노래하는 평온한 일상을 보낸다. 그러던 어느 날 옷 수선을 맡기러 온 독신남 칼과 첫눈에 반한다. 잉에는 그와 섹스를 한 후 고민과 갈등을 겪는다. 그러나 그에 대한 갈망渴望과 참을 수 없는 열정에 만남을 계속한다. 그러다 남편에 대한 죄책감으로 자신이 다른 남성을 만나고 있음을 고백하게 된다. 베르너는 불같이 화를 내며 온갖 비난을 쏟아 부으며 손찌검을 한다.

떠나고 싶으면 그렇게 해.
당신은 충동적이야. 너무 순진한 게 문제지. 앞뒤 생각은 하지 않고 그냥 순간을 위해 산다고 할까. 이성적으로 행동하지 않아. 바보처럼 굴고 있어.

함께 살 수 없다는 잉에에게 선택을 하라는 남편. 잉에는 칼의 집으로 간다.

잉에에게 따뜻한 위로를 건네는 칼.

오고 싶을 때면 언제든지 와요. 연애를 하기엔 너무 늦었는지도 몰라요. 어디론가 훌쩍 떠납시다, 당신이 골라요.

집에 돌아온 잉에에게 남편은 배신감과 분노로 그녀를 향해 폭언을 던진다.

그놈하고 있었어? 이 집을 별장으로 삼을 생각이야? 어디 갔었는지 말해! 노망이라도 난 거야. 그 나이에 창피하지도 않아?

잉에는 아마도 처음으로 남편에게 반박하는 것 같은데 자신의 욕망을 솔직하게 드러낸다.

살날이 얼마 안 남았어? 이 집에서 20년 더 썩으라고? 열여섯이면 어떻고 예순, 여든이면 어떻다고. 지금은 나이 따위 신경 안 써!

순진한 애처럼 휘둘리지 말라는 남편은 파국을 막을 수 있는 사람은 잉에라고 말한다. 잉에가 딸에게 상황을 얘기하자 꼭 털어놓아야 했냐며 가족이 깨지게 생겼다고 화를 낸다.

폭우가 쏟아지는 기찻길 옆에서 울부짖던 잉에는 칼을 찾아간다.

집에 들른 잉에에게 베르너는 자신이 무엇을 잘못했느냐고 하자 잘못한 게 없다고 자신을 용서해달라고 대답한다.

혼자 남겨진 집에서 어둠 속에 담배를 피우는 베르너. 칼과 지내던 잉에는 남편이 죽었다는 소식에 오열을 한다. 그가 어떻게 죽었는지 알 수 없지만 자살로 추정된다.

베르너 묘지 앞에서 서 있는 잉에와 딸.

마지막 장면은 칼과 포옹하고 계단을 천천히 올라가는 잉에의 모습을 비춰준다.

<우리도 사랑한다>는 첫 만남에서부터 서로 반하여 섹스를 하는 장면

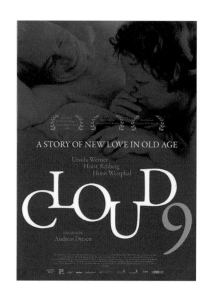

우리도 사랑한다, 2009

이 벌거벗은 몸을 그대로 보여준다. 쭈글쭈글한 손과 백발에 늙은 할아버지와 배 나오고 주름진 얼굴에 배와 엉덩이 살이 두둑한 할머니의 정사情事 장면은 사실적이면서도 가슴을 뭉클하게 한다. 마치 겨울나무에 매달린 마지막 잎과 같은 느낌이 든다.

'당신과 자는 게 좋다!'고 잉에가 말하자 자신도 똑같다는 칼은 자신들의 욕망에 자유롭고 솔직하다. 그것은 함께 하는 그 시간들이 일몰日沒 전에 쏟아지는 마지막 햇빛임을 알기 때문이다.

그러면 잉에가 30년의 결혼 생활에 마침표를 찍었던 이유는 무엇일까?

영화에서 보여주는 남편 베르너는 TV를 보며 과자에 담뱃재를 떨어뜨리면서도 잉에게 미안하다는 말을 하지 않는다. 침대에서 혼자 책을 보면서 잉에와 대화를 나누지 않는 모습, 부부의 섹스 장면도 짧고 건조하게 보여준다. 잉에가 20년이나 더 썩어야 하냐고 반문하는 대사는 그녀의 결혼 생활을 단적으로 드러내고 있다.

한편 자신을 여성으로 봐주면서 아름답다고 말하는 칼을 통해 잉에는 삶의 기쁨을 되찾는다. 폭우가 내리는 거리의 차 안에서 키스를 하는 두 사람이 유리창에 비치는 장면은 마치 시들어져 말라가는 꽃에 물이 뿌려져 다시 피어나는 모습을 연상시킨다.

남편 베르너가 살날이 얼마 안 남았다는 말을 하며 TV 보는 게 일상이라면 칼은 자전거 동호회에서 사람들과 어울리며 활기찬 생활을 한다. 여든이 되려면 4년이나 남았다며 성적 농담으로 잉에를 웃게 해주는 칼.

두 사람은 자전거를 타고 호수로 놀러간다. 칼은 자전거 여행은 그저 바라만 보는 기차 여행과 달리 가다가 맘에 드는 곳이 있으면 내려서 모든 풍경을 만지고 느낄 수 있어 좋아한다고 자신의 감정을 표현한다. 그는 호수 옆에 커다란 나무를 가리키며 말한다.

나무처럼 크게 자라거나 오래 사는 생명체도 없죠.

호수에서 수영을 하며 웃음을 터트리는 칼과 잉에의 모습은 청춘의 사랑과 다를 바 없다. 그 순간 그들은 소년이 되고 소녀로 돌아간 모습이다.

"그 사람만 보면 가슴이 설레고 두근거려요."라는 잉에의 고백은 사랑에 빠질 때 누구나 갖는 경험이기도 하다. 그런데도 유난히 절절함에 물드는 것은 그들에게 남은 시간이 많지 않음을 알기 때문이다.

잉에와 칼은 남은 시간 동안 후회 없이 사랑하고 행복하기를 원하기에 욕망을 표현하는 데 거침이 없다. 쭈글거린 유방과 페니스도 그들의 눈에는 아름답게 느껴질 뿐이다.

성(性,sexuality)은 인간의 기본 욕구로 섹스sex를 포함하여 보다 넓은 의미를 갖고 있다. 성적 욕망이나 심리, 이데올로기, 제도나 관습에 의해 규정되는 사회적인 요소들까지 포함한다. 좁은 의미로는 성적 욕망이라고 해석한다.

<우리도 사랑한다>에서 잉에와 칼의 만남은 성적 욕망으로 시작되었지만 성적 충족과 함께 배려, 존중, 친밀감을 나누면서 정신적인 유대감을 가졌던 것으로 보인다.

무엇보다 한 사람의 남성으로 여성으로 서로를 바라본다는 사실이 성적 존재로서 자신감과 충만한 감정을 충전시켰기 때문에 그들의 섹스는 열정과 환희歡喜로 가득 찼다. 잉에가 합창단에서 부르던 노래는 베토벤(Ludwig van Beethoven, 1770~1827) 의 <환희의 송가頌歌>였다.

위대한 하늘의 선물을 받은 자여, 진실된 우정을 얻은 자여,
여성의 따뜻한 사랑을 얻은 자여, 환희의 노래를 함께 부르자.
그렇다. 비록 한 사람의 영혼이라도 땅 위에 그를 가진 사람은 모두..
그러나 그것조차 가지지 못한 자는 눈물 흘리며 발소리 죽여 떠나가라

잉에와 칼은 '카르페 디엠Carpe diem'의 실천자들이다. 카르페 디엠은

현재 이 순간에 충실하라는 뜻의 라틴어로 영화 <죽은 시인의 사회>에서 키딩 선생이 학생들에게 자주 외쳤던 말이다.

잉에와 칼이 함께 하는 시간이야말로 화양연화花樣年華(인생에서 가장 아름답고 행복한 시간)인 것이다.

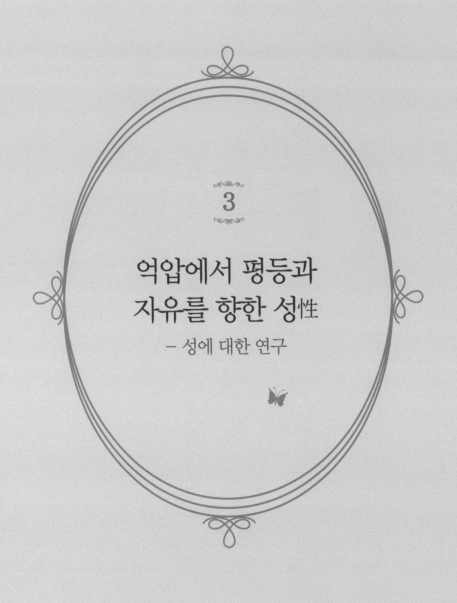

3

억압에서 평등과
자유를 향한 성性
– 성에 대한 연구

남녀 교접의 도道는 예로부터 기본자세가 있습니다. 우선 기를 안정시키고, 마음을 편안하게 하고, 뜻을 조화롭게 하여 세 가지를 모두 만족시키면 신명神明이 돌아와, 추위도 더위도 느끼지 않고, 배고픔도 배부름도 느끼지 않게 됩니다. 몸이 누리고 신체가 안정되면 성질이 풀리고 느려집니다.

남자의 그것을 얕게 넣어 천천히 움직여 출입을 드물게 하려고 하면 여자는 쾌감을 느끼고 남자는 왕성하여 약해지지 않습니다.

이것을 절도節度라 합니다.

－『황제소녀경皇帝素女經』중에서

01

『카마수트라KAMA SUTRA』
- 사랑의 행위에는 금기가 없다 -

『카마수트라KAMA SUTRA』는 기원후 4세기경 밧샤야나Vātsyāyana가 편찬한 산스크리트어로 된 운문형식으로 고대 인도 힌두교의 성 사상과 윤리를 집대성한 성전性典이다. '카마KAMA'라는 말은 남녀 간의 정사 즉, 키스, 포옹과 더불어 행해지는 정교情交의 쾌락을 말하는 것으로 인간 행복의 근원이라는 의미를 담고 있다.

'수트라SUTRA'는 어떤 것들을 하나로 뭉치는 실이나 선線 내지 격언(혹은 규칙/공식) 등의 뜻이라고 한다.

『카마수트라』는 성애학性愛學의 근본경전이며 성애의 본질을 이해하고 성애를 성취시키는 방법을 말한다.

우리는 『카마수트라』를 마치 섹스 교본서처럼 알고 있으나 전체 내용

중 2장 정교情交 편에 성애의 기술이 소개되어 있을 뿐이다.

그 구성은 1. 총론 2. 정교情交 편 3. 연애戀愛 편 4. 부도婦道 편 5. 타처他妻 편 6. 창녀娼女 편 7. 비결祕訣 편으로 되어있다.

정교 편은 성애에 대한 것이고 부도 편은 아내의 도리에 관한 것이고 타처는 남의 부인과의 관계, 창녀 편은 창녀가 알아야 할 지식, 비결은 정력, 매력, 미모 등을 보유하는 법과 정력 감퇴 방지법과 기타 등이다.

총론에서는 다르마(正法), 아루타(實利, 財寶), 카마(性愛) 이 세 가지의 지혜를 얻기 위해 습득하고 쌓아야 할 교양과 덕목을 64개 항목으로 분류하였다.

이 책은 지체 높은 귀족 계급 사회의 교양서로서 이 세 가지 지혜를 습득하지 않으면 귀족으로서의 자격 상실을 의미했다. 그 내용을 보면 노래, 춤, 악기, 그림 그리기 등 기예와 음식, 재봉, 뜨게, 패션, 인테리어, 향료의 제조 등 가정 일과 시구 외우기, 희극이나 설화에 대한 지식, 언어 해독 등 문학과 예술에 대한 교양, 몸의 건강을 위한 지식, 약초 재배 등 모든 분야에서의 지식과 능력을 요구하였다.

정교情交 편에선 포옹과 입맞춤, 정교의 모습과 여러 가지 체위, 다양한 기교, 전후 준비와 사랑싸움을, 남녀의 연애 편에서는 아내의 선택 기준, 아내에게 신뢰 받는 방법, 처녀의 환심을 사는 방법 등 여러 가지 결혼과 연애의 유형을 다루었다.

부도 편에서는 아내의 의무와 금지 사항이나 재혼녀의 의무 등을, 타처 편에서는 남의 부인과의 교제, 여자의 마음에 드는 방법, 여자의 마음을 떠 보는 방법 등 성과 관련된 모든 사항을 기술하고 있다.

인생에서 중요한 것은
3가지 힘(正法, 實利, 性愛)을 얻는 것이다

『카마수트라』의 주제는 인생에서 3가지 힘(正法, 實利, 性愛)을 얻으려면 소년 시대에는 지식과 정보를 얻기 위해 힘써야 하고 청년이 되면 성애性愛에 전력하고 노년에는 정법正法과 해탈에 진심을 다해야 한다는 것이다. 지식을 얻어 익힐 때까진 절대로 성애에 마음 쏟으면 안되며 정법을 익히기 위해 당장 눈에 보이는 효능에 현혹되지 말고 법전이나 제사 등의 종교 의식에 마음 쓰는 것이 정법이니 지식이나 황금 등 가산을 늘리기 위해선 전문가에게 배워야 함을 가르친다. 그리고 그 중 가장 중요한 것은 정법이지만 성애에 관한 학문이 필요한 이유를 밝혔다.

인간에게는 국가 사회를 형성하고 유지하는데 필요한 법전이나 도덕 내지 풍습이 있고 인간 자체에 공포심과 수치감 등이 있어 오직 지적 활동에 의해서만 성취하지 않으면 안되는 것이기 때문에 성애에 관한 학문이 필요하다.

『카마수트라』를 모두 익혀 겸비한 여자는 왕자, 귀족, 유덕한 선비의 사랑은 물론 자신의 가치를 높여 고귀한 위치가 된다. 왕녀나 귀족의 딸들이 이 기예학에 능통하면 천 명의 후궁도 지배할 수 있고 남편의 사랑을 받을 수 있다고 하였다.

정교 편에 나오는 다음의 내용은 성이라는 것이 육욕적인 것만은 아니라는 사실을 시사한다.

성교가 끝난 다음에 달고 맛있는 것을 주는 것과 같이 정사精事와 그 외의 다정한 이야기를 함으로써 욕정이 다시 일어난다. 그리고 서로의 기호에 맞는 포옹이나 입맞춤으로 한 때 화를 냈던 일도 순식간에 기쁨의 웃음으로 변할 것이다.

편찬자인 밧샤야나는 학자들이 성의 기예를 네 가지로 표현하고 있다고 하였다. 첫째, 바라는 모든 것을 주는 것. 둘째, 모든 것에 의하여 사랑을 받는 것. 셋째, 애정을 주는 것. 넷째, 여자에게 사랑을 받는 것이다.

법전에 밝은 사람은 정사를 행할 때에 자기 상대에 따라 행동을 하며, 여자와 자기와의 역량을 고려하여 느리거나 급격한 것은 적당히 조절할 필요가 있다. 성교의 여러 가지 체위와 그에 따른 기교는 모든 여자에게 일률적으로 또는 아무 때나 행할 것은 못된다. 오히려 상대와 몸의 형편에 따라서 적당히 행해져야 한다. 사랑의 기교는 적당한 애무, 또는 그 지방의 습관에 따라 적당히 행해야 한다는 것도 명심해야 한다.

여기서 법전은 『카마수트라』를 말하며 성행위에 중요한 사실은 자신과 상대의 컨디션을 살펴서 조절해야 한다는 점을 강조하였다. 성욕이 발동한다고 일방적으로 강요해서는 안되며 상대를 배려해야 한다는 사실을 밝히고 있는 것이다.

남녀의 애정은 성교의 64 종류의 자세로 나타나고 또한 성교는 목적하는 사람에게 마음이 쏠렸기 때문이며, 서로 사랑이 외적인 원인 때문에 더해지기 때문이다.

한편 밧샤야나는 '남녀 성기 사이즈는 만족도에 중요하지 않다.'는 현대 성과학(sexology)과 달리 남녀의 성기 사이즈가 맞아야 바람직하다고 주장했다. 이 주장은 신체의 관점에서는 충분히 타당성이 있다고 보인다. 남녀의 성기 구조는 자물쇠와 열쇠 같은 관계로 볼 수도 있기 때문이다. 소위 속궁합이 잘 맞는다는 표현은 이를 두고 하는 말이다. 의학적으로 성기가 작아도 성교에 아무 지장이 없다고 하는데 그 사실이 여성에게 만족도를 주느냐는 별개의 문제라고 본다. 그리고 남성들의 대물 콤플렉스는 수컷으로서의 권위를 보여주기 위한 것으로 해석할 수 있다.

사랑을 나누는 행위에 금기는 없다

『카마수트라』에는 사랑을 나누는 행위에 금기를 두지 않았다. 여성의 자위행위, 오럴섹스와 동성애와 온갖 형태의 체위를 설명하였다. 이것을 조각해 놓은 것이 카주라호Khajuraho 사원寺院에 있는 카마수트라 신전이다. 유네스코 세계문화유산으로도 지정된 이곳은 미투나Mithuna상들이 사원 벽면에 조각되어 있는데 미투나는 산스크리트어로 남녀 한 쌍을 뜻하며 성적 결합의 의미도 포함되어 있다. 카주라호는 이슬람 세력이 인도에 발을 내딛기 전, 힌두 찬델라 왕조의 수도였다. 신전은 신을 숭배하고 기도하는 장소인데 그 곳에 에로틱한 미투나상들이 조각되어 있는 의미는 무엇일까? 학자마다 의견이 다르지만 인간의 쾌락이 신과의 합일合一에 도달하는 것이라 믿었을 것이며 고대 인도인의 쾌락과 생명성에 대한 의식을 투영한 것이라 보인다.

카주라호 사원 외벽의 미투나상
ⓒ 2015 임윤수

미투나상
ⓒ 서종규 2008

『카마수트라』가 어떤 책인가를 다음에서 알 수 있다.

이 책은 가장 존귀하고 청정한 마음으로 연구를 쌓아서 일반 사람들
을 계몽하고 이끌어주기 위해 만들어진 것이다. 그러므로 결코 쾌락
을 목적으로 하는 것이 아니다.

The Kama Sutra
Vatsyayana, 유페이퍼 2016

　인도인들은 카마(kama, 性愛)를 인간의 소유욕과 생존욕으로 태어날 때
부터 갖게 되는 본능적인 욕망이라고 보았다. 이를 억제하거나 절제하는
것이 도덕적인 규범이었으니 정법에 힘쓰라고 한 것이다.

　모든 문화유산은 그 나름의 역사와 문화 속에서 탄생한다고 보았을 때
『카마수트라』는 고대 인도인들의 철학과 성에 대한 윤리 의식이 담겨있
는 교양서로 이해할 수 있다.

『황제소녀경皇帝素女經』

– 방중술房中術의 핵심은 수행修行과 양생養生–

『황제소녀경皇帝素女經』은 동양 의학에서 최고의 경전으로 꼽히는『황제내경黃帝內經』의 소문素問(병의 원인에 대해 기술한 것)과 영추靈樞(병이 낫는 원인에 대해 밝힌 것) 와 함께 도경道經으로 알려져 있다.

중국 방술서를 처음 서명 간행한 이들의 서문을 청나라 학자 섭덕휘(葉德輝, 1864~1927)가 썼고 양생養生을 위해서는 선도仙道를 닦고 의학의 이치를 통해 남녀가 교접해야 한다는 것이다. 방중술은 불노불사不老不死 신선사상神仙思想의 실천 방법 중 하나였는데 한後漢의 반고(班固, 32~92)가 쓴 『한서예문지漢書藝文志』의「방기략方技略」에 방중에 대한 설명이 나온다.

방중房中이란 '인간 성정性情이 지극함에 다다르는 것이요, 그 지극한

도道에 도달하는 것'이이다. 방중이란 남녀 간의 성교를 말하는 것이
지만 그 감정의 발동이 지극하여 절도에 맞는 것이 있고, 온 천하에서
옛날부터 오늘에 이르기까지 모두가 함께 말미암는 바의 지극한 도리
이다. 그러므로 성왕聖王들은 밖으로 나타나는 즐거운 것들을 억제시
키고, 안에서 발생하는 정욕情欲을 금지시켜서 적당한 정도로 절제하
게 했다. 실로 즐기면서도 절제함이 있게 되면 마음이 부드러워지고
평화로워져서 장수할 수가 있다. 다만 즐거운 것만을 추구하여 몸을
돌보지 않으면 그 결과에 따라 질병이 발생하게 되고 마침내 생명을
잃기에 이른다.

방중술은 늙지 않고 오래 사는
도道를 깨치기 위한 수행이다

『황제소녀경皇帝素女經』은 황제와 소녀素女의 문답 형식으로 되어있
다. 황제는 역사상 3황 5제三皇五帝에 나오는데 3황은 복희伏羲, 신농神農,
황제헌원씨黃帝軒轅氏라 한다.

황제헌원씨로부터 문명이 있었던 것으로 전해진다. 황제가 기백岐伯
등 여덟 명의 유능한 의사들과 함께 만들었다는 것이 『황제내경黃帝內經』
이라고 알려졌다.

『황제소녀경皇帝素女經』에 나오는 소녀라는 여인과 현녀玄女나 팽조彭
祖 등은 선인仙人으로 전설 속의 인물들이다.

내용은 남녀교접의 원리인 방중술의 비결을 음양오행의 이치에 따른
동양 의학의 관점에서 설명하였다. 늙지 않고 오래 장수하는 길은 중용을

지키면서 선인의 경지에 이르는 도道를 깨치는데 있다는 것이다.

음양오행 사상은 음陰과 양陽에서 파생된 오행五行 즉, 목화토금수의 움직임으로 우주와 인간 생활의 모든 현상과 생성소멸을 해석하는 사상이다.

『황제소녀경皇帝素女經』(최창록 옮김)을 보면 방중술의 비결과 이해 편은 음양과 오행, 애무의 필요와 성감대의 마찰, 성교의 규칙, 성기性器의 지켜야 할 윤리, 방중술의 중요 과정 등 18개 항목으로 되어있다. 그리고 어울림의 체위와 병 고침 편에서 칠손七損과 팔익八益 및 성 기교 30종을 설명하였다. 그리고 보완 편에서 사정射精과 소녀가 말한 교접의 도道 등 12항목 그리고 부록 편은 주로 양생도인법養生導引法을 중심으로 전개하였다.

남녀의 교접에도 도道를 지켜야 한다

『황제소녀경皇帝素女經』에서 황제가 자신의 기가 쇠약하여 마음속이 평화롭지 못하고 즐겁지 않으며 몸이 항상 위험함을 두려워하는데 어찌하면 되겠느냐고 소녀에게 묻는다. 소녀는 다음과 같이 대답한다.

무릇 사람이 쇠약한 까닭은 모두가 음양교접의 도에 상傷한 까닭입니다. 대체로 여자가 남자를 이기는 것은 수가 화를 이기는 것과 같습니다. 알고 행하는 일은 마치 솥이 다섯 가지 맛을 섞어서 국을 끓여내는 것과 같습니다. 음양지도陰陽之道를 알면 다섯 가지 즐거움을 다 이룰 수 있습니다. 이를 알지 못하는 사람은 신명身命이 일찍 죽습

니다. 이를 모르고 어찌 기쁨과 즐거움을 얻을 수 있으며 삼가지 않을
수 있겠습니까?

성행위를 하는 데 있어 물과 불의 작용으로 음식을 만들듯이 서로 조화
를 이루어야 쾌락을 맛볼 수 있으니 남녀의 교접에도 도道를 지켜야 함을
강조한 것이다. 바꿔 말하면 남자가 수의 기운인 여자에게 맞춰야 한다는
의미로 해석할 수 있다.

또한 황제가 성관계에 절도節度가 있어야 한다는 건 무슨 뜻이냐고 묻
자 소녀가 답한다.

남녀 교접의 도는 예로부터 기본자세가 있습니다...우선 기를 안정시
키고, 마음을 편안하게 하고, 뜻을 조화롭게 하여 세 가지를 모두 만
족시키면 신명神明이 돌아와, 추위도 더위도 느끼지 않고, 배고픔도
배부름도 느끼지 않게 됩니다. 몸이 누리고 신체가 안정되면 성질이
풀리고 느려집니다. 남자의 그것을 얕게 넣어 천천히 움직여 출입을
드물게 하려고 하면 여자는 쾌감을 느끼고 남자는 왕성하여 약해지지
않습니다. 이것을 절도節度라 합니다.

일반적으로 성교coitus라고 할 때는 번식의 의미를 포함하고 있다. 식
물이나 동물은 교배交配라고 하지 성교라 하지 않는다. 인간의 성교는 생
식도 있지만 그것이 전부는 아니다. 위의 내용을 살펴보면 남자가 욕정이
일어난다고 조급증을 내면 기를 상하게 하고 여자는 쾌감을 느끼지 못하
니까 음양의 도를 이룰 수 없다는 뜻과도 같다.

물이 끓지도 않았는데 국을 만들 수 없으며 맛을 낼 수 없는 것은 당연

한 이치다.

도교의 신선 사상에서는 남녀의 교접을 도를 닦는 수행의 과정으로 여겨 쾌락과 양생에 대한 방법을 찾았으며 『황제소녀경皇帝素女經』은 자연과 인간의 신체를 음양오행론의 관점에서 연구한 것이었다.

한편 남자의 조루早漏에 대해 소녀가 지적하기를 보편 현상이라 했다. 다만 이는 마음을 편안하게 하고 기를 화평하게 하면 곧 교합을 오래 지속할 수 있음을 깨닫는 주요한 비결이라 했다. 현대 성 의학에서는 조루를 '자기가 원하는 시점까지 사정을 참지 못하는 경우'라고 정의했다. 그런데 조루를 보편 현상이라고 보기는 어렵고 30% 정도가 증상을 보인다는 통계가 있다. 조루는 심리적인 문제가 크며 청소년기에 자위로 인한 빠른 사정과 스트레스가 원인이 된다고 한다.

남자의 성기도
인의예지신仁義禮智信을 지켜야한다

『황제소녀경皇帝素女經』에서 설명한 방중술이 단순한 성교의 기술에 치우치는 것이 아니라는 사실은 '성기性器의 지켜야 할 윤리'라는 대목에 나타나 있다.

황제가 "무엇을 오상五常이라 하는가?"라고 묻자 소녀가 답한다.

남자의 그것陽具에는 다섯 가지 반드시 지켜야 할 원칙이 있습니다. 평시에는 숨어 살아 절개를 지키고 자애하여 청빈한 숨은 선비가 되어야 하고 안으로는 지고한 덕을 품고 인仁을 베풀어야 합니다. 한가운데에 구멍이 뚫려 있는 것은 의義입니다. 마디가 있어 기둥과 귀두로 나누어진 것은 예禮입니다. 방사에 임해 놀랍고 이상함을 평정하고 기를 조용히 하고 교합의 법도를 생각하니 지智라 할 수 있습니다. 교합하고 싶으면 왕성하게 일어나 꼿꼿하게 행하고 교합할 생각이 없으면 정지하여 멈추니 신信이라는 것입니다.

오상五常은 유교에서 말하는 인의예지신仁義禮智信의 다섯 가지로 사람이 지켜야 할 기본 덕목을 말한다. 마찬가지로 남자의 성기는 지조와 신의를 지키고 예절을 지키며 함부로 여색女色을 보고 앞으로 나아가지 않아야 진정한 성애의 쾌락을 얻을 수 있고 양생할 수 있다는 내용이다. 성을 동물적 본능이라는 관점에서 벗어나 인륜人倫의 철학적 사유로 나아간 것으로 볼 수 있다.

성기능 강화를 위한 8종의 체위는 8가지 이익이 있다

한편 방중술에 있어 성기능 강화를 위한 8종의 체위體位를 설명하였다. 이를 8익八益이라 하여 8가지 이익을 뜻하며 이들의 작용은 모두가 음양조화를 시키는 데 있고 성기교의 수련修練을 빌려서, 애정을 단단하게 하고 병을 제거하고 장수하는데 있다고 하였다. 8익 중에는 기氣를 편하게 하고 장腸을 이롭게 하며 뼈를 강하게 하여 여성의 월경 불순을 치료한다는 내용이 들어있다.

이와 관련하여 현재 건강한 성생활은 면역력을 높여준다는 연구 결과들이 많이 나왔다. 2019년 독일에서 활발한 성생활은 독감, 편두통, 심장마비, 전립선 질환 등 많은 질병을 예방한다는 연구가 발표되었다. 『황제소녀경皇帝素女經』이 고도의 과학적 지식을 바탕으로 한 의학서임을 반증하는 것이다.

교접으로 생긴 질병을 치료하는 7가지 성교 체위와 접이불루接而不漏의 진실

또한 몸이 불편한데 무리하게 사랑을 해서 생긴 질병은 성교 체위를 치료 방법으로 할 수 있다는 것이 7손七損이다. '7가지를 감소시키다'는 뜻이다. 예를 들면 성의 쇠약, 조루증, 음주로 인한 내장의 손상, 과도한 성행위로 인한 증상 등의 문제를 7종의 체위로 치료할 수 있다는 내용이다. 소녀가 설명한 목표는 강장強壯, 장수長壽, 쾌락에 유익함에 있다.

한편 여기에 소개된 내용 중 '접이불루接而不漏 환정보뇌還精補腦'는 '교접하되 사정하지 않으면 정精이 되돌아서 뇌를 보호한다.'는 뜻으로 이 땅의 많은 남자들이 장수의 건강법으로 오해하는 경우가 많다. 그러나 소녀는 교접의 도道에서 사정은 연령대 별로 다르고 개인의 건강에 따라 사정射精 회수를 달리해야 한다고 밝혔다.

현대 의학에서 사정을 하지 않으면 전립선액이 정기적으로 배출되지 않아 체내에 장기간 고이면 전립선에 염증성 질환과 울혈성鬱血性 전립선염前立腺炎이 많이 생긴다고 한다. 접이불루에 집착하다 건강을 잃기 전에 오상五常의 도부터 배워야 할 것이다.

『황제소녀경皇帝素女經』은 인생의 즐거움과 장수와 건강을 위해서는 선도仙道를 수행해야 하고 그 실천 방법으로 방중술을 설명하였다. 따라서 도교의 자연주의 사상과 고대 중국 의학을 토대로 쓰여진 성에 관한 최초의 철학서이면서 성 의학서인 것이다.

까마귀 섹스   새의 우아한 날개짓   활짝 핀 연꽃   돌진하는 숫양

우유와 물   낙타의 혹   호랑이의 힘찬 도약   덩굴의 뒤얽힘

달콤한 동산   기지개 켜기   망고 빨아 먹기   꼭대기의 수레바퀴

03

『킨제이보고서Kinsey Reports』
- 여성의 성 해방을 위한 권리장전 -

『킨제이보고서』는 1930년대 당시 인디애나대학교 교수로 재직하고 있던 앨프리드 찰스 킨제이(Alfred Charles Kinsey, 1894~1956)가 출간한 성에 대한 보고서로『남성의 성적 행동Sexual Behavior in the Human Male』(1948)과 『여성의 성적 행동 Sexual Behavior in the Human Female』(1953)의 2권으로 되어있다.

'인간의 성性'이라는 금기시되었던 내용을 주제로 방대한 조사를 처음으로 실시하였고 조사 결과가 미국 사회를 충격 속에 빠트렸다.

11,240명의 남녀를 대상으로 한 조사에는 동성애, 혼전순결, 혼외정사 등 당시에는 쇼킹한 내용으로 베스트셀러가 된 동시에 많은 비판을 받았다.

영화 〈킨제이보고서〉, 2004

1950년대 미국은 교회의 영향으로 성에 대한 관념이 청교도적이었고 동성애나 자위를 불법으로 간주하던 때였다. 킨제이는 조사 대상 중 4%의 남성이 평생을 동성애자로 일관했으며, 37%의 남성이 쾌락을 동반한 동성애 경험을 최소 1회 이상 가진 것으로 나타났다고 발표해 극소수 남성들만의 전유물로 여겨지던 동성애에 대한 미국인들의 편견을 깨는 데 일조했다.

킨제이가 연구를 통해 발견한 사실은 성적 행동에는 특별한 다양성이 있다는 점이었다. 그는 남성 중에는 매일 오르가슴을 느끼는 사람이 있고, 몇 달 동안이라도 오르가슴을 느끼지 않고 지내는 사람도 있다는 사실을 발견했고, 또한 여성 중에도 오르가슴을 전혀 느끼지 않는 사람이 있는가 하면 하루에도 몇 번씩 오르가슴을 느끼는 사람이 있다는 점을 알아냈다.

자위는 여성의 성性에서 중요하다

또한 킨제이의 연구는 성적 적응sexual adjustment에서 자위행위의 역할을 재평가하는 데에 초점을 맞추었고 그는 다음 세 가지 사항을 지적했다.

자위행위는 해롭지 않으며 성적 쾌감을 주는 분명한 하나의 성적 행동 유형이라는 것이었다. 그리고 이성과의 성교보다 오르가슴을 좀 더 확실하게 얻을 수 있는 방법이고, 여성이 성교를 하는 동안 오르가슴에 도달할 수 있는 능력을 촉진하기 때문에 여성의 성性에서 중요한 역할을 한다는 것이다.

킨제이의 연구가 나오기 전에는 남성이건 여성이건 어떤 사람이 동성 사람과 어떤 유형의 성적 행동이라도 한 적이 있다면 그 사람을 동성애자로 인식했는데 킨제이는 많은 사람이 양성 모두와 성 경험을 한다는 점을 알아냈다. 그는 연구에 참여한 남성 가운데 50%와 여성 가운데 28%가 동성 간 섹스를 한 경험이 있고, 남성 가운데 38%와 여성 가운데 13%가 동성과 성경험을 하는 동안 오르가슴을 느꼈다고 보고했다. 이뿐만 아니라 성적 끌림은 일생 동안 바뀔 수도 있다는 점을 발견했던 것이다. 이로써 킨제이는 연구를 통해 사람들을 이성애자 또는 동성애자로 단순히 분류하는 것은 잘못된 것이라고 결론 내렸다. 한 사람의 성은 훨씬 더 복잡하고 유동성이 있다고 생각했기 때문이다.

킨제이는 게이, 레즈비언 또는 이성애자로 분류하는 것보다 어느 정도의 행동이 동성 간 섹스이고 이성 간 섹스인지를 결정하는 것이 더 중요했던 것이다. 그러나 금기에 해당했던 여성의 성性을 직접적으로 다뤘다는 점에서 논란의 중심에 섰으며, 매카시즘McCarthyism[1]의 선풍이 거셀 때였다.

여성도 독자적인 성욕이 존재하며 오르가즘을 느낀다

미국의 1950년대는 사회적 변혁보다는 평화와 안정을 추구했던 보수주의 시대, 즉 가정이 중요시되고 이혼이 거의 없었으며, 동성애가 용납되지 않았고 인종 차별이 존재하던 시대였다. 영화 <플레전트 빌 Pleasantville>은 1950년 대 미국 사회를 투영시킨 작품이며 이 시기에 성장 소설의 대표적 작품으로 손꼽히는 J.D 샐린저의 <호밀밭의 파수꾼>(1951)도 당대 사회상을 배경으로 하였다.

한편 종교적 보수주의가 강했던 당시에 청교도적 윤리를 중시한 도덕주의자들은 킨제이를 비도덕적이라 비난하며 경악하였고 그는 매카시즘의 희생양이 되었다.

결국 킨제이는 록펠러 재단으로부터 받은 지원이 끊기게 되었다.

킨제이는 기존까지 사회에서 여성의 성욕은 남성 없이는 존재할 수 없는 의존적인 것으로 보았으나, 『킨제이 보고서』는 『인간 여성의 성적 행

---

1) 1950년대 초반 미국 전역을 휩쓴 공산주의자를 색출하였는데 조지프 레이먼드 매카시 상원 의원에서 비롯된 정치적 사건. 동성애와 공산주의를 관련지어 동성애자들을 차별 억압하였다.

위』를 통해 여성에게도 독자적인 성욕이 존재하며 오르가즘을 느낀다는 사실을 밝혔다.

『킨제이 보고서』는 사회계층에 따라 성 문화가 다르며, 이성애 및 금욕생활이 도덕적이고 일반적인 규범이라는 사회적 통념을 깨고 동성애에 대한 대중의 인식 변화에 기여했다는 점에서 높게 평가받고 있다.

『킨제이 보고서』는 미국 남성의 92%, 여자의 62%가 자위행위를 즐기고 있으며 동성애를 한 번 이상 경험한 남성이 37%, 여성이 19%에 이르고 있다고 발표했다.

한편 미 여권 운동가 글로리아 스타이넘(Gloria Steinem, 1934~)은 『킨제이 보고서』가 여성의 성해방을 위한 '권리장전'이라고 평가했는데 1960년대 성혁명sexual revolution의 실마리를 제공한 것으로 알려졌다.

킨제이는 인간의 성행위에 대한 심오한 연구를 통해 성에 대해 과학적으로 연구하는 성학sexology의 첫 장을 열었다고 볼 수 있다.

『킨제이보고서』의 영향으로 <플레이보이>가 창간되고, 1953년 창간호에 당대 최고의 섹스 심벌인 마릴린 먼로를 표지 인물로 선정했다. 이는 당시 보수적인 미국 사회에 큰 충격을 주기에 충분했다. 그리고 1974년 래리플린트는 하드코어인 포르노 잡지 <허슬러>를 창간하였다.

흔히 『킨제이보고서』를 마치 섹스에 대한 흥밋거리로 생각하기 쉽지만 성에 대해 최초로 학문의 영역에서 많은 남녀들을 대상으로 조사한 연구서였다. 물론 그의 조사 방법에 대해 이의를 제기한 경우도 있었지만 성이라는 새로운 영역의 지평을 열었다는 점은 부인할 수 없는 사실이다.

『킨제이보고서』를 기점으로 성에 대한 학문은 현재까지 전 세계에서

『남성의 성적 행동Sexual Behavior in the Human Male』
Alfred Kinsey, Wardell Pomeroy, Clyde Martin 저
W.B. Saunders, 1948

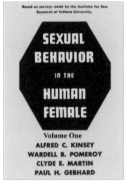

『여성의 성적 행동
Sexual Behavior in the Human Female』
Alfred Kinsey, Wardell Pomeroy, Clyde Martin,
Paul Gebhard 저 W.B. Saunders, 1953

지속적인 연구가 진행되고 있다. 성과학sexology 또한 인간의 탐구 영역에 속하기 때문이다. 이를 통한 성에 대한 지식은 건강한 성생활을 위한 디딤돌이 될 것이며 행복한 삶의 필요충분조건이라 생각한다.

　2005년에 킨제이의 실화를 배경으로 <킨제이 보고서>라는 영화가 개봉되었다.

　빌 콘돈 감독은 억압적인 아버지 밑에서 성적 욕망을 수치스러운 것으로 배우고 자란 킨제이가 성인이 된 후 엔지니어의 길을 벗어나 동물학 연구자가 되는 일생을 사실적으로 그렸다.

　"각각의 사람들은 독특한 성적 기질을 가지고 있기 때문에 인간의 성에 관해 이야기할 때는 '보편적이다', '드물다'라는 말을 사용해야 하며, '정상', '비정상'이라는 단어를 사용해서는 안 된다"는 킨제이의 발언은 성에 대한 다양성을 밝히는 동시에 편견을 깨트렸다고 볼 수 있다.

04

『에로티즘erotism』

- 금기의 위반은 에로티즘의 내적 체험 -

『에로티즘erotism』은 프랑스의 사상가 조르주 바타이유(Felix-Henry Bataille, 1897~1962) 저술 중 가장 널리 알려진 작품이다. 이 책은 철학서인 동시에 경제, 사회학, 종교, 문학 등을 포괄적으로 다루고 있다. 먼저 바타이유가 성性 그것도 에로티즘을 주제로 책을 쓴 시대적 배경은 다음과 같다.

바타이유가 활동한 프랑스 사회는 제3공화정(1870~1940) 시대로 삼권 분립의 원칙으로 자유, 평등, 박애라는 프랑스 대혁명의 정신이 복구되면서 국민 생활은 안정되고 번영하였다. 그런데 제1차 세계 대전(1914~1918)이 일어났고 유럽은 다다이즘Dadaism의 열풍이 불었다. 다다이즘은 전쟁의 불안 속에서 합리주의 문명과 관습적인 기존의 사회체제 자체를 완전히 부정하고 파괴하려는 운동으로 다다dada는 프랑스어로 어린이들이 타고 노는 목마木馬를 가리킨다. 즉 '아무것도 뜻하지 않다'는 의미였다.

그러나 다다이즘의 예술형식 파괴운동을 비판한 프랑스 시인 브르통(André Breton, 1896-1966)은 1924년 초현실주의surrealism를 선언하였다. 초현실주의자들은 무의식unconscious, 우연, 환상의 세계를 중시하였고 세계대전의 참화慘禍를 겪은 많은 지식인들의 호응을 얻었다. 바타이유도 초현실주의의 영향을 받았으나 브르통과는 의견의 차이로 결별하였다.

『에로티즘erotism』은 1부 금기禁忌와 위반과 2부 에로티즘에 관한 몇 가지 연구 사례로 되어있다. 에로티즘 하면 우리는 성의 관능을 떠올리기 쉽지만 바타이유는 책의 서문序文에서 에로티즘을 '죽음까지 인정하는 삶'이라고 말한다.

1부에서 먼저 에로티즘의 중요한 개념인 금기와 위반에 대해 다루고 있다. 동물의 성性은 자연적인 제약 외에 금기가 없는 것이다. 그러나 에로티즘은 인간만의 다른 제약(수치심, 불쾌감, 노동시간의 제약, 도덕적 단죄 등등...)을 벗어나지 못한다고 하였다.

인간의 에로티즘이 동물의 성행위와 다르다면 인간은 동물과 달리 내적 삶을 문제 삼는다는 점에서 그렇다. 인간의 에로티즘은 존재 자체를 문제 삼는 인간의 의식 내부의 어떤 것이다...에로티즘을 인간의 성행위라고 하려면 인간의 성행위는 동물의 성행위와 달라야 한다...인간의 성행위는 그것이 단순히 동물적이지 않을 때, 그리고 초보 단계를 벗어날 수 있을 때 에로틱한 것이 될 수 있다.

또한 바타이유는 인간은 노동을 통해서 동물과 구분되며 금기禁忌라는 이름의 구속을 스스로에게 부과한다고 보았다. 그 금기들은 주로 죽은 사람들 앞에서의 태도와 관계가 깊다. 동시에 금기는 성행위와도 관계한다. 인간이 동물성을 벗어나게 된 것은 노동을 하면서 죽을 것이라는 걸 알게 되면서 부끄럼 없이 행하던 성행위를 부끄럽게 여기게 되면서였다고 한다. 인간은 노동으로 삶을 영위하고 합리적인 사고방식으로 인간과 자연에 경계선을 그었다. 그러한 삶의 세계에 균열이 일어난다. 가까운 친지, 친구가 어느 순간 죽는 것이다. 죽음은 노동의 세계, 삶의 영역을 침입한다. 죽음 앞에서 인간은 두려움을 느꼈다. 죽음은 가까운 사람의 생명을 빼앗는 극단의 폭력이다.

죽음은 금기를 초월한다. 죽음은 좌절과 파열을 초래한다. 그 좌절과 파열의 감정이 대수롭지 않은 것이라면, 장례식을 통해 그것은 정리 제한된다. 그러나 그렇지 않은 경우가 있다. 죽음을 초월한 듯하던 통치권자의 죽음이 그런 경우이다.

에로티즘은 금기의 위반이며 인간적 행위

인간은 에너지를 아끼고 조정하며, 재분배하는 존재인 한편, 극도의 무기력에 이를 정도로 에너지를 탕진하고 싶어 하는 존재이기도 하다. 성행위는 에너지를 극단으로 낭비하지만 인간은 그런 상태에 이르기를 원한다. 금기 앞에서 인간은 두려움을 느끼고 고뇌하며 자기 존립의 위기를 느낀다. 하지만 위협과 공포를 극복할 때 더 큰 희열과 쾌락을 경험한다. 에로티즘의 내적 체험에서 오는 황홀감은 위반으로부터 온다. 위반은 금기가 없이는 성립할 수 없다.

금기는 폴리네시아어 터부tabou에서 유래된 말로 '금지하다' 또는 '금지되다'라는 뜻을 가지고 있다. 사회적인 관습이나 미신적인 관념에 의거하여 특정 행위를 엄격히 금하는 것이다. 바타이유에 따르면, 금기로 설정되는 순간 금기는 신성한 존재로 부각되고 있다.

또한 금기의 진리는 인간의 태도를 이해하는 열쇠이다. 금기는 밖에서 주어진 것이 아니라는 사실을 우리는 알아야 하며, 바로 알 수 있다....
에로티즘의 내적 체험은 체험자에게 금기의 위반으로 안내하는 욕망뿐만 아니라 금기를 떠받쳐주는 고뇌에 대해 예민한 감각을 발휘하도록 요구한다. 욕망과 두려움, 짙은 쾌락과 고뇌를 긴밀히 연결하는 그 감정은 종교적 감정과도 다르지 않다.

바타이유는 금기와 관련된 것으로 죽음, 번식과의 관계를 설명하였다.
무덤의 사용은 죽음과 죽은 사람에 대한 금기를 보여주는 것이며 살해의 금기는 공포감에 근거하지만 반드시 지키게 하지는 않는다고 보았다.
번식과 관련된 금기는 성性에 제한을 두는 것으로 나체裸體, 근친상간近親相姦을 설명하였다. 나체는 서양 문명에서 아주 중요하고도 보편적인 금기 대상이 되었다. 금기도 시대에 따라 변화할 수 있으며 어떤 기본적인 규칙이 있다는 것이다.

〈비너스의 탄생〉 보티첼리(Sandro Botticelli: 1445?~1510)
1485년 경, 피렌체 우피치미술관

〈키스〉 클림트(Gustav Klimt,1862~1918)
1908년, 벨베데레 궁전 오스트리아 미술관 소장

〈파리스의 심판〉 루카스 크라나흐
1528년, 뉴욕메트로폴리탄 뮤지엄

결정적인 행위는 발가벗기이다. 나체는 폐쇄된 상태, 다시 말해서 존
재의 불연속적 상태와는 대립적이다. 그것은 자신에의 웅크림 너머
로, 존재의 가능한 연속성을 찾아나서는 교통交通의 상태이다. 우리
에게 음란한 느낌을 불러일으키는 이 비밀스러운 행위에 의해서 육체

는 연속성을 향해 열린다. 음란은 동요를 의미한다. 그것은 확고하고 견고하던 개체, 자제自制되던 육체를 뒤흔들어 어지럽힌다.

바타이유는 고대에서 발가벗기는 유사 죽음과도 같은 탈취奪取로 에로 티즘의 근거를 마련했다고 보았다. 이는 비밀스러운 행위가 제의祭儀와도 같은 것으로 여겼기 때문이다.

근친상간에 대한 금기는 폭력을 통제하는 규칙

인간이 설정한 성에 대한 가장 전형적인 금기는 '근친상간近親相姦'이다. 근친상간 금기는 레비스트로스(Claude Lévi-Strauss, 1908~2009)의 주장에 동 의하였는데 '가처분假處分 상태의 여자의 증여를 통해 분배의 문제에 대 한 해결을 얻으려는 것'이라고 보았다.

근친상간과 관련된 조치들은 공동체가 기꺼이 복종하기로 한 질서를 뒤흔들 폭력을 규칙 속에 묶어 둘 필요성과 일치한다. 그러나 그런 기 본적인 결정과는 무관하게 남자와 여자의 적절한 분배를 위한 공정한 규칙들이 필요했다.

한편 세계 거의 모든 문화권에 분포된 근친상간의 금기는 생물학적으 로 열성 유전자의 발생으로 인한 여러 질병에 대한 문제와 종교적 영향으 로 보고 있는 반면 바타이유는 폭력을 통제하는 규칙으로 설명하였다. 근 친상간incest은 라틴어의 incestus에서 유래하는데 죄인 혹은 범죄자를 의미한다. 즉 가족을 비롯한 가까운 친척 사이의 성적 관계는 범죄라는 뜻을 담고 있다.

바타이유의 근친상간 금지에 대한 설명은 영국의 인류학자 타일러 (Edward Burnett Tylor, 1832~1917)에 의해 제기된 협동이론cooperation theory과 대비해볼 수 있다. 협동이론은 근친상간 금기가 가족집단 간의 협동을 증진시키고 결과적으로 사회의 존속에 기여할 수 있는 하나의 제도적인 장치라는 점을 강조하고 있다.

바타이유가 지적한 성과 관련한 또 다른 금기는 월경과 출산의 피가 있다. 출혈은 내적 폭력을 상기시키고 인간의 심리에 혼란을 가져온다. 성적 폭력을 상기시키는 월경의 피와 성행위의 결과로서의 출산, 성기와 성행위 자체의 노출금지, 살해의 금지는 모두 집단의 안정, 특히 노동의 보호를 목적으로 하고 있는 것이다.

바타이유는 "에로티즘은 전체적으로 금기의 위반이며 인간적인 행위"라고 하였다.

연속성을 추구하는 인간의 욕망은 희생제의犧牲祭儀로 구현된다. 고대의 에로티즘인 희생제의는 종교의 영역에서 살해의 금기를 위반하는 행위이다. 바타이유에게 금기의 위반을 허용하는 비생산적인 소비는 인간의 폭력적 특성과 숨겨진 욕망의 근원에 대한 과잉을 해소하며 인류 문명사 해석의 열쇠로 작용한다. 말하자면 축제, 카니발에서는 일상에서 금기되었던 관습에서 벗어나는 행동도 허용이 된다는 뜻이다.

예를 들면 조선 시대 경북 안동 하회별신河回別神굿 탈놀이는 양반과 평민, 남녀의 차별 등을 비판하는 내용과 행위로 기존의 질서를 뒤집으면서 해방감을 느끼게 하였는데 굿이라는 제의 안에서 금기가 용납될 수 있었기 때문이다.

한편 바타이유는 "에로티즘은 생식기의 팽창으로 동물적 충동이 최초 원인을 제공한다. 그것은 자연스런 충동이지만 정신의 저항과 부딪친다. 관능의 순간에 필연적으로 죽음을 떠오르게 하는 작은 파열이 따르고 관능에 몸을 마구 던지게 만들기도 한다. 생명의 전체적 안녕과 유지에 위험한 위반이 아닌가 하는 느낌이 자유로운 흐름과 폭발을 가져온다."고 보았다.

또한 에로티즘은 번식 차원의 성행위와 관계하는데 번식과는 대비된다고 말했다.

> 번식은 존재들을 불연속성으로 안내하며 존재들 간의 연속성을 위기로 몰아넣는다. 즉 번식은 죽음과 고리처럼 서로 연결되어 있다는 말이다... 존재의 연속 또는 죽음은 둘 다 매혹적이다. 그리고 에로티즘을 지배하는 것 역시 연속성 또는 죽음에 깃든 매혹이다.

에로티즘의 절정의 상태에서 느끼는 오르가즘은 개체성이 무너지는 상태가 된다. 그렇게 되면 불연속이 연속이 된다. 오르가즘은 그래서 작은 죽음이라고 부른다. 자신의 개체성, 의식이 완전히 새롭게 태어나는 것이다.

바타이유는 육체의 에로티즘, 심정心情의 에로티즘, 신성神性의 에로티즘이 존재의 고립감, 불연속성 대신 심오한 연속성을 느끼게 하는 것들이라고 하였다. 연인들의 결합이 육체와 심정의 에로티즘을 발현하는 것이라면 신성의 에로티즘은 신비체험으로 우리에게 연속성의 느낌을 안겨 줄 수 있다고 하였다.

　다음은 유럽의 중세에서 20세기까지 에로티즘을 보여주는 작품들이다.

　『에로티즘erotism』은 성을 신성에까지 이르는 삶과 죽음의 보고 그것 을 인간만이 갖는 특성이라는 관점에서 에로티즘에 대한 사유의 영역을 넓혔다고 볼 수 있다.

〈모자를 쓴 누드〉
키르히너(Ernst Ludwig Kirchner,1880~1938)
1911, 루트비히 미술관

〈시냇가의 잠자는 여인〉
쿠르베(Jean-Désiré Gustave Courbet,1819~1877)
1845, 디트로이트 미술관

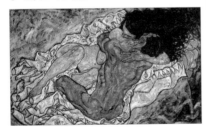

〈포옹〉 에곤 쉴레(Egon Schiele,1890~1918)
1917, 오스트리아 빈 미술관

05

『제2의 성性, The Second Sex』

- 실존적 존재로서의 여성 해방선언 -

시몬느 드 보부아르(Simone de Beauvoir, 1908~1986)가 『제2의 성The Second Sex』을 발표한 때는 1949년이었다. 프랑스에서 여성 참정권이 1946년에 실현된 후까지도 『신학대전神學大典』을 완성한 토마스 아퀴나스(Thomas Aquinas, 1225?~1274)의 '여성은 불완전한 남성'이라는 주장이 그대로 받아들여지던 시기였다. 암컷 혹은 여성을 뜻하는 피메일female의 어원은 페미나femina에서 나왔고 그 의미는 '여성의 특질을 가지고 있는'이라는 뜻을 갖고 있다.

보부아르는 남자는 자신을 위치시킬 때 결코 어떤 성에 속한 개인으로 시작하지 않는다고 하였고 『제2의 성The Second Sex』에서 남성과 여성이 대칭적이지 않다고 보았다.

라틴어로 '남자vir'라는 단어의 독특한 의미는 '인류homo'라는 단어의 일반적인 의미와 동일시되기 때문에, 프랑스어에서 인류를 남자les hommes라고 말할 정도로 남자는 양성陽性과 중성中性을 동시에 나타낸다. 여자는 음성陰性으로 보이기 때문에 일방적으로 제한된 성질로 여겨진다.

남성은 주체이고 여성은 타자他者로 존재하여 제2의 성性이다

여성은 남성이라는 제1의 성에 부차적인 존재라는 의미에서 제2의 성이라고 명명한 것이다. 20세기 중반까지도 프랑스 여성들은 아내와 어머니로서의 역할을 당연한 의무라고 여기고 남성의 대상적 존재로 종속된 삶을 지속하고 있었다.

보부아르는 『제2의 성The Second Sex』을 통해 역사 속에서 여성은 사회적으로 객체로 존재하고 남성에 의해 타자화他者化된 것이 문제라고 보았다.

여자는 우발적인 존재이다. 여자는 본질적인 것에 대하여 비본질적인 것이다. 남자는 주체이다. 남자는 절대이다. 그러나 여자는 '타자'이다... 여자의 초월은 다른 본질적, 주관적 의식, 즉 남성에 의하여 영원히 초월되기 때문에 여자는 늘 객체로 응결시키며 내재 속에 갇혀 있기를 요구당한다.

위 내용은 제1의 성性은 남성이고 제2의 성은 주체인 남성의 대상으로 존재하기 때문에 여성은 타자일 뿐이라는 뜻이다. 보부아르의 이런 인식은 실존주의 철학의 바탕에서 출발하였다. 제2차 대전의 전후에 세계의 사람들은 불안과 절망 속에서 인간 존재와 인간적 현실의 의미를 찾기 시작하였다. 이에 19세기의 합리주의적 관념론이나 실증주의實證主義에 반대하여, 개인으로서의 인간의 주체적 존재성을 강조하는 철학으로 실존주의實存主義, existentialism가 등장하였다.

사르트르(Jean Paul Sartre, 1905~1980)는 1930년대 인간 주체성을 강조하는 새로운 철학을 주창하고 "실존에 의해 그 본질을 결정해 가는 존재는 자유로운 존재이므로 실존의 본질은 자유라고 할 수 있다."고 하였다. 평생 학문적 동지로 그의 영향을 받은 보부아르는 자율적 주체성으로 참다운 자기실현을 성취하기 위한 이론을 여성 문제에 적용하였다고 볼 수 있다.

보부아르의 "여성은 태어나는 것이 아니라 만들어졌다."라는 유명한 선언은 가부장적 전통이 강한 프랑스에 논란과 파문을 일으켰으며 세계의 주목을 받았다.

『제2의 성』은 1960년대 페미니즘feminism 이론의 사상적 배경이 되었으며 현대 여성해방 운동을 주도한 베티 프리던(Betty Friedan, 1921~2006)의 『여성의 신비The Feminine Mystique』(1963)에 영향을 끼친 것으로 알려졌다.

『제2의 성』은 2권으로 돼 있으며, 1권의 부제는 「사실事實과 신화」, 2권의 부제는 「체험體驗」이다. 먼저 여성들이 차별받는 타자가 된 원인에 대해 고찰하였다.

여성의 육체적 특징은 사회적, 문화적으로 만들어졌다

1권의 1부 '숙명宿命'에서 생물학적 결과로 인식되어온 여성의 육체적 특징들이 사실은 경험 이전의 것으로 주어진 것이 아니라 사회적, 문화적으로 만들어진 결과라고 말한다. 보다 구체적으로 말하자면 그녀는 여성을 타자의 위치 속에 가두어온 가부장적 이데올로기에 의해 여성이 자신의 육체를 남의 육체에 비해 연약하고 열등하고 무능력한 것으로 인식하게 되었다고 주장하고 있다. 여성이 주체가 아닌 타자로 존재했던 배경을 생물학적 결정론에서 찾는 논리를 비판하기 위한 것이다. 남녀는 신체적이거나 생리적인 것이 다르며 이러한 차이는 본질적인 것이라는 기존의 관념을 비판하였다.

한편 여성이 타자의 지위에서 해방되기 위해서는 "여성을 공동체의 재생산기능으로 환원시키는 모성적인 몸의 숙명에서 벗어나야 한다. 따라서 결혼이 여성의 자유를 구속하는 현실에서 결혼은 부정되어야한다. 또한 남성들과 동등한 권리를 누리기 위해서는 노동을 통한 경제적 자립부터 확보해야 한다."고 강조하였다. 여성의 출산이 경제적 자립을 위태롭게 한다며 여성 문제에서 경제력을 중요하게 보았다.

보부아르는 실제로 사르트르와 평생 계약 결혼의 상태로 살았지만 각자 따로 살았고 아이를 낳지도 않았다. 결혼과 출산은 개인의 선택이지만 국가 운영의 관점에서 본다면 심각한 사회 문제가 발생하는 일이다. 여성이 주체적 삶을 살기 위해 경제력의 독립이 필요하다는 사실은 현대 사회에서는 당연한 사실로 인식되고 있다.

2부 '역사'에서는 유목민들, 토지의 경작인들, 고대에서 중세로 18세기 프랑스까지의 여성 지위를 살펴보았다.

남성이 만든 여성의 신화에 대한 비판

3부 '신화神話'는 몽테를랑(1896~1972), D.H.로렌스(1885~1930), 클로델(1868~1955), 브르통(1896~1966), 스탕달(1783~1842)의 다섯 작가들 작품에 나타난 남성 영웅주의와 여성혐오, 신의 세계에서의 여성 숭배와 인간 세계에서의 여성 비하 등을 여성 신화라고 비판하였다.

보부아르는 남성이 여성을 사회적 타자로 만들기 위해 여성다움의 '신화神話'를 구축했다고 보았다. '잠자는 숲 속의 미녀', '영웅적인 어머니' 등이 이 신화의 내용을 이룬다. 여성은 수동적이고, 부드럽고, 베푸는 성격을 소유하면서 동시에 요부의 이미지도 가져야 한다. '여성의 신화'는 여성이 아내, 어머니, 연인, 첩, 매춘부라는 사회적 역할을 수행하도록 만들기 위한 것이다.

보부아르는 사회가 만들어 놓은 여성다움의 신화에 대한 비판을 하면서 동시에 여성들이 스스로 이 신화를 받아들인다는 점도 비판한다. 보부아르는 여성들이 자신의 '타자성'을 비극적으로 수용하는 '여성의 신비'로 가득 차 있다고 말한다. 그리고 여성다움의 신화와 여성을 이상화하는 남성 가부장제의 희생자인 여성들이 그 신화를 내면화하고 그것을 받아들임으로써 가부장제에 공모한다는 사실을 지적하고 있으며, 여성들이 공모하는 이유는 여성이 주체가 될 수 있는 수단을 갖고 있지 않기 때문이라고 주장한다. 또한 여성의 '뿌리 깊은 공모'는 여성들이 '타자'의 역할 속에서 만족하고 자기가 주체가 되기를 요구하지 않기 때문이라고 주장한다.

그리고 여성은 자기를 확립하려는 모든 주체의 기본적인 요구와, 여성을 비본질적인 것으로 형성하려는 상황의 요구 사이에서 갈등을 일으킨다고 생각하여 여성들이 주체로의 의지를 세워야 함을 강조한다. 이것을 위해서는 남성들 사이에서 분산되어 살아가는 여성들에게 '우리'라고 할 수 있는 연대가 필요하다고 제안한다.

2권은 1부 '형성形成', 2부 '상황狀況', 3부 '정당화正當化', 4부 '해방解放'으로 구성됐다. 가부장제 사회에서 여성의 삶은 유년기부터 사춘기를 거쳐 결혼이라는 생존 수단을 선택한다. 전쟁, 사형, 종교 재판에서는 성인의 살인을 묵인하면서 교회는 낙태를 금지한다. 불법적인 낙태로 인하여 무수한 여성이 죽거나 병으로 고생한다. 결혼이 낳은 필연적 결과는 매음賣淫이며 매춘부는 속죄양이다.

그런 의미에서 보부아르는 육체가 한 개인이 처한 '상황의 표현'에 다름 아니라고 말한다. 이러한 육체 개념에 기반을 두어 보부아르는 여성의 육체가 가부장적 사회 속에서 여성이 처한 비본질적인 절대적 타자로서의 상황을 표현하고 있다고 말한다. 이러한 맥락에서 보부아르는 "여성은 남성처럼 자신의 육체이지만, 여성으로 하여금 자신의 육체를 남성적 욕망에 순응하는 타자의 상황으로서만 경험하게 함으로써 그녀를 자신의 육체로부터 마저 소외시키고 있는 가부장적 사회 속에서 그녀의 육체는 그녀 자신과 다르다."고 주장한다.

3부에서는 여성들이 억압적 상황에서 스스로를 정당화하는 방식을 다룬다. 나르시시즘, 연애와 사랑으로의 자기 포기를 꿈꾸는 여성들은 신앙에 가까울 정도의 사랑과 애착을 보여준다. 그러나 이 자기 포기가 추구하는 것은 '자기 구제'이자 '자기 정당화'이다.

4부에서 해방을 위한 노력은 그녀의 삶의 조건을 결정하는 여성적 상황에 대한 거부와 저항에서 시작된다. 여성이 자유인으로 산다는 것은 그녀의 내면에 뿌리박힌 타자성, 객체성, 종속성으로부터의 독립을 의미한다. 따라서 여성이 종속적인 지위에서 벗어나기 위해서는 사회적 제도적 여건을 개선하는 것도 중요하지만 무엇보다 독립된 주체로서 주어진 상황을 초월하려는 여성의 노력이 필요하다.

프로이트의 거세 콤플렉스와 남근선망에 대한 비판

보부아르는 프로이트의 정신분석학 중 '거세去勢 콤플렉스castration complex'와 '남근선망男根羨望'에 대해 비판했다. 거세 콤플렉스는 심리성적 발달 단계의 남근기에 성기 영역이 성적 흥미와 자극 그리고 흥분의 초점이 되는 시기다. 이때 아동에게 남근이 주된 관심이 되는데, 남아와 달리 여아는 자신의 신체 부위에서 남근이 없다는 것을 인식하게 된다. 이에 대해 열등감을 느끼고 그 결과 남근선망男根羨望, penis envy 현상이 나타난다는 것이다. 이에 대해 보부아르는 여성이 남성 성기를 선망한다면 그 이유는 "남근 자체를 원해서가 아니라 사회가 남성에게 부여한 물질적이고 심리적인 특권을 갈망하기 때문"이라고 지적하였다. 남성 성기가 없어서 타자가 되는 것이 아니라 권력이 없기 때문이라고 비판하였다. 이는 라캉이 페니스penis와 팔루스Phallus를 구분한 것과 같은 맥락으로 보인다. 라캉은 페니스penis는 실제 남자 성기를 가리킬 때 사용하고 팔루스는 이 성기의 상상적, 상징적 기능을 가리킨다고 보았다.

한편 보부아르는 자본주의적 계급 사회가 여성 문제의 핵심이라고 한 마르크스의 사적 유물론historical materialism도 비판했다. 사적 유물론은 생산력과 생산관계의 통일개념인 생산양식에 의해 인류 역사를 구분하였다. 보부아르는 남성과 여성이라는 성性이 계급적이라고 보았기 때문이다.

『제2의 성』은 역사 속에서 남성이 주체가 되어 가부장제를 확립하고 여성을 억압한 배경에 대해 실존주의 철학에서 여성의 존재론을 전개하였다.

오늘날 여성의 인권이 법적, 사회적으로 보장되고 양성평등 사회가 실현되는 현실에는 보부아르가 제기한 "여성은 어떤 존재인가?"라는 명제가 이정표 역할을 한 것임에 분명하다. "실존은 본질에 앞선다."는 사르트르의 말은 당연히 여성에게도 해당되는 것이다.

『털 없는 원숭이The Naked Ape』

- 성적으로 진화한 인간에 대한 고찰 -

『털 없는 원숭이The Naked Ape』는 영국의 데스몬드 모리스(Desmond Morris, 1928~)가 인간을 동물학적 관점에서 연구한 책이다. 털 없는 원숭이는 인류를 뜻한다. 지구상에 193종의 원숭이와 유인원 중 유일하게 털이 없는 원숭이가 '호모사피엔스Homo sapiens'라는 별종이라고 보았다.

호모사피엔스Homosapiens는 현생인류現生人類를 의미하며 스웨덴의 생물학자 린네(Linné,Carl von, 1707~1778)가 인간을 호모 사피엔스라고 명명하면서 다른 유인원들과 달리 인간의 특징을 '사피엔스'라고 이름을 지었다. 그는 인간을 동식물과 구별되는 특별한 존재가 아니라 '호모Homo'라는 새로운 범주에 편입시켰다. 이 범주에는 다른 유인원들, 즉 원숭이와 침팬지가 속해 있다. 사피엔스는 '지혜'를 의미하는 라틴어 '사피엔치아

sapientia'에서 파생했다. 원래 '맛보다, 경험하다, 지혜롭게 된다, 알다'라는 의미이다. 달리 말하면 호모사피엔스는 '지혜로운 원숭이'라는 뜻으로 해석할 수 있다.

데스몬드 모리스는 호모사피엔스가 왜 털이 없어졌으며 어떤 식으로 환경에 적응하면서 진화해 왔는가를 통해서 인간 본성에 대한 새로운 고찰을 하였다. 그리고 그 결론은 인간은 성적으로 진화해 왔다고 밝히고 있다.

『털 없는 원숭이The Naked Ape』는 총 8장으로 구성되어 기원Origins, 짝짓기Sex, 기르기Rearing, 모험심Exploration, 싸움Fighting, 먹기Feeding, 몸손질Comfort, 다른 동물Animals과의 관계에 대해 설명하였다. 여기서는 기원과 짝짓기를 중심으로 소개하기로 한다.

털을 벗은 지혜로운 원숭이, 호모사피엔스Homo sapiens

1장 기원에서 인간은 왜 털을 벗어야만 했을까를 진화론의 관점에서 밝히고 있다.

털 없는 원숭이가 속해 있는 영장류는 원래 원시적인 식충류食蟲類에서 생겨났다. 이 초기의 포유류는 안전한 숲속을 성급하게 뛰어다니는 조그맣고 하찮은 동물이었고, 동물 세계를 지배하는 것은 거대한 파충류였다. 그런데 8,000만~5,000만 년 전에 파충류 시대가 무너진 뒤, 곤충을 잡아먹는 이 작은 동물들은 위험을 무릅쓰고 새로운 영토로 과감하게 진출하기 시작했고, 그들은 그곳에 널리 흩어져 수많은 이상한 모양으로 진화했다. 곤충만 먹던 식충류는 먹이의 범위를 넓히기 시작하여 과일과 견과류, 딸기류, 식물의 싹과 나뭇잎을 소화하는 문제를 해결해 나갔다. 이들이 가장 열등한 형태의 영장류로 진화하자, 눈이 얼굴 앞쪽으로 나오면서 시력이 좋아졌고, 두 손은 먹이를 잡는 도구로 발전했다. 3차원적인 시야와 마음대로 조종할 수 있는 팔다리를 갖게 된 이 동물은 두뇌가 커지면서 숲속의 세계를 지배하게 되었다.

3,500만~2,500만 년 전에 이 조상 원숭이는 어느덧 진짜 원숭이로 진화하기 시작했다.

그들은 숲에서 평화롭게 지냈다. 그런데 약 1,500만 년 전에는 그들의 본거지인 숲이 크게 줄어들었다. 그들 이외에 살아남은 유일한 유인원 '털 없는 원숭이'의 조상들은 숲을 떠나, 이미 오래전부터 땅 위에서의 삶에 효율적으로 적응한 동물들과의 경쟁에 뛰어들었다. 유인원들은 이미 크고 발달한 두뇌를 갖고 있었고 영장류이기 때문에 어느 정도의 사회 조직도 갖고 있었다. 직립 보행과 함께 손에 무기를 들게 되었다. 다음 단계는 연장을 사용하는 동물에서 연장을 만드는 동물로 진화한 것이었다. 그리고 이 발전과 더불어, 무기만이 아니라 사회적 협동이라는 측면에서도 사냥 기술이 향상되었다. 날이 갈수록 복잡한 작전이 개발되었고, 그에 따라 두뇌도 계속 발달했다. 이것은 본질적으로 수컷의 사냥 집단이었다.

숲속의 원숭이는 땅 위로 내려와 지상 원숭이가 되었고, 지상 원숭이는 사냥하는 원숭이가 되었으며, 사냥꾼 원숭이는 영역을 가진 원숭이가 되었고, 이 원숭이는 다시 문화적 원숭이가 되었다. 그러면 '왜 털을 벗었을까?'라는 문제에 대해 데스몬드 모리스는 다음 가설을 중요하게 보았다.

사냥감을 추격하는 일은 매우 중요했기 때문에 아무리 힘들어도 견뎌 낼 수밖에 없었지만, 그 과정에서 그의 체온은 상당히 올라갔을 것이다. 이런 과열 상태를 줄여야 할 필요성은 절박했고, 아무리 사소한 개선이라도 바람직했을 것이다. 비록 그것이 다른 측면에서는 상당한 희생을 의미한다 해도, 그는 체온을 내리기 위한 조치를 취할 수밖에 없었다. 그의 생존은 바로 거기에 달려 있었다. 이것이야말로 털을 갖고 있던 사냥하는 원숭이가 털 없는 원숭이로 바뀌는 데 작용한 커다란 요인이다. 사냥이 그들의 새로운 생활 방식에 가장 중요한 측면이었다는 점을 기억하면, 털이 줄어든 대신 땀구멍과 피하지방층이 늘어난 것도 꼭 필요한 변화였다고 보았다.

털 없는 원숭이는
모든 영장류 가운데 가장 성적인 동물

먼저, 우리 인류의 성적 행동의 세 가지 독특한 단계를 설명하고, 다양한 성적 반응과 독특한 신체 기관에 대해 설명하고 있다.

영장류에 속하는 다른 동물들과는 달리, 인간의 성적 행동은 짝짓기 단계와 성교 이전 단계, 그리고 성교하는 단계 이렇게 세 가지 독특한 단계를 거쳐 이루어진다.

짝짓기 단계는 흔히 구애라고 부르는 것으로 주로 눈과 목소리에 관심을 표현하는 단계라고 한다. 또한 이 단계에서는 수평 자세를 채택하는 경우가 놀랄 만큼 늘어나는데 이로 인해 상대방을 자극하기 위한 방책으로 뒤에 있던 엉덩이와 같은 성적 자극이 앞모습의 가슴, 입술과 같은 성적 자극으로 진화되었다는 주장이다.

한편 남자와 여자가 성적으로 흥분했을 때 일어나는 성적 반응에 대해서 데스몬드 모리스는 여자와 남자의 신체에서 특징적인 반응을 구별하여 제시하고 연령에 따른 차이를 설명하였다. 한마디로 우리 인간의 성행위는 어떤 영장류보다도 훨씬 격렬하다는 것이다. 원숭이나 유인원의 암컷의 발정기는 대개 한 달에 1주일 정도밖에 지속되지 않고 하등 포유류에 비하면 상당히 진보된 것이다. 반면에 인간 여자는 언제든지 남자의 페니스를 받아들일 수 있다.

털 없는 원숭이는 모든 영장류 가운데 가장 성적인 동물이다. 그 이유로 6가지를 들었다. 첫째, 생존을 위해 사냥을 한 것. 둘째, 우수한 두뇌의 필요성. 셋째, 어린 시절의 연장. 넷째, 암컷의 새끼 양육. 다섯째, 수컷들의 협력. 여섯째, 직립 보행과 무기 사용이다. 이런 변화가 오늘날 우리 인간의 복잡한 성적 행동을 이루는 데 반드시 필요한 요소들이라는 주장이다. 그리고 수컷은 사냥하러 떠날 때 암컷의 정절을 지킬 확신이 필요했다. 또한 새끼의 긴 양육 기간은 수컷과 암컷에게 부모의 의무를 분담해야 했다. 이것도 강력한 한 쌍의 암수 관계를 맺어야 할 또 하나의 좋은 이유였다.

털 없는 원숭이는 사랑에 빠지고 한 쌍의 암수 관계를 발전시키는 능력을 개발해야 했다. 사랑을 유지하는 가장 간단하고 가장 직접적인 방법은 암수의 성행위를 보다 복잡하고 더욱 보람 있게 만드는 것이었다. 다시 말하면 섹스를 더욱 섹시하게 만드는 것이다. 그리하여 성적 신호와 성감대는 신체 앞부분에 집중하게 되었고, 정상 체위는 생물학적으로 기본적인 성교 자세가 되었다. 또한 젖가슴은 유혹기관이었던 엉덩이가 자기 모방을 거쳐 변형된 것이다. 선홍색의 입술과 우뚝 솟은 코는 남녀 성기의 2차적 상징이라는 것이다. 또한 영장류 가운데 오직 인간 여자만이 오르가즘을 느낀다는 사실은 남자가 어떤 영장류보다도 큰 페니스를 갖고 있는 이유를 설명해 줄 수 있다고 하였다.

한편 성행위에 관해서는 번식이라는 관점에서 볼 때 수도승이 변종이 아니듯 적극적인 동성연애자도 변종은 아니라는 사실을 깨달아야 한다고 주장하였다. 또 아무리 변태적인 성행위라도 부부 사이에서 생식이 이루어지도록 도와준다면 생물학적 관점에서는 가장 타당하고 용납할 수 있다는 것이다.

『털 없는 원숭이The Naked Ape』는 인간의 본능과 행태가 어떤 과정을 통해 이루어졌는가를 진화론의 입장에서 저술한 것이다. 특히 인간의 성적 행동의 의미와 성적 보상 그리고 금기 속으로 들어간 성에 대한 대목은 인간의 성에 대한 새로운 시각을 제공한 것이라 생각한다.

07

『성 정치학Sexual Politics』

- 남녀의 섹스 관계도 정치적이다 -

케이트 밀레트(Kate Millett, 1934~2017)의 『성 정치학Sexual Politics』은 1970
년에 초판이 출판된 이후 페미니즘 문학 비평의 첫 장을 연 역사적인 저술
이라는 평가를 받았다.

밀레트는 정치학politics을 권력 구조의 관계라고 정의한다. 그런데 사
적인 영역에 속하는 남성과 여성의 성性에서도 남성이 여성을 지배하는
권력 구조를 갖고 있고 남성에게 권력이 집중된 부권제 사회에서 남성과
여성의 관계는 근본적으로 그 성격이 정치적일 수밖에 없다는 것이 책 제
목을 '성 정치학'으로 붙인 이유이다.

그런데 그 지배의 구조는 가부장제家父長制로 이는 인간의 문화가 인위
적으로 만들어 놓은 삶의 양식이라고 하였고, "가부장제의 위험과 억압은

쉽게 사라지지 않을 것이다."고 밝혔다.

그녀의 '개인적인 것이 정치적이다(The Personal is Political)'라는 주장은 제 2기 페미니즘 운동의 이론적, 철학적 토대를 제공할 수 있었다.

밀레트는 1부에서 성 정치학의 사례들과 성 정치학의 이론을 분석하였고, 2부는 역사적 배경으로 성 혁명이 시작된 1830년부터 1960년대를 고찰하였다. 3부는 문학적 고찰로 D.H. 로렌스(David Herbert Lawrence, 1885~1930), 헨리 밀러(Henry Miller, 1891~1980), 노먼 메일러(Norman Mailer, 1923~2007), 장 주네(Jean Genet, 1920~1986) 등 남성 작가들의 작품들을 페미니즘의 시각에서 비판하였다.

먼저 『성 정치학Sexual Politics』의 시대적 배경을 살펴보기로 한다.

서구 여성들의 정치적 활동은 참정권 운동에서 시작되어 우여곡절 끝에 1920년에 여성의 선거권이 보장되었다. 그 후 1960년대 흑인 민권운동, 학생들의 반전 운동의 여파 속에 여성들도 자신의 정체성에 대한 자각을 하게 되었다. 백인의 흑인 차별에 대한 인권 주장과 베트남 전쟁 Vietnam War(베트남 통일과정에 미국이 개입한 전쟁)에 반대하는 운동은 청년들이 중심이 되었고 여성의 주체성을 확립시키기 위한 운동으로 확산되었다.

1963년에 출판된 베티 프리던(Betty Friedan, 1921~2006)의 『여성의 신비The Feminine Mystique』는 제2기 여성 운동의 출발점을 알리는 신호탄이었다. 밀레트도 이 책의 영향을 받았다고 하였다. 이 책은 성공한 남편에게 사랑받고 사랑스러운 자식을 둔 어머니의 삶이 행복한 것이 아니며 소외된 존재임을 폭로하는 내용이었다.

오늘날 가부장제는 가정의 해체라는 현실 속에서 소멸된 것처럼 보이나 여전히 사회 전반에 걸쳐 영향력이 남아있는 것도 사실이다.

『성 정치학Sexual Politics』에서 다룬 몇 가지를 소개하면 다음과 같다.

남녀 간의 섹스 관계도 정치적 이데올로기가 작동한다

밀레트는 섹스에 정치적 이데올로기의 힘이 개입되어 있다고 보았다. 그녀는 "성교는 지배력을 확인하는 작업이며 자신의 높은 계급을 알려주는 것이자, 항복하고 봉사하고 만족할 것이라고 생각되는 희생자를 통해 자신의 계급을 증명하는 작업일 수 있다."고 말한다. '성 역할'은 모든 활동을 대부분 남성들에게 귀속시키고, 여성에게는 제한된 역할만 부여한다. 이러한 성 역할의 할당에서 비롯된 '지위'의 차이는 뻔한 흐름으로 형성된다. 남성들은 우월한 지위를, 여성은 열등한 지위를 갖게 되는 것이다.

현대에 여전히 '성'의 영역을 지배하는 유서 깊은 구조는 살아있고, 억압은 계속되고 있다고 주장하였다.

밀레트는 결혼과 가족 제도에 수반되는 여성의 경제적 무능력, 성에 대한 이중 기준, 매춘, 성병, 어쩔 수 없이 하는 부모 노릇 등의 폐단을 지적하며, 따라서 가족과 결혼 제도는 '대체'되어야 한다고 생각하며 그 대안은 물론 가부장제를 근본적으로 제거하고 여성의 사회적, 경제적 자립을 가능케 하는 것이라고 하였다. 그런데 오늘날에 와서는 여성의 경제력과 사회적 지위의 상승이 가부장제가 붕괴되는 배경 중 하나로 보이니 시대가 많이 변화했다는 것을 실감하게 된다.

여자아이들은 남근男根의
사회적 권리를 부러워할 뿐이다

20세기에 모든 분야에 많은 영향을 끼친 프로이트의 성 이론에 따르면 여성은 남성과 달리 남근을 '결여'하고 있다는 데에서 유아기부터 열등감을 느낀다. 이따금씩 '남성적' 특성을 보이는 여성은 자신들의 운명을 받아들이지 못하는 어리석은 이들이며, 신경증을 자초하게 된다고 하였다. 이에 대해 밀레트는 프로이트가 여성의 생물학과, 사회적 상황의 산물인 여성의 지위를 구별하지 못하는 무능력을 보여주고 있다며 비판한다. 남녀의 불평등을 하나의 본능적인 심리적 구조로 고착시키는 '남근 선망'은 여성의 삶을 성과 생식生殖에 한정하려는 의도를 가지고 있다고 지적한다. 그러나 그녀는 남성과 여성의 특징은 문화적으로 조건화된 것이며, 가부장제 이데올로기에 의해 유지되는 양성의 정치적 관계에 근거한 것이라고 하였다.

밀레트는 일반적으로 프로이트 이론은 성적 자유를 향한 자유로운 충동의 전형으로 받아들여지며 섹슈얼리티에 대한 전통적 청교도주의의 금기를 완화하는 데 기여했다고 평가하였다.

성의 지배는 내면의 식민화를 정당화한다

성의 지배는 양성간의 체제를 통하여 가장 교묘한 형태의 '내면의 식민화'가 이루어져 왔다. 이는 그 어떤 형태의 인종 차별보다 강고하고, 그 어떤 형태의 계급 차별보다 완강하며, 더욱 획일적이고 분명 더 영속적인 경향을 지니고 있다.

성의 지배는 우리 문화에 가장 널리 만연해 있는 이데올로기이며, 가장 근본적인 권력 개념을 제공한다. 여성과 남성에게 성 역할을 할당하고 이것을 강화하는 이데올로기적 측면과 양성 간의 차이는 생물학에 부합하는 것이라는 주장은 허구적인 것이다.

여성의 지배를 영속화하는 가족이라는 사회적 작인, 계급적 측면, 법체계를 통해 정당화된 여성에 대한 폭력(이슬람 사회에서 성적으로 자율적인 여성에게 내려지는 사형선고, 간통한 여성을 돌로 쳐죽이는 아프가니스탄과 사우디아라비아, 간통한 아내를 처형하는 사무라이 문화)과 여성에 대한 성폭력(이유 없는 성폭력, 음핵 절제, 여성매매와 노예화), 여성의 신체적 특성(출산, 월경) 등을 터부시하여 여성을 열등한 집단으로 강등하는 인류학과 성경聖經은 가부장제 이데올로기를 내면화하도록 하여 남성에 대한 여성의 지배, 즉 성의 지배를 정당화한다.

성 역시 인종 문제처럼 타고난 것에 의해 정해진 정치적 조건이다. 양성 관계의 제도는 지배와 복종의 관계이며 교묘하고 견고하게 사회의 뼈대를 구성하고 있다. 제도로서의 부권제는 모든 곳에 침투되어 있는 동시에 아주 다양하게 나타난다.

또한 여성들은 부권제 이데올로기를 내면화하고 있다. 계급과 노동의 구분으로 이루어진 부권제적 혼인과 가정 형태, 성욕과 결부되는 죄악감을 여성에게 돌리기, 여성을 물건으로 취급하기, 여성의 자기 몸에 대한 권리 박탈, 여성의 소아성 유지, 남성 중심적 언어 등이 끊임없이 여성들에게 불공평한 자신에 대한 이미지를 주입하고 있다.

가부장제를 제거하고
가족과 결혼 제도는 대체해야 한다

가부장제 가족은 경제적 단위로서 '자유롭지 않은 구성원을 아버지의 권위로 흡수하는 것'을 본질로서 가지고 있다고 말한다. 가족 제도의 기능은 자녀의 생산뿐만 아니라 미성년자를 부권제적 이데올로기에 걸맞은 태도로 사회화하는 것이다.

가족 구성원이 아버지에게 경제적으로 예속되어 있는 가족 형태 하에서 결혼이란 매춘의 변형에 불과하다는 것이다. 엥겔스에 따르면 경제적 단위로서의 일부일처제 가족이 변화하지 않는다면, 여성 해방은 이루어질 수 없다. 그리고 그 변화는 여성이 완전히 평등하고 자율적인 관계로 경제 세계로 들어갈 수 있도록 하는 것을 의미한다. 밀레트는 결혼과 가족 제도에 수반되는 여성의 경제적 무능력, 성에 대한 이중 기준, 매춘, 성병, 어쩔 수 없이 하는 부모 노릇 등의 폐단을 지적하며 결혼과 가족을 바꾸어야 한다고 주장한다. 따라서 가족과 결혼 제도는 '대체'되어야 한다고 생각하며 그 대안은 물론 가부장제를 근본적으로 제거하고 여성의 사회적,

경제적 자립을 가능케 하는 것이라고 보았다.

밀레트가 주장한 성 혁명은 전통적 성적 금기를 끝내는 것이고 동성애와 사생아 출산, 청소년의 성행위, 혼전 성행위, 혼외정사 등에 대한 금기와 함께 매춘 또한 마찬가지로 사라져야 한다는 것이다.

성 혁명의 목표는 성적 자유에 대한 유일하고도 관대한 기준을 세우는 것이며 기준은 전통적 성적 관계가 보여주는 어리석고도 차취적인 경제적 기반에 오염되지 않아야 한다고 주장하였다.

남성의 우월함을 성적 지배로 표현한
남성 작가들의 허상

한편 밀레트는 D.H. 로렌스, 헨리 밀러, 노먼 메일러, 장 주네 등의 여러 작품을 통하여 여성을 어떻게 인식하고 있는지 공통적으로 가졌던 성 정치사상은 무엇인지를 분석하였다. 그들의 작품 속 남자 주인공들은 섹스 관계에서 여자를 지배하고 남성의 우월성을 강조하는 것이 정당하다는 논리를 투영시켰다고 보았다.

D.H. 로렌스(1885~1930)의 『채털리 부인의 연인』은 '남근 의식'의 또 다른 복음의 설파이며 여성의 수동성과 남성의 능동성을 주장하는 프로이트의 지시에 따른 것이라고 비판하였다. 밀레트는 『채털리 부인의 연인』에 나오는 문장을 인용하였다.

인간의 문명은 바닥없는 구렁으로, 지옥의 나락으로 굴러 떨어지고

말 것입니다. 그런데 그 파멸의 구렁을 건너게 해줄 유일한 다리가 있다면 그것은 오직 남근일 것입니다

그녀는 이 문장에 대해 불쾌한 비유이고 남근의 길이를 생각해 보면 그러한 미래가 그다지 가망 있어 보이지 않기 때문이라고 비판하였다.

다음으로 밀레트는 헨리 밀러(1891~1980)에 대해 그의 작품은 미국인의 성적 신경증(일명 노이로제)을 보여주는 해석서라 할 수 있고 밀러의 가치는 우리에게 그 고통을 정직하게 표현하고 극화했다는 데 있다고 보았다. 밀러는 여성을 단순한 음부cunt, 즉 물건, 상품, 물질로 바꿔놓았다는 것이다.

몸이 따로 놀도록 생명이 남녀를 갈라놓았다는 것을 보여준 뒤 "몸은 여자의 것이지만 음부는 네 것이야. 음부와 남근이 결혼한 거지"라고 설교한다.

- Miller, 『Sexcus』

우발적이고 순간적인 결합을 이런 식으로 규정하는 밀러는 성교의 완전한 비인격성을 보증해준다는 것이다. 그가 섹스에 대한 자신의 그 대부분이 '자기 해방'을 위한 시도였다고 해도 독살스러운 성차별주의는 쉽게 무시할 수 없는 사회적이고 심리적인 지식을 전달하는데 기여한다. 밀레트는 이 사실을 중요하다고 보았다.

밀레트는 성적 자유를 대변한다는 밀러에 대해 페미니즘의 관점에서 메스를 가했다고 보인다. 그러나 밀러 작품에 대한 밀레트의 해석은 여성주의에 편향된 것이라는 느낌이 들기 때문에 전적으로 동의하기는 어렵다.

다음으로 밀레트는 노먼 메일러(1923~2007)를 문학 저술가인 동시에 일종의 문화적 현상이라고 규정하면서 그의 작품들을 분석하였다.

메일러의 작품은 반동적 태도 뒤에 숨은 성적 증오심을 노골적 적개심으로 분출시킨다. 메일러의 작품에는 서로 다른 가면을 쓰고 있으나 계속해서 등장하는 인물이 있다. 사냥꾼, 군인, 상업적 예술가의 모습을 한 주인공들은 성적인 폭력을 지지한다. 그러다 『미국의 꿈』의 주인공 로잭은 독일군과의 전투에서 승리한 이후 살인만이 해소해줄 분노를 품게 된다. 32시간 만에 두 명의 백인 여성을 죽이고 한 명의 흑인 남성을 죽이게 된다.

> 나는 발밑에서 비열한 분노가 끓어오르는 것을 느꼈다. 그녀를 죽일 때의 행동이 너무 신사적이었으므로 증오를 제대로 간파하지 못했던 것 같았다… 나는 다시 위로 올라가 갈비뼈를 걷어차고, 뒤축으로 코를 으스러뜨리고, 구두 끝을 관자놀이에 박아 넣어 다시 그녀를 죽여버리고 싶었다. 이번에는 멋있게 제대로 죽이고 싶었다. 나는 이 욕망으로 몸서리를 치면서 거기서 있었다.
>
> —『미국의 꿈』 중에서

밀레트는 '죽이려는 욕망'이라는 표현은 성욕을 불러일으킨다고 하면서 메일러의 작품에 나타난 잔인성과 폭력성은 남성 공동체 문화의 억압된 동성애에서 나온다고 해석하였다. 메일러의 성적 독단론은 동성애를 살인보다 더 사악하다고 간주한다. 그 이유는 남성 커플이 가부장적 위계질서를 해칠 수 있다고 두려워했기 때문이라고 하였다. 밀레트는 메일러의 반동적 성 정치를 비판하면서 제2 성 혁명 속에서 가부장제 문화는 도전받을 것이라 전망했다.

밀레트는 현대 작가 중 유일하게 장 주네(19920~1986)가 여성을 억압당하는 집단이자 혁명적 힘으로 간주했고 스스로를 여성과 동일시하기를 선택했다고 평가하였다. 그의 특이한 이력과 빼앗긴 자들에 대한 분석은 작품 속에서 성적인 상황을 정치적 상황에 융합시키고 있다는 것이다. 장 주네는 파리에서 사생아로 태어나, 창부娼婦였던 어머니의 버림을 받고 위탁 가정에서 살다 절도죄로 소년원에 들어갔다. 그 후 탈옥하여 거지, 도둑, 남창男娼, 죄수 생활을 하면서 유럽 전역을 방황했다. 밀레트는 주네에 대해 사생아이자 버림받은 원죄에서 시작하여 동성애라는 부자연스러운 생활 방식으로 나아가 자신의 운명을 완결 지으려는 것이 논리적이라고 보았다.

주네는 메트레이 소년원에서 동성애의 여성 역할을 통해 힘과 폭력과 허세에 찬 남성적 멸시에 지배당하는 경험을 갖게 되었다고 알려져 있다.

『발코니』에서는 권력과 성을, 『흑인들』에서는 인종과 성을, 『병풍』에서는 식민지 사고방식과 성적 서열을 융합한다. 주네는 여성을 급진적 사회 격변에 포함시키며 그 속에서 여성의 오랜 종속은 폭발적 힘을 낳을 수 있다고 보았다. 밀레트는 주네의 동성애 성 정치학이 동성애라는 금기에 저항하는 것에 주목을 하였다.

『흑인들』은 억압의 정치학과 심리학에 대한 주네의 해석에서 하나의 전환점이 되는 작품이라 평가했다. 패배주의적 자기혐오에서 벗어나 존엄성과 자기 정의로 한걸음 더 나아간 것이며 가자 두려운 혁명적 열정을 여성에게 설정하였다.

밀레트는 책 후기에서 자신의 신념을 다음과 같이 밝혔다.

삶의 질을 실질적으로 변화시키는 일은 인격을 변화시키는 것이다. 이는 인류를 성적 사회적 범주와 횡포와 성적 고정 관념에의 순응에서 해방하지 않고서는 이루어질 수 없다. 인종적 신분 계급과 경제 계급을 폐지하는 일 역시 마찬가지이다.

『성 정치학Sexual Politics』은 성을 권력의 관점에서 보았으니 역사는 여성과 남성이 두 축으로 이루어진 수레바퀴로 굴러왔다는 사실을 상기할 필요가 있다.

21세기에 양성평등이 이루어졌다고 하는 현재까지도 미투Me Too movement 운동과 많은 성 범죄의 대부분이 남성에 의한 폭력으로 성 소수자들에 대한 지독한 편견과 차별, 페미니즘에 대한 오해 등이 지속적으로 재생산되고 있는 배경은 무엇일까?

이 책은 그러한 질문에 대한 통찰력을 보여주는 지침서라 생각한다.

08

『성의 변증법

The Dialectic of Sex: The Case for Feminist Revolution 』

– '생물학적 가족의 압제'로부터의 자유 –

1970년에 출판한 『성의 변증법』은 미국 제2물결 여성주의의 선두주자였던 파이어스톤(Shulamith Firestone, 1945~2012)의 저서로 급진주의 페미니즘에 크게 이바지했고, 오늘날에도 여전히 영향력이 크다.

파이어스톤은 생물학적 성적 이분, 특히 재생산에서의 노동의 생물학적 분업이 남성 지배와 경제적 계급 착취, 인종주의, 제국주의, 생태적 무책임의 근본적 원인이라고 주장하였다. 성적 불평등은 기록된 역사를 넘어 동물의 시대로 거슬러 올라가는 억압이며, 광범위하고 필연적이나, 현재는 불평등의 제거를 가능하게 하고 인류의 생존을 위해 필요하게 하는 문화적 기술적 기반이 존재한다고 주장하였다

억압의 주체인 가부장제를 철폐한 이후 과연 어디로 나아갈 것인가를 급

진적으로 제시했다는 점에서 다른 여성주의 이론과 차별이 된다고 본다.

파이어스톤은 역사와 차별의 역사적 전개 과정을 살펴봐야 한다고 주장하면서 이내 성차별은 역사적인 것이 아니라 오히려 생물학적인 것이며 심지어 동물계에도 존재하므로 역사를 살펴본다고 그것을 설명할 수는 없다고 힘주어 강조한다.

책의 구성은 1장 성의 변증법, 2장 미국의 페미니즘, 3장 프로이트주의: 오도된 페미니즘, 4장 아동기를 없애자, 5장 인종 차별주의: 남성가족의 성차별주의, 6장 사랑, 7장 로맨스 문화, 8장 (남성)문화, 9장 문화사의 변증법, 10장 궁극의 혁명: 요구와 사변으로 이루어져 있다. 여기서는 파이어스톤의 주장 중 중요한 내용을 소개하기로 한다.

여성 억압은 생식 기능의 차이에 근본 원인이 있다

기존의 복잡한 설명들과는 달리, 여성 억압은 남녀가 생물학적으로 서로 다른 조건을 갖고 있다는 데 근본적인 원인이 있다고 가정한다. 그러나 인류는 자연의 섭리를 철폐할 수 있으며, 궁극적으로는 여성과 아동들을 그 생물학적 의존 상태에서 해방시키는 길을 지향할 수 있다. 이를 위해 마르크스주의의 역사적 유물론을 방법론적 틀로서 차용하되, 이를 더욱 발전시키고자 한다.

파이어스톤은 성적 계급은 생물학적 현실로부터 직접 발생했다. 남성과 여성이 다르게 만들어졌고 평등하지 않다. 생식 기능의 차이가 그렇게 만든 것이다. 생물학적 가족은 본질적으로 불평등한 힘의 분배가 내재되어 있다. 이러한 생물학적 현실로부터 개인의 성 심리가 형성되고 힘이 균형을 이루지 못하는 상태에서는 권력에 대한 욕구가 생기고 이것이 계급의 발전을 이끈다는 것이다.

페미니스트 혁명의 최종 목적은 남성 특권의 철폐뿐만 아니라 성 구분 자체를 철폐하는 것이어야 한다. 인간 존재 사이에 생식기의 차이는 문화적으로 더 이상 중요하지 않을 것이다.

프로이트의 오이디푸스 콤플렉스와 가부장제 핵가족

20세기 초에는 사회적 정치적 사고를 함에 있어서 문학적 예술적 문화에서 섹슈얼리티, 결혼, 가족, 여성의 역할에 관한 관념이 동요를 일으켰고 프로이트주의는 하나의 문화적 산물에 불과했다. 프로이트 이론의 중요 개념인 오이디푸스 콤플렉스에 대해 분석하였다. 오이디푸스 콤플렉스Oedipus complex는 남자아이가 그의 어머니를 성적으로 소유하고자 하고, 그의 아버지를 죽이고자 하고, 아버지에 의한 거세의 공포가 그로 하여금 그 소망을 억압하게 한다는 것이다. 프로이트의 『꿈의 해석』에 나오는 개념이다.

파이어스톤은 오이디푸스 콤플렉스가 권력의 측면에서 완전한 의미를 갖는다고 보았다. 그것이 뚜렷하게 나타나는 가부장제 핵가족에 대해 설

오이디푸스의 수수께끼에 대한
장 오귀스트 도미니크 앵그르의 그림
1806년경

명한다. 핵가족은 아버지, 어머니, 아들이라는 동일한 의존성의 삼각관계
를 본질적으로 재생산한다는 사실이 중요하다고 보았다. 아버지는 가족
을 부양함으로써 권리가 완성되고 아이는 처음부터 권력의 위계질서에
민감하다는 것이다.

한편 여아의 엘렉트라 콤플렉스Electra complex는 역전된 오이디푸스
콤플렉스라고 보았다. 여아가 처음에는 어머니에게 일체감을 느끼지만
다섯 살 쯤 여아는 자신이 남근을 갖지 않아 거세되었다고 느끼기 시작한
다. 그래서 그에 대한 적대감 때문에 어머니와의 경쟁심을 발전시킨다. 그
리고 아버지에 대한 성적 욕망을 품게 되고 그와 함께 아버지의 자유를 갈
망하지만, 끝내는 자신의 성적 욕망을 억제하면서 어머니와 함께 그들의

열등한 지위를 받아들이게 된다는 것이다.

파이어스톤은 페미니즘의 분석을 통하여 프로이트주의의 전체 구조는 동성애나 억압적인 근친상간 금기가 가족에 의해 만들어진 권력 심리의 징후로 이해할 수 있다는 것이다.

남성의 동성애는 아이가 다섯 살이나 여섯 살 때 '어머니 중심'으로부터 '아버지 중심'으로 이행하는 것을 거부함으로써 생길 수도 있는데, 이는 종종 어머니에 대한 진정한 사랑과 아버지에 대한 경멸에서 발생한다. 우리 시대의 동성애자들은 가족에서 발전한 왜곡된 성적 제도의 극단적인 희생자들일 뿐이다.

파이어스톤은 동성애가 가족 내 성차별의 결과이므로 '가부장제' 가족의 파괴와 페미니스트 혁명에 뒤이어 사라질 것이라고 전망하였다.

아동기 숭배는 아동에 대한 또 다른 억압이다

파이어스톤은 현대 사회에서 가부장제가 작동하는 방식들 중 하나가 바로 아동기 숭배(cult of childhood)라고 하였다. 마치 여성들을 연약하고 부서질 것 같은 귀한 존재로 여기며 보호해주는 것이 하나의 억압이 될 수 있듯이, 어린이들을 마찬가지로 아껴주려는 것 자체가 또 다른 억압이라는 것이다. 그리고 중세 시대에는 아동기 같은 것이 없었고 아이들에 대한 중세의 관점은 현재와는 달랐다고 한다.

그녀는 중세 시대 어린이들의 삶으로 회귀할 것을 제시한다. 중세에는 가족 개념이 단지 법적인 상속권으로만 이해되었고, 가족의 범위도 시종들, 가신들, 음악가들, 동물들, 방문객들이 뒤엉키면서 그 경계가 매우 희박했으며, 근대적인 의미의 명확한 핵가족이라기보다는 공동체적인 삶에 가까웠다고 말한다. 그러다가 17세기에 본격적으로 변화가 시작되어 간신히 아기나 어린이답다는 표현들이 만들어졌고, 어린이용 장난감도 17세기 말에 대중화되었으며, 예술 작품에도 흔히 성모 마리아와 아기 예수가 함께 등장하는 구도가 확산되면서 모성애와 부모자녀 간 유대감이 문화적으로 '발견' 되었다고 한다.

파이어스톤은 자본주의 아래 가족과 아동을 이해하는 데 매우 중요한 것을 언급한다.

현대의 아동기를 이해하게 하는 핵심 단어는 행복이다... 자녀에게 기념할 만한 아동기를 주는 것이 모든 부모의 의무이다... 이것이 아이가 자라서 그의 아버지와 같은 로봇이 되었을 때 기억할 황금시대이다. 따라서 모든 아버지는 가장 영광스러운 시기였어야 할 아동기에 자신이 가지지 못했던 것이라면 무엇이든 아들에게 주려고 노력한다.

이런 것이 행복의 신화를 위한 보호막으로 사회의 나머지로부터 계속해서 엄격하게 분리시키는 것이라 비판하였다. 또한 아동들이 경험하는 억압은 신체적, 경제적, 성적, 가족적, 교육적으로 다양하며, 여성성과 아동기 자체의 조건들을 완전히 제거하는 것이어야 한다.

그녀는 가부장적 사회가 이를 위해서 근대적 공교육 제도를 형성했다고 말한다.

어린이에 대한 억압은 그들이 육체적으로, 경제적으로 어른에 의존할 수밖에 없는 사실과 강요된 무성성, 가족 심리구조에서 기인한다. 학교는 억압에 순응하도록 학습한다. 이런 모든 제도는 가부장적 억압을 위해 작동하는 것이다. 학교는 사회적 입문의 관문이 되도록, 진정한 남성을 만들어주기 위해 정립된 사회화 제도이며, 실제로 도움이 되는 지식의 전수보다는 훈육과 감시에 초점을 맞춘다는 것이다.

인종 차별주의는 성차별주의가 확장된 것

'성은 계급'이라고 선언한 파이어스톤은 "인종 차별주의는 성차별주의가 확장된 것"이라고 말한다. 인종 차별주의 역시 가족의 권력 위계질서와의 관계에서만 완전하게 이해할 수 있다는 것이다. 성적 계급과 마찬가지로 인종, 생식적 차이는 불평등한 권력 분배에 기인할 때만 '문화적'으로 중요해진다.

백인 남성, 백인 여성, 흑인 남성, 흑인 여성의 권력 관계의 맨 위에 백인 남성이 있고 백인 여성과 흑인 모두 단지 '소유물'에 불과하다. 억압받는 백인 여성은 대개 백인 남성의 지배에 '사랑'이라는 이름으로 굴복하고 비참한 자아를 제거한다. 백인 여성은 때론 흑인 남성과 '억압'을 동일시하면서 '허위 계급의식'에 빠지기도 한다. 흑인 남성은 소유자인 백인 남성에 대한 증오로 소유물인 백인 여성을 욕망하는 양가적 감정에 놓인다. 흑인 여성은 백인 여성과 '피억압자의 유대'를 공유하지만 백인 남성의 아내와 정부라는 삼각관계에서 '분리 지배(좋은 여자-나쁜여자)'로 적대감을 키웠다.

가족은 해체되어야 하는 것으로 정의하는 파이어스톤은 "혁명은 오직 페미니스트 혁명가에 달려 있다."고 선언했다.

권력의 불평등 속에서
결혼과 핵가족은 바뀌어야 한다

파이어스톤은 오늘날 대중 매체와 일반인들의 연애에서 흔히 나타나는 여러 현상들에 대해서 매우 비판적이다. 오늘날 권력의 불평등이 존재하는 우리 사회에서, 사랑은 남성에 의한 여성의 이상화와 여성의 타산적 의존이라는 해를 끼친다. 이는 남성들은 사랑을 소유와 지배로, 여성들은 경제적 안정과 사회적 승인으로 제각기 이해했기 때문에 벌어지는 비극이라고 한다. 오늘날 사랑이라는 것은 어쩌면 출산보다도 훨씬 더 여성을 억압하는 주요 축이다.

여성의 계속되는 경제적 의존은 동등한 사람들 간의 건전한 사랑의 상황을 불가능하게 만드는 한편 에로티즘 여성의 열등성을 강화하는 낭만주의의 최고 단계에 불과하다. 남성들은 여성의 육체적 속성을 사유화해 여성을 정형화한다. 그래서 육체적 외형을 통해 개성을 표현하는 것이 기대된다. 그러나 에로티시즘의 진짜 문제는 정형화된 아름다움을 부정해야 하는 것이 아니라, 그 얼굴이 인간적인 방식으로 아름다운가 하는 것이다. 에로티시즘의 제거를 요구할 때 우리는 성적 기쁨과 흥분의 제거가 아니라 그것을 삶의 전 범위로 재확산시키도록 요구해야 하는 것이다.

여성은 결혼 후 사랑과 인정을 얻은 것이 아니라 단지 소유물 자격 possessorship과 통제된 삶을 얻었다고 할 수 있다. 결혼과 핵가족이라는 종래의 삶 자체를 바꾸는 게 가장 근본적인 해결책이라고 주장하였다.

가부장제 외 다른 삶의
양식을 위한 대안

파이어스톤은 대안으로서 인공생식과 인공 자궁, 인큐베이터 기술을 통해서 재생식의 문제가 여성을 비인간화하는 것이 아니라 도리어 인간 답게 만들어야 한다고 제시한다. 또한 자손들을 공동으로 양육하면서 가능한 한 가장 이른 나이부터 성인과 다름없이 다루어야 한다고 주장했다. 또한 여성과 아동들을 사회의 모든 면에 전면적으로 통합시켜야 하며, 성적으로 그들이 하고자 하는 대로 무엇이든 할 자유를 주어야 한다고 주장했다.

가부장제를 혁파하기 위해서 먼저 필요한 것은 가부장제 이외에 다른 삶의 양식이 대안으로서 존재한다는 것을 믿는 것이다. 그리고 문화는 상상을 현실로 구현하려는 시도로서 정의되며, 이때 상상을 대변하는 인문 예술의 흐름과, 현실을 대변하는 과학 기술의 흐름이 나누어진다. 인문 예술과 과학 기술은 서로 융합될 것이며, 이 문화적 혁명 후에는 모든 상상이 현실이 되고, 기존의 문화적 소산들은 필요 없어질 것이다.

파이어스톤의 주장은 급진적인 면이 있지만 가부장적 사회가 근대적 공교육 제도를 형성했다는 것, 인종 차별주의는 성차별주의가 확장되었다는 것, 남성들은 여성의 육체적 속성을 사유화한다는 것, 결혼과 핵가족이 바뀌어야 한다는 내용은 여전히 시대의 담론談論으로 생각해 볼 문제이다.

09

『섹스북Sex Book』

- 독일 청소년의 성교육을 위한 계몽서 -

독일의 사회학 박사인 귄터 아멘트(Gunter Amendt, 1939~)의 『섹스북Sex Book』은 30대 미혼 여성이며 직업인인 울리케, 그리고 이제 막 성년이 되려 하는 17세 소년 카이 우베의 대화와 함께 아멘트가 에이 선생이라는 이름으로 토론하는 부분으로 구성되었다. 1970년에 출간할 당시에는 성에 대해 진보적인 독일에서도 충격을 줄 정도였으나 오늘날 가장 뛰어난 성 계몽서로 알려졌다.

이 책의 특징은 목차가 없는데 일부러 만들지 않았다는 설명이 나온다.

울리케와 카이우베는 서로의 성 경험을 얘기하면서 카이우베가 궁금해하는 성에 대한 문제들을 울리케가 설명해주고 있다. 울리케는 여성으로 처음 월경을 시작할 때의 경험을 털어놓으면서 우리는 자신의 몸에 대해 너무나 모르고 지낸다고 한다.

　이런 대목이 남자인 카이우베에게는 여자의 몸을 이해할 수 있는 기회를 제공하는 것으로 보인다.

성 행동 양식을 결정하는 것은 사회적 영향이다

　우리의 성적 체험들이 생물학적 토대에 근거를 하고 있지만 우리에게 성적인 욕구를 일으키거나 욕구를 잠재우는 것, 또는 우리가 자유로움을 느끼거나 불안과 억압감을 느끼는 것 등은 사회적인 영향으로 우리의 성 행동 양식을 결정하는 것이다.

　아멘트는 어릴 때 부모님과 형제들에게 어떤 식의 관심과 애정을 받고 자랐느냐가 중요하고 사춘기의 체험도 중요하다고 말한다. '자신의 감정을 타인에게 전달하고 타인의 감정을 제대로 이해할 수 있는 능력'을 이 시기의 대인 관계를 통해 획득하기 때문이라고 한다. 또한 우리 신체의 생물학적 구조와 기능도 중요하지만 우리의 성장에 엄청난 영향을 끼치는 정치, 경제, 사회적인 조건들도 정확히 이해할 수 있어야 한다는 것이다. 울리케와 카이 우베가 나누는 대화는 자위自慰, masturbation onanism, 키스, 페팅petting(성적애무), 펠라치오fellatio(남성에게 하는 오랄 섹스) 첫 경험, 오르가즘orgasm(성적 쾌감의 흥분 상태), 임포텐스impotence(성적 불능), 피임약 복용의 문제, 에이즈acquired immune deficiency syndrome(후천성 면역 결핍증)와 콘돔,

동성애의 연애와 결혼, 임신 중절의 문제, 성도착증, 아빠들을 위한 출산 휴가, 결혼과 가정, 질투의 감정, 노년의 성 등 성에 관한 내용을 총망라하고 있다. 어떤 주제에 대해서는 의학적인 지식을 가지고 설명하고 동성애나 임신 중절, 결혼과 가정의 문제는 역사적인 사실과 자본주의 체제와 연관시켜 사회학적인 측면에서 알기 쉽게 풀어내었다. 예를 들면 '고래 잡는다'는 포경 수술包莖手術, Circumcision에 대한 설명에서 유대인과 이슬람교도들은 종교적인 의식으로 행해졌고, 근대의 청교도적 관습과 사고에서 근거를 찾을 수 있다. 18~19세기에 성을 죄악시하는 풍토 속에서 '자위행위의 위험'을 예방하는 처방으로 의사들이 포경 수술을 권했다는 것이다.

그리고 펠라티오를 설명하는 부분에서 입으로 페니스를 애무하든 여성의 성기를 혀로 핥든, 남녀가 동시에 하든 그런 것들은 모두 기호와 기분의 문제라고 보았다.

또한 성적인 장애는 신체적 질환과는 거리가 멀다고 하면서 즐겁고 만족스런 두 사람의 성관계에서 중요한 전제 조건은 두 사람이 서로를 이해하고 맞추어가는 '여유'라고 하였다. 아멘트의 주장 중 전제 조건에는 동의하지만 실제로 성적인 장애가 지속적으로 장기간 계속된다면 의학계에서는 중요한 질병이 된다고 보았다. 그렇지 않다면 비아그라Viagra가 '고개 숙인 남성'의 비상 약품이 되지 않았을 것이다.

한편 콘돔 사용에 대해 연습해서 익숙해지면 쾌감을 느끼는 데 문제가 없고 안전하다고 주장하였다. 펠라티오를 할 때도 여러 가지 맛을 내는 콘돔이 있기 때문에 익숙해지면 괜찮다는 것이다.

오랜 역사를 가진 동성애는
인간의 행복과 관련된 문제이다

한편 동성애에 대해 사회에서 호모들을 긍정적인 시각으로 볼 수 있도록 만드는 일에 여성들이 관심을 가져야 한다고 생각한다고 주장한다.

아멘트는 동성애가 오랫동안 '병'으로 인식되어 왔고, 노동 운동 조직 쪽에서 보자면 '부르주아적 퇴폐주의' 또는 정도가 지나친 '성욕'으로 여겼다는 것이다. 그에 따르면 성적으로 충분히 성숙한 연령이라면 자신이 원하는 바에 따라 동성애 관계를 가질 수도 있다고 하였다. 동성애를 인권의 문제로 보는 시각은 다음의 문장에서 읽을 수 있다.

> 한 나라에서 누구도 그의 피부색, 성, 성적인 경향, 나이, 종교, 세계관 때문에 부당한 차별을 받는 일이 없도록 법적으로 보장되어 있어야만 그 나라를 '법치 국가'라고 부를 수 있을 것입니다.

호모Homo는 라틴어에서 사람을 가리키는 뜻으로 호모섹슈얼 Homosexual('같음'을 뜻하는 접두사 Homo-와 '성'을 뜻하는 Sexuality가 결합됨) 의 준말로 쓰인 것이다. 요즘은 호모라는 표현 대신 퀴어Queer라 부른다. 퀴어는 본래 '이상한, 기이한' 등의 뜻을 가진 단어였지만, 현재 성 소수자를 지칭하는 용어로 사용하고 있다.

동성애는 고대로부터 시작되어 오랫동안 지속되었으나 시대와 사회에 따라 범죄 혹은 질병으로 인식되었다. 그러나 20세기 중반 이후 동성애 운동은 전 세계적으로 전개되어 동성의 결혼까지 확장되고 있는 추세이다.

현재 대한민국의 국가인권위원회법 제2조 3항의 구체적 차별 금지 대상에는 인종, 나이, 학력 등과 함께 성적 지향이 포함되어 있다. 국가법령으로 동성애자에 대한 차별을 금지하는 것이다. 또한, 서울과 경기도 학생 인권조례, 서울 어린이, 청소년 인권조례 역시 국가인권위원회법을 준용해 성적 지향에 의한 차별 금지를 조례에 명시하고 있다. 그럼에도 불구하고 동성애에 대한 편견과 혐오는 종교계와 보수주의자들 사이에서 끊임없이 재생산되고 있는 것도 현실이다. 그러나 동성애나 임신 중절, 결혼과 가정 이 모든 문제는 인간의 행복과 연결되는 것이다.

행복은 물론 우연히 얻어지는 경우도 있긴 하지만 그 자체가 우연은 아니다. '행복하다고 느낄 수 있다는 것'은 우리가 이미 어린 시절에 체득하게 되는 하나의 능력입니다. 따뜻함, 정다움, 친근감, 신뢰감, 개방성. 이런 것들이 '행복 능력'의 원천이지요. 어린 시절부터 불만과 결핍, 두려움과 불신 속에서 자라나면 그 아이는 냉혹하고 비정하고 양보심 없는 어른이 되기 쉽습니다.

그리고 돈이나 명예나 권력을 차지해, 잃어버린 행복을 그런 것으로 보상받으려 하지요. 그렇기 때문에 부모가 자녀에게 가져야 할 의무란 꼭 한 가지입니다. 자녀가 행복해질 수 있도록 도와주고, 그 행복을 주기 위해 꼭 필요한 경우에는 투쟁하는 일입니다. 어린 시절의 행복이 어른이 된 이후의 행복을 결정하니까요.

아멘트는 행복한 삶을 위해서는 어린 시절의 체험이 중요하며 부모는 자녀가 행복하도록 도와줘야 한다는 사실을 강조하였다. 이 대목은 우리 사회에서 대단히 중요한 과제라고 생각한다. 만약 청소년인 자녀가 원치 않은 임신을 하였을 때, 어느 날 자녀가 동성애자라고 고백하였을 때, 성폭력을 당했을 경우 우리나라 부모 중 몇 %가 자녀의 편에서 같이 고민하고 위로해주며 해결책을 찾으려 노력할까? 아마도 많은 사람들이 자신의 기대에 어긋났다는 사실에 분노하기에 바쁘지 않을 까라는 생각이 든다.

한편 아멘트는 성숙함과 미성숙함에 대한 내용에서 성공한 사람이 성숙하다는 일반인의 통념을 깨뜨리고 있다. 이 대목은 마치 현재 우리 사회의 현실을 투영하는 것처럼 보인다.

무조건 공부만 또는 일만 열심히 해서 성공한 사람들, 그 성공의 과정에서 동료나 친구들을 짓밟고 올라서서 화려한 경력을 쌓은 사람들은 대부분 감정이 메말라 있고 남들에게 나정한 배려를 할 줄 모르고 돈과 성공, 철저한 자기 통제와 명확한 일 처리가 전부이죠. 사회에서 성숙한 인간으로 간주되는 사람들은 흔히 생명력을 잃어버린 사람들이며... 정의롭지 못한 일에 대한 분노, 거짓말과 사기에 대한 혐오도 역시 '미성숙'에 속하는 표현입니다. 이 '미성숙'쪽으로 자신의 삶을 결정한 사람들은 나이가 든 뒤에도 이제까지의 인습을 뒤흔드는 항상 새롭고 놀라운 경험을 쌓을 수 있을 것입니다.

관계의 첫 번째 조건은 독립성을 인정하는 거지만 두 번째 조건은 공통성 또는 연대감을 갖는 일이에요. 사랑하는 사람들은 서로 공통점을 찾으려 애쓰죠.
두 사람의 공통성이나 연대감이 관계에서 중요한 비중을 차지할수록 그 관계는 오래 지속될 수 있죠. 애정도 쉽게 변하지 않구요... 전 정치적인 입장이나 관심이 저와 완전히 다른 남자를 사랑하게 된다는 건 불가능하다고 생각해요.

사랑은 에로스와 정치적 관점이 일치해야 한다

그리고 사랑에 대해서 관계의 중요성은 공통성이나 연대감에 있다고 보았다. 하지만 세계관은 같아야 한다면서 정치적 관점과 일치시켰다. 말하자면 사랑은 에로스에 국한된 것일 뿐 아니라 가치관을 공유하는 행위로 보았던 것이다. 이는 정치가 공적인 영역뿐만 아니라 일상에서 어떤 가치를 지향하는 집단적 활동이기 때문이다. 아리스토텔레스(Aristoteles, B.C. 384~322)의 '인간은 정치적 동물이다'는 의미와 같은 맥락으로 볼 수 있다.

피임과 임신 중절도 개인의 문제인 동시에 사회적인 영향과 관련이 있고 이것이 법적 사안이 될 때는 정치적인 이슈가 될 수밖에 없었다. 또한 영양과 환경의 변화로 소녀들의 임신 가능 연령이 크게 앞당겨졌기 때문에 성교육 연령은 더욱 앞당겨져야 한다는 주장은 이미 현실로 나타났다. 우리나라도 현재 유치원에서부터 고등학교 과정에까지 성교육을 실시한다고 하지만 그 내용이나 실효성에 대해서는 의문을 가지게 된다.

성교육의 핵심은 개인에게 자유를 주고 책임을 요구한다는 공식

아멘트는 청소년의 성에 대해 무조건 금기시하고 통제하는 것에 대해 반론을 제기하였다.

어른들은 물론 청소년들을 성적인 면에서도 통제하고자 합니다. 성적인 것을 청소년에게 허용한다면 어떤 것을 어느 정도 허용할 수 있을 것인가가 또 문제죠. 그러나 어떤 일을 '금지'하는 것은 어른들이 청소년들을 복종하도록 통제할 수 있을 때 또 말을 안 들으면 처벌할 수 있을 때만 가능하지요. 이 점에서 오늘날 도덕 교육가라고 자처하는 사람들은 방법을 몰라 우왕좌왕하고 있습니다.

한편 우리 사회에서 여전히 혼전 섹스에 대해 완전히 개방적이지는 않은데 아멘트의 입장은 진보적이라 보인다.

다른 모든 성행위에는 '혼전 섹스'라는 이름을 붙여, 결혼을 통한 성생활보다 뭔가 부족하고 열등한, 또는 문제 있는 것으로 보려는 생각이 그것입니다. 그러나 결혼 전의 모든 관계들을 평가 절하하는 셈이며, 자신의 혼전 파트너 또는 결혼을 전제로 하지 않은 상대방을 노르보트나 스파링 파트너 정도로 생각한다는 뜻이 됩니다.

그리고 아멘트는 결혼의 기본 조건이 되는 것은 인간의 역사에서 사유재산이 형성된 이래로 언제나 '경제적인 이해관계'였다고 한다. 새로 형성된 부르주아 가정은 남성의 사유 재산을 중심으로 있었고 그 남성은 자신의 자본으로 일하면서 다른 사람을 고용해 노동하게 하고 가장으로 아내와 아이를 지배하였다고 보았다. 따라서 가정의 대안으로 제시된 것은 '주거공동체'였다. 개인의 선택으로 좀 더 인간적인 관계를 맺으며 살아가기 위한 대안이라는 것이다.

마지막으로 노인의 성에 대해서는 나이가 든 뒤에 젊은 시절에 원하던 성적인 체험을 할 수 있고 '성적인 능력'의 문제가 아니라, 다정하고 부드러운 성 체험에 대한 소망이 충족되는 것이라고 하였다.

『섹스북Sex Book』은 기존의 제도에서 비롯된 성에 대한 편견과 왜곡된 지식을 꼼꼼하게 지적하며 성교육의 핵심을 설명하였다.

번역자가 한국의 독자에게 보낸 편지는 『섹스북Sex Book』에 대한 요점을 나타내고 있다.

아멘트의 책은 이제까지의 성교육이 제대로 손을 대지 못한 과제, 그러니까 '성性을 사회적으로 설명하는 일'을 담당하고 있다. 생물학적으로 객관화된 성이 아니라 어울려 살아가는 사람들의 사회 속에서 기능하는 성을 설명하고 있다.
이 책은 성의 사회적 성격을 가르치고 있을 뿐 아니라 우리 개개인의 성이 어떻게 긍정적이고 포용력 있는 사회 형성에 기여할 수 있는가를 가르쳐준다. 그 출발은 물론 개인과 개인의 관계이지요. 저자 아멘트가 우리에게 권하고 있는 성교육의 핵심은 개인에게 자유를 주고 책임을 요구한다는 공식이다.

우리의 성교육도 이제 보다 현실적이고 실용적인 방법론을 모색해야 할 때라고 본다.

『섹스북Sex Book』은 50년이 지난 현재까지 청소년 성교육의 교과서처럼 불리는데 우리 사회에서는 성인들의 필독서라고 생각한다. 기성세대들이 갖고 있는 성에 대한 무지와 편견, 오류는 청소년과 큰 차이가 없기 때문이다.

섹스도 인생에서 탐구해야 할 과제 중 하나이며 이를 통해 인간의 존재와 삶에 대한 사유를 깊이 할 수 있을 것이다.

10

『성性의 역사2 쾌락의 활용
The History of Sexuality: An Introduction』

『성의 역사 2 쾌락의 활용The History of Sexuality: An Introduction』은 프랑스의 철학자 미셸 푸코(Michel Foucault, 1926~1984)가 성을 주제로 한 세 권의 책 가운데 두 번째로 1984년에 출간되었다.

'성의 역사'를 쓰겠다는 것은, 푸코에 따르면 개인들로 하여금 자신의 욕망 속에서 자신의 존재가 갖는 진리를 발견하도록 해주는 관계망들을 작동시키면서 자기 자신들에게 주의를 기울이게 하며, 자기를 해석하고, 자기를 인식하며, 자기들 스스로를 욕망의 주체라고 고백하게 만드는 실천들의 역사적 형성 과정을 분석하는 것이다.

『성의 역사 1』은 <지식의 의지>라는 부제로 성과 권력의 문제에서 권력이 성을 수단화했다고 설명하였다.

『성의 역사 2 쾌락의 활용』은 서론, 제1장 쾌락과 도덕적 문제 설정, 제2장 양생술養生術, 제3장 가정 관리술, 제4장 연애술, 제5장 진정한 사랑, 결론으로 구성되어 있다.

푸코는 쾌락과 도덕적 문제 설정에서 왜 성적 행동이 그것과 관련된 행위의 쾌락이 도덕적 관심의 대상이 되는가라는 질문을 던진다. 그는 그것이 근본적인 금기의 대상이 되기 때문이라고 생각한다. 따라서 현대의 개인이 어떻게 욕망의 주체로서 경험할 수 있게 되었는가를 이해하기 위해 고대 그리스 로마인들의 성적 활동을 문헌들을 중심으로 검토하였다. 그리고 당시의 성이 '삶의 기술'이라 부를 수 있는 자발적인 실천으로 이해해야만 한다는 것이다.

푸코는 "인간 존재가 어떤 식의 '문제 설정'을 통해 스스로를 사유될 수 있고 사유되어야만 하는 대상으로 내주게 되는지를, 그리고 그 같은 문제 설정의 출발점이 되는 '실천들'을 분석하였다."고 한다. 그는 모든 연구를 고대에서부터 초기 기독교에 이르기까지의 욕망인의 계보학에 집중시켰다고 하였다. 『쾌락의 활용』은 기원 전 4세기의 고대 그리스 문화에서 철학자와 의사들이 성적 활동을 문제로 설정한 방식의 연구를 검토한다.

금욕과 순결, 동정에 도덕적 가치를 부여한 기독교와 다른 그리스

푸코는 기독교와 이교주의의 성 도덕에 뚜렷한 차이가 존재하는가에 대해 세 가지 측면을 살펴보았다. 첫째, 성행위 자체의 가치에서 기독교는 성sexuality을 '악惡, 죄, 타락, 죽음'과 연결 짓는다. 심지어 성행위 중 정액 유출은 신체 마비를 불러일으키고 그로 말미암아 수치심을 생기게 한다. 종족 번식에 장애가 됨으로써 사회에 해악을 끼친다는 등등으로 성을 금기시한다. 성행위는 개인의 생명에 가장 해로운 결과를 가져오는 만큼, '자기 자신을 해치고자 할 때'에만 해야 한다는 것이다. 반면에 고대는 그것에 긍정적인 의미들을 부여하였다.

둘째, 합법적 파트너의 제한의 문제에서 기독교는 일부일처의 부부 관계를 용납하고 인정할 뿐만 아니라 오직 생식만을 목표로 한다는 원칙을 부여했다.

셋째, 동성애와 관련하여 기독교는 그것을 엄격히 배척하는 반면에 그리스에서는 적어도 남자들 사이의 동성 관계는 찬양했고 로마에서는 그 관계를 인정하였다. 기독교는 이러한 세 가지 점들에서 엄격한 금욕, 영원한 순결, 동정童貞에 최고의 도덕적 가치를 부여했지만 그리스 로마에서는 무관심했다는 것이다. 따라서 기존의 역사적 평가는 양 문화 사이의 배타성과 단절성을 강조할 수밖에 없었지만 푸코는 오히려 양 문화 사이의 긴밀성과 연속성에 주목하였다.

그리스 로마사상에 기독교의 성도덕의 요체가 나타나고 있다고 한다.

공포의 표현, 행동의 모델, 가치 폄하된 자태의 영상, 금욕의 등 몇 가지가 입증해준다고 하였다. 공포의 경우, 문헌에 의하면 성적 소모에 대한 강박 관념을 파악할 수 있는데 쾌락을 죽음과 악의 영역에 설정했던 기독교적 전통이 19세기 의학사상에서 계승되어 공포를 유발했던 것 같다고 하였다. 성적 쾌락의 활용에 있어 신중함과 절제의 필요성을 강조한 것이다. 결국 공포는 오래전부터 있었던 것이다.

행동 도식에서는 합법적 배우자에 대한 남편의 성적 충실성은 법에서도 관습에 의해서도 요구된 바 없지만 몇몇 도덕주의자들은 중요성을 부여하는 엄격함이 있었다고 한다. 또한 19세기 문헌들 속에는 동성연애자나 성도착자의 전형적 초상화가 있다. 이처럼 가치 폄하적인 묘사는 성적 역할의 전도轉倒라는 테마와 동시에 자연에 대한 죄의 당연한 상흔傷痕이란 원칙과 관계된 것이다.

고대 그리스에서 남성들의 사랑의 영역은 현대 유럽사회보다 훨씬 자유로울 수 있었을 것이라 추측한다고 하였다.

푸코는 '금욕 모델은 고대 사회에서 자유인인 남자가 불가항력적 금기에 부닥치지 않고 그의 활동을 펼칠 수 있었던 것처럼 보였던 네 개의 큰 관계 영역이 성적 행동의 영역이 되었는가?'를 살펴보고자 했다.

윤리적 행동의 궁극적 목표는
욕망의 절제를 배우는 것이다

푸코는 쾌락의 활용을 네 가지로 분석하였다. 첫째는 윤리적 실체로서의 쾌락(아프로디지아aphrodisia)이며, 둘째는 윤리적 기준으로서 복종의 유형인 활용(크레시스chresis)이며, 셋째는 윤리적 주체의 확립조건인 극기(엔크라테이아enkrateia)이며, 넷째는 윤리적 행동의 궁극적 목표로서 절제(소프로쉬네sophrosone)이다.

쾌락을 뜻하는 아프로디지아aphrodisia의 어원은 아프로디테aphrodite

의 활동 혹은 기능을 나타내는 말로 어떤 형태의 쾌락을 제공해주는 행위, 몸짓, 접촉이다.

미와 사랑의 여신으로 알려진 아프로디테는 성욕의 여신이기도 하다. 로마 기독교에서는 '아프로디테 포르네aphrodite porne'라고 하여 '음란한 아프로디테'로 불렸다. 아프로디테는 남편인 헤파이토스 외에 많은 신들과 성교를 하였기 때문이다. 포르네에서 '포르노porno'라는 말이 유래했다.

그리스에서 성적 쾌락의 도덕성을 판정하는 기준에 대해 푸코는 두 가지를 들었다. 첫째는 양적인 과도함(to pleion)이다.

인간들을 구분 짓는 것은 무엇보다도 이 행동의 강도이다. 즉, 최저와 최고 사이의 분할, 절제 아니면 무절제인 것이다.

플라톤은 자연과 생식의 원칙에 어긋나는 행동을 비정상적 본성이나 특별한 형태의 욕망에서 비롯된 것으로 설명하지는 않는다. 그것들은 과도함의 결과일 뿐이다. 그것들의 기원은 '쾌락에서의 무절제'이다. 자연스런 욕망은 단지 필요를 충족시키는 것일 뿐인데도, 과포화 상태가 될 때까지 아무거나 마시고 먹는 것은 자연이 요구하는 것을 양적으로 초과하는 것이다.

둘째 '수동적 역할'은 그리스 철학자들이 생각하기에 성적 행위에서 여성이 수동적인 것은 본성적이라고 여겼다. 결국 고대 그리스인들에게 아프로디지아 즉 성적 쾌락은 그것을 어떻게 잘 활용chrēsthai할 수 있는가라는 문제로 귀결된다. 푸코는 3가지 전략으로 설명한다. 욕구의 전략, 시간의 전략, 위상의 전략으로 절제와 성적 활동의 적절한 시기와 시간, 성적 행동의 규칙에 있어 나이, 성별, 개인의 조건에 따라 다르게 적용한다는 의미이다.

윤리적 주체의 확립조건인 극기enkrateia는 개인이 절제력을 갖도록 자기 자신에게 행하는 조절의 형태이다.

윤리적 행동의 궁극적 목표는 자기 자신을 지배하는 절제sophrosune를 배워야 한다.

'절제'는 어떤 욕망을 지배하는 상태이다. 절제는 곧 자기를 지배한 결과이다.

자기 자신을 지배할 수 있는 사람이야말로 다른 사람을 지배할 수 있는 사람이다. 그러므로 그리스에서는 자기에 대한 지배로 정의, 용기, 지혜에 더하여 타인에 대해 지배력을 행사해야 하는 가를 덕목으로 하였다.

소크라테스가 자기 인식과 자기에의 배려를 아우르는 자기 지배의 거장으로서 스스로를 드러내는 것 역시 바로 이러한 실천의 과정을 통해서이다. 쾌락과 욕망을 극복하려는 것은 자유 때문이고 절제를 통해 윤리적 주체로 완성되는 것이다.

고대 그리스인들에게 있어 자유란 무엇보다도 노예가 아닌 것, 자신의 욕망과 쾌락의 노예가 아닌 것이며, 단적으로 자기에 대해 자신이 노예가 아닌 것이다. 하지만 자유란 이런 소극적인 상태 이상의 것인데, 그것은 다름 아닌 충만한 자유로서의 자유, 즉 '사람이 타인들에게 행사하는 권력의 틀 속에서 자기 자신에게 행사하는 권력'이다. "가장 왕다운 자는 자기 자신의 왕인 자이다."

쾌락의 활용은 양생술, 가정관리술, 연애술, 진리와의 관계에 있다

고대 그리스에 있어 이러한 쾌락의 활용은 자신의 육체에 대한 양생술, 자신의 아내와 관련된 가정 관리, 그리고 자신의 소년 연인과 관련된 소년 애 및 진리와의 관계라는 네 개의 주도적 영역을 중심으로 펼쳐진다.

양생술에서 첫째, 성인 남자와 소년 간의 관계를 인정하였지만 금욕의 도덕을 확립하였다. 결혼 생활의 원칙을 생각했고 성적 활동과 건강의 관계를 염려했다. 그리스인들에게 성적 활동은 삶의 기술을 세우는 것을 목표로 하는 성찰 속에서 형성되었다.

둘째, 아내와 가정 관리술은 남편의 절제는 자신을 다스리는 기술이며, 그가 지배하는 동시에 존중해야 할 아내를 다스리는 기술에 속한다.

셋째, 소년과 연애술은 소년에게 사회적, 도덕적, 성적으로 적극적인 역할을 할 수 있는 연장자와 젊은이 사이에 이루어질 수 있는 관계로 허용되었다. 그런데 푸코는 소년의 사랑이 사회적으로 소중한 관계, 즉 필리아 philia의 관계로 변형시키는 토대가 될 요소를 포함하고 있을 때 명예로울 수 있다는 것이다. 필리아는 그리스어 필로스philos에서 유래하였으며 친구 간의 우정을 의미한다. 필리아는 상대방을 자기 자신과 대등하게 여기고 아끼는 사랑을 가리키는 것으로 그 범위는 넓게 해석할 수 있다.

한편 연애술이 요구하는 절제는 무조건 금욕을 강요하지는 않지만 그러한 금욕을 지향하며 거기에는 모든 육체적 관계의 포기라는 이상이 포함됨을 알 수 있다고 하였다. 중요한 것은 자신에 대한 지배력과 참다운 사랑 속에서 그가 어떻게 상대방의 자유에 길을 내어줄 수 있는가를 아는 것이다. 요컨대 소년애에 대한 성찰에서 플라톤의 연애술은 사랑, 쾌락의 포기, 진리에 대한 접근 사이의 복잡한 관계에 관한 문제를 제기하였다고 한다.

넷째, 진리의 철학에서 진정한 사랑은 무엇인가? 푸코는 플라톤 (plato, BC 427~ BC 347)이 사랑을 진리로 이끌어가는 욕망과 관련시켜 본래적 인 자신의 실재를 되찾게 해주는 것으로 평가한다. 흔히 플라토닉 러브 platoniclove를 정신적인 사랑이라고 얘기하지만 플라톤은 진정한 사랑에 육체의 사랑을 배제한 것은 아니다. 플라톤은 『대화對話』「향연饗宴」에서 다른 사람을 사랑하는 올바른 방법은 지혜를 사랑하는 마음처럼 사랑하는 것이라고 하였다.

푸코의 『성의 역사 2 쾌락의 활용』은 인간이 스스로 윤리적 주체로서 쾌락을 어떻게 활용하였는가를 고대 그리스의 문헌을 중심으로 탐구한 것이다.

푸코는 그것을 윤리의 계보학이라 불렀다. 그가 본 성의 역사는 쾌락의 활용과 관련된 주체화 양식의 역사이다. 그는 자아 형성에 있어 성의 주체 자로서 인간은 능동적인 역할을 하는 존재로 보았으며 쾌락의 활용은 자기 절제 즉 자기 통제의 기술에 있다는 것이다. 이러한 푸코의 인식은 고대 중국이나 인도의 문헌에 나타난 양생술과 같은 맥락으로 볼 수 있다.

오늘날 성을 육체적인 쾌락으로만 추구하는 세태에서 『성의 역사 2 쾌락의 활용』은 성 윤리에 대한 인식을 근본적으로 조명照明하고 있다.

11

『호모에로티쿠스Homo eroticus』

- 생식 능력이 없어도 살아가는 이유 -

『호모 에로티쿠스Homo eroticus』는 인간의 성과 사랑을 동물 행동학의 관점에서 다케우치 구미코(竹內久美子, 1956~)가 「주간문춘週刊文春」에서 2000년 10월부터 2001년 10월까지 연재한 내용을 엮은 책이다. 50여 가지의 질문에 답하는 형식으로 되어있다.

호모 에로티쿠스는 성적 인간이란 뜻으로 총 네 장의 구성은 성과 관련한 남자와 여자 그리고 동물의 성에 대한 내용을 다루고 있다.

제1장 남자에 대해서라는 주제 중 먼저 결혼한 남자가 자위로 고민하는 질문에 대해 자위행위는 낡은 정자를 몰아내어 발사 최전열을 신선하고 활기 있는 정자로 교체하는 작업이라고 해석할 수 있다는 것이다. 한 마리의 수컷이 여러 암컷을 거느리는 유럽 붉은 사슴의 자위행위는 상상

을 초월하는 방법으로 행해진다고 한다. 수컷은 풀숲에 머리를 파묻고 풀을 뜯는 것처럼 뿔로 풀을 비비고 있는 사이 흥분되어 사정한다고 설명하였다.

한편 사람의 페니스가 고릴라나 침팬지의 것보다도 큰데 침팬지는 8cm이고 고릴라는 3cm에 불과하다는 사실을 강조하였다.

다케우치 구미코는 데스몬드 모리스가 주장한 "페니스가 클수록 여자에게 쾌감을 준다. 따라서 크게 되었다."는 입장과는 반대로 큰 페니스는 아프기만 할 뿐이라고 보았다. 그런데 그녀의 견해도 일률적으로 적용할 문제는 아니라고 생각한다. 또한 남자의 페니스 모양이나 길이, 굵기가 다르듯이 여자의 질도 다르기 때문에 무조건 크거나 긴 페니스가 여자를 기쁘게 해 준다는 논리는 남자들의 로망인 대물 콤플렉스의 투영일 뿐이다.

생식 능력이 없어져도 아직 살아 있는 이유

1장에서 '석션suction 피스톤 가설'은 남자들이 피스톤 운동을 하는 이유가 자신의 정자를 새롭게 보내고자 하는 '뽑아내기' 때문에 길고 굵은 페니스로 진화했다는 것이다. 또한 생식 능력이 없어져도 아직 살아 있는 이유에 대한 질문에 대해서는 코끼리의 사례를 들고 있다. 암컷 코끼리는 50세 정도에 폐경기를 맞고 수명은 60년인데 10년 동안 번식 능력을 상실한 채 살아가는 데 몸은 계속 커진다는 것이다. 외부의 적에 대한 암컷 우두머리의 역할이 중요하기 때문이라고 한다.

인간의 경우 성공한 남자는 그 명성에 의해 자손이 유리하게 번식하는 것이고 그렇지 않은 경우는 자손을 돌보면 되는 것이다. 여자는 장수의 경험으로 지혜를 축적하여 자손의 성장이나 번식에 도움이 된다고 하였다.

제2장은 여자에 대한 많은 질문과 응답으로 되어 있는데 세 가지를 논의해 본다.

여자의 오르가즘과 자위

첫째는 여자의 오르가즘이 갖는 의미이다.

보통 여자가 남자보다 먼저 절정에 도달하면 남자들은 대개 만족스런 미소를 띠는데 무조건 좋은 것은 아니라고 설명하였다. 남자보다 훨씬 빠르게 절정에 이르는 것은 그의 유전자를 받아들이고 있다는 것일 뿐이다.

실제로 남녀의 섹스에서 서로 사랑의 감정이 깊으면 보부상이 장터 국밥 먹듯이 삽입에 몰두하고 오르가즘이나 사정射精을 빨리 하지는 않을 것이다. 성애性愛를 천천히 하면서 기쁨을 나누다 거의 같은 순간에 똑같이 오르가즘과 사정을 하게 된다.

한편 여성 중 일부는 남성처럼 사정을 한다는 실험도 있다.

여성의 인체엔 요도 점막 쪽으로 늘 분비물을 내보내는 분비샘과 관이 있는데 이를 '스킨skene씨' 관이라 부른다. 성적 자극을 받으면 요도와 방광 근처에 있는 스킨씨 관에 액체가 모이는데 오르가즘 상태가 되면 1회 혹은 2~3회에 걸쳐 요도를 통해 분출된다. 하지만 여성이 사정을 경험하는 경우는 극히 일부라고 알려져 있다.

저자는 여성이 오르가즘에 도달하면 질 안에 산성이 강한 점액이 분비되어 정자를 죽일 수 있다고 한다. 따라서 여성의 자위행위에는 질 안의 나쁜 균을 없앤다는 분명한 이유가 있다고 설명한다.

동성애 행동은 하나의 번식 전략이다

제3장 내용 중 동성애를 동물 행동학의 관점에서 본 바로는 동성애 행동은 하나의 번식 전략이라고 설명하였다. 저자는 '헬퍼helper 가설'을 비판하였는데 그 가설은 자신은 번식하지 않지만 혈연자의 번식을 도움으로써 자신의 유전자를 간접적으로 남긴다는 내용이다. 다케우치 구미코에 따르면 동성애자의 상당수는 실제로 이성도 사랑하고 있어 그 본질은 양성애에 있다고 보는 것이 핵심이라고 밝혔다. 그리고 양성애는 사상 최강의 번식 전략임이 틀림없다는 견해를 드러냈다.

현재 세계 정신학회에서는 동성애를 이성애, 양성애와 마찬가지로 인간의 정상적인 성적 지향 중 하나라고 결론지었다.

오늘날 동성애를 칭하는 용어인 호모섹슈얼리티Homosexuality는 어원적으로 그리스어 '같음'을 뜻하는 접두사 호모Homo와 '성性'을 뜻하는 '섹슈얼리티Sexuality'가 합쳐진 것이다. 동성애는 고대 이집트, 아시리아, 바빌론, 히타이트, 고대 인도, 고대 중국 등등 고대 문명 뿐 아니라 우리 역사 속에서도 신라, 고려, 조선 시대와 근대 사회에서도 계속 지속되었던 것이 사실이다. 또한 중세 시대 기독교에서는 동성애를 종교적인 죄악으로 보았기 때문에 동성애자는 이단자, 악마 숭배자와 같이 취급하여 탄압

하였고 근대 후기에 와서는 '동성애는 고칠 수 있는 정신병'이라는 부정적 인식이 자리 잡았다.

생물의 최대 과제인 기생자寄生者 대책과
뻐꾸기의 탁란托卵

한편 에이즈(후천면역결핍증후군,後天免疫缺乏症候群, Acquired Immune Deficiency Syndrome), 줄여서 AIDS 바이러스와 관련한 설명에서 인간이나 동물을 포함한 생물의 최대 과제는 기생자寄生者 대책이라고 하였다. 개개 생물의 종, 개개의 개체는 기생자와의 싸움에서 살아남기 위해 각각의 개성을 진화시켰다는 것이다. 기생자야말로 진화의 원동력이라고 할 수 있는데 에이즈를 그 예로 설명하였다. 에이즈는 걸리면 죽는다고 여겼지만 현재 에이즈 바이러스의 잠복기는 10년이라고 하였다. 숙주와 기생자의 공생화 문제 때문이라는 것이다. 기생자의 목적은 본래 숙주를 죽이는 것이 아니라 자신이 살아가기 위한 장소나 환경, 시스템을 숙주로부터 빌리는 것이라는 설명이다. 감기 바이러스도 같은 맥락에서 인간과 공생 관계에 있다고 하였다.

한편 뻐꾸기가 탁란托卵(조류가 다른 조류의 둥우리에 알을 맡기는 일)하는 배경에 대한 설명은 적자생존의 세계를 보여주고 있다. 뻐꾸기가 알을 떨어뜨릴 때 주로 선택하는 대상은 휘파람새, 물까치 등 자기보다 훨씬 몸이 작은 새들이라고 한다. 그 숙주들의 크기에 맞춰 작은 알을 낳고 색깔이나 모양도 거의 똑같다는 것이다. 뻐꾸기 새끼는 숙주의 알을 둥지 밖으로 내팽개치고 둥지에서 새 부부의 먹이를 받아먹으며 성장한다. 뻐꾸기는 눈매도 날카롭고 섬뜩하여 맹금류猛禽類 같은 느낌을 주기 때문에 족제비나 쥐, 뱀 등의 포식자로부터 경찰 마네킹 역할을 한다는 것이다. 핵심은 새 둥지와 아주 가까운 곳에 숙주의 혈연자가 번식하고 있다는 사실이다. 뻐꾸기와 숙주가 되는 새도 공생 관계라 볼 수 있다.

제4장은 가족에 대하여 라는 주제로 구성되었는데 그 중에서 아기를 만드는 법을 동물 행동학적 원리에 기초하여 설명하였다.

1941년 진주만 사건 후에도 출산 붐이 일어난 것이나 1965년 '뉴욕의 대정전' 사건 후 임산부가 많이 생겼는데 이는 공항이나 불안, 공포에 의해 배란이 이루어졌다는 사실이다.

그리고 SM(사도마조히즘, Sadomasochism) 흉내도 공포나 고통과 동시에 이상한 흥분을 동반하는데 전쟁 발발의 공포에 따른 흥분과 유사한 느낌을 준다. SM 행위로 인해 배란할 가능성이 매우 높다는 것이다. 족제비과에 속하는 밍크mink의 경우 암컷이 수컷에게 목덜미를 물려 피를 흘리지 않으면 배란이 일어나지 않을 정도라고 하였다. 성행위와 폭력과 배란 유발의 문제는 관계가 있을 것이라고 추측하였다.

『호모 에로티쿠스Homo eroticus』는 데스몬드 모리스의 "인간은 성적으로 진화한 동물이다."는 주장과 같은 맥락에서 사랑과 섹스, 결혼, 외도 등 일상 속의 성을 동물학자의 관점으로 해석하였다. 이를 통해 우리는 인간의 성에 대한 시각을 넓힐 수 있을 것이다.

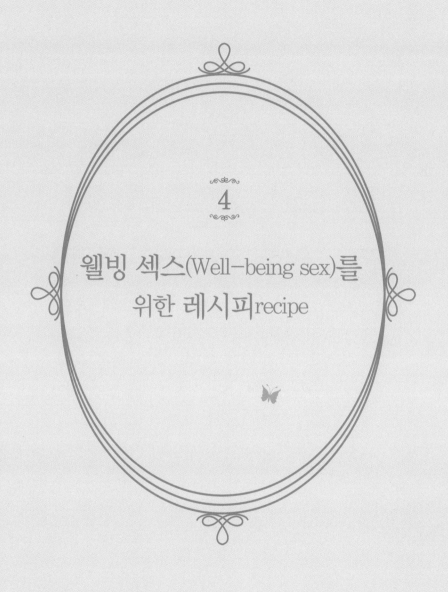

4

웰빙 섹스(Well-being sex)를
위한 레시피recipe

남녀의 섹스는 일종의 맞춤복과 같다고 생각한다. 남자의 성기 모양도 저마다 다르고 여성의 모양과 위치도 다 똑같지 않기 때문이다.

세계 모든 남자들의 로망은 이른바 '대물 콤플렉스'에 있다고 보인다.

그러나 섹스에서 가장 중요한 것은 사이즈나 길이와 굵기가 아니다.

섹스의 만족도는 성행위 할 때의 분위기와 대화, 상대에 대한 배려와 친밀감, 안정감이 영향을 준다고 생각한다.

01

섹스리스sexless와 무성애Asexual

흔히 인간이 살아가는 기본 욕구의 세 가지를 식욕, 수면욕, 성욕이라고 하는데 이는 근거가 없다고 알려졌다. 성욕은 A.매슬로우(Abraham Maslow, 1908~1970)가 제시한 인간 욕구 5단계 이론 중 가장 기초적인 욕구인 생리적 욕구(physiological needs)에 속한다. 이것이 만족되면 안전 욕구, 사랑과 소속 욕구(love & belonging)를 그리고 존경 욕구(esteem)와 마지막 욕구인 자아실현 욕구(self-actualization)를 차례대로 만족하려 한다는 것이다.

성욕은 종족 번식의 욕구에 속하지만 현대에 와서는 인간의 행복을 추구하는 데 중요한 의미를 갖게 되었다. 일찍이 프로이트(1856~1939)는 인간 활동의 모든 바탕을 성욕에 있다고 보았으며 인류 문명 또한 근원적으로 성욕에 근거한 것으로 주장하였다. 그의 이론은 오랫동안 20세기 문화 전체에 많은 영향을 끼쳤다.

성性은 포괄적 의미를 담고 있는데 남녀의 교접, 섹스라는 관점에서 보면 애인이나 부부 간에 성은 다양한 생활로 나타난다.

자본주의 사회에서 경제적 능력에 따라 빈부의 차이가 있듯이 성생활도 마찬가지라고 생각한다. 성에 대해 무지한 상태는 색맹色盲이라 할 수 있다. 색을 구별하지 못하는 것처럼 성에 대한 인식도 마찬가지이다. 성은 옛 문헌에는 색色으로 표현하였다. 반면에 성에 대한 지식과 지혜를 갖추고 즐기는 상태는 색락色樂이라 볼 수 있다. 락樂은 즐겁다는 뜻인데 좋아할 요로 쓰이기도 한다.

『논어論語』에 "지혜로운 사람은 물을 좋아하고 어진 사람은 산을 좋아한다. 지자요수 인자요산知者樂水 仁者樂山"라는 내용이 나온다.

공자(孔子, 기원전 552~기원전 479)의 『시경詩經』에는 "관저의 시는 즐거우면서도 음란하지 않고, 슬프면서도 마음을 상하지는 않는다. 관저 낙이불음 애이불상 關雎 樂而不淫 哀而不傷"라는 내용이 나온다.

관저關雎라는 시에 대해 공자가 평한 말이다. 관저關雎란 '꾸욱 꾸욱하고 우는 물수리 새'이다. 이 시의 내용은 남녀 간의 사랑을 '물수리'와 '물풀의 흔들림'에 비유하면서 남녀가 서로 애타게 짝을 구하여 서로 만나 사랑을 나누고 몸을 섞는 과정을 단계적으로 그린 남녀 간의 연애시라 할 수 있다.

주희(朱熹, 1130-1200)는 이를 "음란하다는 것은 즐거움이 지나쳐서 정도를 잃은 것이다. 마음을 상했다는 것은 슬픔이 지나쳐서 조화를 해친 것"이라고 설명하였다.

절제와 조화를 추구해야 한다는 뜻으로 해석할 수 있다.

여기서 음淫을 인도에서는 카마kāma라고 하여 쾌락 추구의 욕망이란 의미를 갖고 있다. 『카마수트라』에서 강조하는 것도 욕망의 절제라는 사실은 바꿔 말하면 그만큼 성욕을 억제하기 어려웠음을 알 수 있다.

한때 이혼의 사유의 하나로 성격 차이라고 하니까 성격이 아니라 성적 차이라는 얘기가 유행한 적이 있었다. 부부의 성생활은 결혼 생활에서 중요한 의미를 갖고 있으며 연인 간의 관계에서 갈등의 조건이 되기도 한다. 그런데 성생활에 대한 조사에서 의외의 사실이 드러났다.

섹스리스sexless는 성기능 저하와 질병을 유발한다

2021년 '서울 거주자의 성생활' 연구 결과에서 우리나라 성인 3명 중 1명이 지난 1년간 성관계를 갖지 않았다고 응답했다고 한다. 이중 여성은 절반에 가까운 43%가, 남성은 29%가 섹스리스인 것으로 나타났다. 그 이유는 취업난과 시간적 여유, 연애할 기회 없음, 이성에 대한 두려움, 섹스보다는 자기계발이 중요하다 등등을 들었다.

그러면 섹스리스가 건강에는 이상이 없는 걸까?

젊었을 때 섹스리스는 성기능 저하가 생길 수 있다고 한다. 남성은 테스토스테론 분비가 줄어들고 섹스리스로 분비량이 떨어지면 운동능력과 골밀도가 저하한다. 성욕 자체가 생기지 않을 수 있으며 각종 전립선 질환까지 유발할 수 있다.

여성은 에스트로겐의 양이 줄어들 수 있다. 혈중 에스트로겐 농도가 떨어지면 질 내부 조직의 근육이 약해지고 세균 감염이 잦아질 수 있다. 섹스리스는 골반저근을 약하게 만들기도 한다. 골반저근이 약해지면 성기능 저하와 더불어 이른 요실금을 겪을 수 있다. 케겔 운동이나 성관계같이 반복적인 수축과 이완은 골반저근을 강화할 수 있다. 물론 섹스리스가 의학적으로 심각한 문제가 될 수도 있지만 젊었을 때 성을 제대로 인식하지 못하고 경험을 안하면 연애와 결혼 생활에 치명적인 결격 사유가 되리라 생각한다. 특히 남성의 경우 포르노 영상이나 도색 잡지를 통해 여성과 성에 대한 왜곡된 이미지를 갖는다면 상대 여성은 물론 자신을 위해서도 불행한 일이다.

현실적으로 독신으로 살면서 연애를 하지 않으면 성생활은 할 수가 없다. 하지만 성에 대한 지식과 올바른 인식을 가질 필요는 있는 것이다. 그리고 정기적인 자위와 운동을 통해 자신의 신체적 건강을 챙겨야 할 것으로 보인다. 요즘 '반려가전'이라고 하는 여성을 위한 섹스토이가 독신 여성에게는 섹스 대체용품이 될 수 있다고 생각한다.

무성애無性愛, Asexual는 제4의 성性이다

무성애에 대한 최초의 언급은 『킨제이보고서』에서 나타났다. 조사에 참여한 대상자들을 상대로 이성애와 동성애 경향에 따라 등급을 매겼는데 그 어느 쪽에도 속하지 않는 사람들이 있어 X등급으로 분류했고, 이들을 무성애자無性愛者·Asexual라고 불렀다. 이들은 동성이나 이성, 어떤 상대에게도 스스로 주체가 돼 성적 이끌림을 경험하지 않는다고 응답하였던 것이다.

무성애는 이성애, 동성애, 양성애 그 어느 것에 속하지 않는 '제4의 성적 지향'이다.

무성애 연구의 아버지라 불리는 앤서니 보개트Anthony F. Bogaert는 2013년 『무성애의 이해Understanding Asexuality』를 출간하였는데 영국 일간지에서는 '성욕 과다(very sexualized) 사회에서 논란을 일으킬 책'이라는 논평을 하였다.

의사 출신의 심리학자인 앤서니 보개트에 의하면 타인과의 성적 활동에 관심이 없으며 성욕을 느끼지 않는 무성애자는 전 인구의 1%로 추정된다고 한다.

특징은 첫째, 성적인 매혹이 없다. 둘째, 지속적인 성 충동의 결핍이 있다. 셋째, 성적 파트너와 배타적 관계를 유지하지 않는다. 넷째, 자신이 성행위의 주체라는 관념이 없다. 그에 의하면 무성애란 단순히 중년의 간헐적으로 발생하는 성에 대한 무기력이 아니라, 성적 매력과 성에 대한 관심이 완전히 결여된 상태를 의미한다.

무성애자는 단순히 매력을 느끼는 사람과 성적인 교감을 나누고 싶지 않아 할 뿐, 엄연히 성욕은 존재하기 때문에 성욕의 해소를 위해 포르노를 보거나 자위행위를 하거나 원나잇 섹스를 하기도 한다. 무성애자들은 성적 끌림, 즉 애초에 타인에 대한 성적 끌림이 없는 사람들이다. 이들의 연애는 관계 지향적이며 정신적인 교감과 낭만을 주로 원한다. 무성애자에게 있어 성관계는 그저 연인 관계에서 서로의 감정을 표현하고 교감하는 방법의 하나에 불과하지 사랑의 유일한 방법은 아니며, 대다수 무성애자는 성관계보다는 연인과 함께 시간을 보내며 교감하는 것을 선호한다.

무성애를 한때는 정신적 장애로 인식하기도 했지만 무성애자들의 커뮤니티가 활성화되면서 성적 취향을 인정해 달라는 요구가 커지고 있는 현실이다.

무성애에 대한 담론은 인간의 행복과 관련해 성애를 보는 관점을 넓혀주고 있다고 생각한다.

02

궁합宮合과 섹스의 관계

젊은 남녀가 연애를 할 때 가장 궁금한 것 중 하나가 '궁합이 좋으냐? 나쁘냐?'는 문제이다. 궁합은 겉궁합과 속궁합이 있는데 태어난 해 즉 띠로 보는 것은 겉궁합이고 속궁합은 남녀의 섹스 관계를 나타내는 것이라고 한다. 그래서 겉궁합이 좋아도 속궁합이 나쁘면 잘 살기 어렵고 결혼해도 이혼할 확률이 높다는 말들을 한다.

과연 그런 얘기들이 타당성이 있는지 또 궁합이란 무엇이고 어떤 역사적 배경을 가졌는지 살펴보기로 한다.

궁합宮合은 가문 간의 결합이자
남녀의 섹스를 뜻한다

먼저 궁합이란 글자가 어디서 유래했는지 살펴본다.

현존하는 중국 최초의 문헌에 사용된 갑골문甲骨文에서 궁宮자는 원형 벽에 지붕 씌운 양의 틀(∧)에 지붕 경사면에 높이 뚫린 통풍창과 밑의 벽에 출입문 모양으로 나타낸 것이라고 보고 네모꼴의 통풍창은 궁실宮室의 최상루에 위치하여 꼭대기를 나타낸 것이라고 설명하였다. 그리고 '합合'자는 갑골문에서 말하기를 그릇과 뚜껑을 서로 맞춘 (상합)형이라고 하였다. 풀이하자면 궁합은 '집안과 집안'의 결합이라고 볼 수 있다. 또한 궁宮은 집(∧) 안에 여러 개의 방(呂)이 있음을 의미하는 글자로 궁합宮合은 '가문과 가문 간의 긴밀한 결합'을 뜻한다는 해석이 있다. 그런가 하면 한 지붕 아래 두 개의 입口이 있는 것으로도 볼 수 있어 궁합의 궁宮을 남녀의 생식기로 보고 궁과 궁이 합친다고도 해석한다.

중국 뿐 아니라 조선 시대에도 혼인은 개인의 선택이 아니라 가문 간의 연대로 이루어졌다는 사실에서 궁합을 보는 것은 당연한 일이었다. 또한 가문의 번창을 위해 훌륭한 자식을 생산하는 일도 중요한 과제였기 때문에 음양의 이치에 따른 궁합의 길흉을 따졌던 것이다.

혼인을 앞두고 점을 치는 풍습은 오래되었던 것으로 나타난다.

후한後漢시대의 반고(班固. 32~92)는 『백호통의白虎通義』에서 아내를 맞이할 때 두 사람이 서로 마땅한지를 알아보려고 점을 친다고 하였다. 주자(朱子. 1130~1200)는 납길納吉할 적에 점괘가 불길하게 나오면 혼인을 그만두어야 한다고 하였다. 그런데 궁합의 유래는 원래 혼인할 신랑과 신부의 길흉을 점치는 것이 아니었다고 전해지고 있다.

궁합宮合이란 용어는 명대明代 임소주林紹周가 펴낸 『천기대요天機大要』에 처음으로 등장한다. 한漢의 고조高祖 때 북방 유목민인 흉노匈奴가 침입해오자 왕실의 여자를 흉노에 시집보내는 등의 조건으로 화친조약을 맺었고, 당대唐代까지 이런 폐단이 계속되자 흉노의 청혼을 거절하는 핑계로 삼으려고 했다고 기록되어 있다.

궁합은 혼인 의식의 한 절차인 납채納采의 과정 중 행하는 절차이다. 즉, 신랑 측으로부터 신랑의 생년월일시를 기재한 사주단자四柱單子를 받은 신부 측에서 점치는 사람에게 길흉기부吉凶忌否를 점치게 하는데, 이때에 궁합을 보는 것이다.

신부 측에서 점괘가 좋으면 연길涓吉(좋은 날을 고르는 것)이라고 쓴 택일단자擇日單子를 신랑 측에 보낸다. 이렇게 함으로써 혼인의 합의가 이루어졌다.

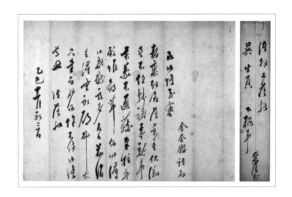

1845년(현종 11년) 11월에 김규감이 오길원에게 보낸 편지로,
오씨로부터 사주단자를 받은 뒤 혼인 날짜를 정해 알린 혼서
출처: 전북대학교 신문방송사(http://www.jbpresscenter.com)

조선 시대 혼례도
출처 국립중앙박물관

사주 궁합법은 남녀 모두의 연월일시 사주四柱 전체를 갖고 음양오행
陰陽五行의 관계를 파악하여 궁합의 길흉을 판단하는 것이다.

이렇게 혼인 전에 궁합을 보는 풍습은 오랫동안 지속되었으며 오늘날
에도 궁합을 보고 나쁘다는 결과가 나오면 혼담이 깨지는 경우도 적지 않
아 어떤 경우에는 생년월일을 속여서 결혼하는 경우도 있다고 들었다.

이능화(李能和. 1869~1943)는 『조선여속고朝鮮女俗考』에서 "우리나라는 남
녀 혼인 풍속에 궁합이 맞는지의 여부를 보아 맞으면 백년해로하고 맞지
않으면 생이별하거나 사별할까 두려워하니 궁宮이란 무엇인가. 명궁命宮
이다. 궁합이란 남녀의 명궁이 서로 맞아 하나도 흉살凶煞이나 상충相沖이
나 상극相剋이 없음을 이른다."라고 했다.

명궁은 태어난 달의 월지月支와 태어난 시각의 시지時支의 관계를 중요시 한다.

사주를 보고 궁합을 점치는 방법은 음양오행을 기초로 한다. 음양오행은 동양의 우주관을 바탕으로 우리 민족의 사상적 원형의 바탕을 이룬다.

궁합은 사주에 나타난 음양오행의 관계를 적용한 것이다

음양오행 사상은 음陰과 양陽의 소멸·성장·변화, 그리고 음양에서 파생된 오행五行 즉, 목木, 화火, 토土, 금金, 수水의 움직임으로 우주와 인간 생활의 모든 현상과 생성 소멸을 해석하는 사상이다. 궁합은 남녀의 사주에 나타난 음양오행을 적용한 것이다.

그리고 서로 생生해주는 상생 관계인지 극剋하는 상극 관계인지 혹은 상충相沖인지를 여러 방식으로 풀이한 것이다.

궁합을 보는 법은 아주 다양한데 혼인을 피하는 기준에서 태어난 해의 띠로 구별하는 혼삼재 법과 원진살이 있느냐를 많이 따졌는데 시대가 많이 변화한 시점에서 신뢰도가 얼마나 되는지는 각자 판단할 일이라고 본다.

혼삼재婚三災란 특정 띠와 띠가 만나면 부부가 생이별하거나 사별하고 병액病厄으로 고통을 받고 모든 일이 중도에 좌절된다는 것이다. 4가지 경우로 볼 수 있다.

1. 호랑이, 말, 개띠해에 태어난 사람은 쥐, 소, 호랑이띠와 결혼하면 삼재가 된다.

2. 돼지, 토끼, 양띠로 태어난 사람으로서 닭, 개, 소띠를 만나면 삼재가 된다.

3. 뱀, 닭, 소띠로 태어난 사람은 토끼, 용, 뱀띠를 만나서 결혼하면 삼재가 된다.

4. 원숭이, 쥐, 용띠로 태어난 사람은 말, 양, 원숭이를 만나면 삼재가 된다.

다음으로 궁합에서 기피한다는 신살神煞 궁합법의 가장 대표적인 것이 원진살怨嗔煞인데 이에 대해 이능화도 『조선여속고』에서 다음과 같이 설명하였다.

"우리 혼가 풍속에서 원진을 꺼리니, 원진은 곧 성상星相의 흉살을 일컫는다."라고 하였다. 즉, 쥐띠와 양띠, 소띠와 말띠, 범띠와 닭띠, 토끼띠와 원숭이띠, 용띠와 돼지띠, 뱀띠와 개띠가 혼인하면 부부가 서로 원수지간이 되어 평생 불화하며 심지어 생이별이나 사별까지 한다고 여겨 궁합에서 매우 꺼리는 풍속이 지금도 항간에 성행한다. 원진살처럼 서로 만나면 나쁘다는 궁합으로 육충六沖이 되는 관계가 있다. 호랑이띠와 원숭이띠, 뱀띠와 돼지띠, 쥐띠와 말띠, 토끼띠와 닭띠, 용띠와 개띠, 소띠와 양띠이다.

그런데 사주팔자四柱八字 중 태어난 생년으로 궁합을 보는 법은 전통사회에서 가문을 중시하였던 영향이 크다고 생각한다. 사주를 꽃에 비유하면 연월일시는 근묘화실根苗花實이라 하였으니 뿌리는 조상, 가문을 뜻하기 때문이다. 따라서 현대에 와서는 오히려 태어난 생일을 중심으로 개인의 운명을 예측하는 경향도 있지만 명운을 제대로 읽으려면 사주팔자 8글자와 변화하는 때의 운과의 변수를 살펴야 할 것이다. 내 주변에는 원진살이 끼었다며 반대하는 결혼을 선택한 후에 부부가 노력해서 평탄하게 사는 경우도 있었다.

속궁합과 섹스의 관계도 진화할 수 있다

한편 속궁합은 남녀의 섹스라는 말이 있다. 사실 직접 성관계를 해보지 않은 상태에서 궁합을 논하기는 어려울 것이다. 연인이나 부부 관계에서 정서적으로는 친밀하면서도 섹스에 대해 불만인 경우도 적지 않다. 그런가 하면 섹스는 만족하지만 정서적이거나 정신적인 면에서 소통이 되지 않아 고민하는 경우도 있다.

남녀의 섹스는 일종의 맞춤복과 같다고 생각한다. 남자의 성기 모양도 저마다 다르고 여성의 모양과 위치도 다 똑같지 않기 때문이다. 세계 모든 남자들의 로망은 이른바 '대물 콤플렉스'에 있다고 보인다. 그러나 섹스에서 사이즈가 가장 중요한 것은 아니다. 길이와 굵기가 섹스의 만족도를 결정하는 것이 아니며 테크닉도 필요하고 성행위 할 때의 분위기와 대화, 상대에 대한 배려와 친밀감, 안정감 등이 중요하다.

참고로 대한비뇨기과학회에 의하면 우리나라 남성 평균 크기는 길이 7.4cm이며, 발기했을 때 길이 12.7cm, 둘레 11.5cm라고 한다. 다른 나라의 남성들과 비교해도 평균에 속한다고 한다. 또한 여러 연구들에서 섹스의 만족도에 있어 여성의 만족도와 음경 크기는 별로 상관없다는 결과가 발표되었다.

남성들이 주로 보는 포르노 영상에는 당연히 페니스가 큰 배우들이 나오는데 그 이유는 포르노가 남성의 판타지를 충족시키기 위한 목적에서 생산되기 때문이다.

섹스가 서로 잘 맞는 남녀가 있는가 하면 어느 한쪽이 불만족스럽거나 통증으로 고통 받는 경우도 적지 않다. 남성의 일방통행 같은 섹스는 여성에게 정신적으로 우울증과 모멸감을 안겨주기도 하며 여성의 거부 반응도 남성에게 상처를 줄 수 있다고 본다.

속궁합은 보통 태어난 달과 생일을 기준으로 풀이하지만 그것이 반드시 섹스 자체만을 의미한다고 볼 수 없다. 궁합이란 자체가 많은 부분을 포괄적으로 담고 있기 때문이다. 실제로 주변에 속궁합이 좋다고 하던 커플이 헤어지는 경우도 여럿 보았다.

그리고 섹스 문제로 고민하면서 방치하는 것은 고름을 끼고 사는 것과 같다. 고름을 짜고 상처를 치료하면 새 살이 돋듯이 속궁합의 문제도 마찬가지라고 생각한다.

궁합은 어떻게 보면 서로 합을 맞추려고 노력해야 함을 뜻하는 것인지도 모른다.

섹스에 문제가 있다고 느끼면 전문의의 상담을 받는 것이 최선이며 상대와 솔직하게 자신의 감정을 표현하는 것이 중요하다고 생각한다. 그리고 커플이 동행해서 정신과 상담까지 병행한다면 속궁합의 문제는 해결될 수 있다고 본다.

황도 12궁의 별자리와 섹스 성향

언제부터인가 신문이나 인터넷을 보면 별자리 운세를 많이 다루고 있다. 우리에게 익숙한 12별자리 운세는 점성술의 일부에 속한다.

점성술은 영어로 astrology로 '별의 해석(account of the stars)'이란 뜻의 그리스어에서 유래한다. 서양에서 점성술은 태양과 달 그리고 다른 행성 객체들의 위치에 기반하여 개인의 성격을 설명하고 그들의 인생에서 미래의 사건을 예언한다고 주장되는 천궁도의 체계로 거의 대부분이 구성된다.

그러면 별자리 운세란 무엇인가.

태양궁에서 같은 별자리를 가진 사람은 분명히 공통된 특징이 있다고 본다. 이는 소위 띠별 운세라 하여 태어난 생년이 같은 띠의 공통점과 일맥상통한다. 별자리도 궁합이 있다고 하는데 예를 들어 양자리와 사자자리, 사수자리가 가장 잘 어울린다는 식이다. 이 세 별자리는 모두 원소가 불火인 공통점이 있을 뿐이다. 남녀의 개인적 문제는 사실 여러 가지 복합

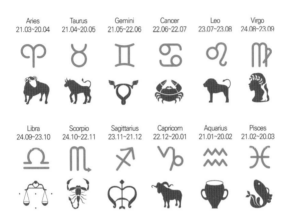

태어난 생일로 본 태양궁 12 별자리

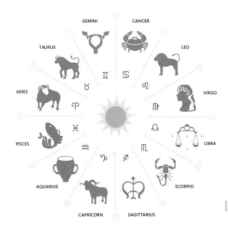

황도 12궁과 12별자리 기호

적인 요인이 작용하기 때문에 단편적으로 단정 지을 수 없다. 그러나 자신의 별자리와 함께 별자리의 특징을 살펴본다면 연애할 때 참고가 될 수 있다고 생각한다. 개인의 섹스 성향도 각 별자리가 가진 본래의 기질이나 가치관을 고려하면 경향성을 추측할 수 있을 것이다. 그런 의미에서 별자리의 특징과 섹스 성향을 살펴보았다.

생일로 보는 태양궁과
내면의 지향점을 보여주는 상승궁上昇宮

오늘날 태양궁 점성술(太陽宮 占星術, sun sign astrology)은 어떤 사람이 출생한 시점에 태양이 열두 개의 황도대 별자리 중에서 하나에 들어 있다고 하는 그것의 위치만을 고려하는 점성술 체계이다. 그 해의 열두 별자리 중에서, 그 별자리는 그 사람의 출생 태양궁이나 별자리로 불린다. 일반적으로 12별자리 운세라고 불리는 그것이다.

이 12개의 별자리를 천문학에서는 황도 12궁(zodiac)이라고 한다. 조디악zodiac은 그리스어로 동물원을 의미한다. 12별자리 중 천칭자리를 제외하고 동물 형상으로 되어있기 때문이다. 황도 12궁의 각각은 주로 탄생 시기를 나타내며, 사람의 성격을 분석하고 점성학적 자료를 통해 미래를 예측한다.

황도黃道는 지구에서 바라볼 때 태양과 달을 비롯한 행성들의 하늘길을 가리킨다.

12궁은 춘분날에 태양이 위치하는 지점에서 시작하여 양자리로 들어선다.

태양궁에 비해 각 개인에 대한 내면의 지향점을 보여주는 것이 상승궁이다.

상승궁(上昇宮, rising sign)은 어떤 사건의 특정 시간과 장소의 동쪽 지평선에서 떠오르고 있던 황도대의 별자리이며 도수이다. 태양궁은 보통 생일로 따지지만 상승궁은 태어난 시간까지 정확히 알아야 한다. 예를 들어 5월 20일에서 6월 21일에 태어난 사람들은 쌍둥이자리에 속하지만 몇 월 몇 시에 태어났느냐에 따라 다르다. 상승궁이 물병자리에 속한다면 그는 쌍둥이자리의 특징을 갖고 있지만 내면의 성향은 물병자리의 성향을 추구한다는 뜻이다. 따라서 개인의 특성이나 운세를 예측한다면 상승궁까지 보아야 할 것이라 생각한다.

양자리에서 물고기자리에 이르는 12별자리의 성향, 기질, 태도, 가치관은 각각 고유한 특징이 있는데 상징 기호 및 의미와 함께 섹스에 대한 성향을 알아보기로 한다.

12별자리는 태양이 춘분에 오는 양자리부터 시작한다.

12별자리의 특징과 섹스 성향

양자리 Aries(3.21~4.19)

에너지와 추친력을 의미하며 불火에 해당한다. 상징 기호는 솟아오르는 분수 혹은 숫양의 뿔을 도안했다고도 한다. 왕성한 에너지의 소유자이며 가장 남성적인 별자리로 리더의 기질과 개척 정신을 가지고 돌진하는 성향이 강하다. 지배자는 로마 신화에서 전쟁의 신이며 화성Mars이다. 사랑과 섹스를 분리하며 관능적인 쾌락을 추구한다.

황소자리 Taurus(4.20~5.19)

안정적인 것을 추구한다. 변화를 싫어하며 현실적이다. 강건한 육체를 가졌으며 사랑에 관해서는 소유욕이 강하다. 기호는 황소의 얼굴과 뿔을 나타내며 그 주인공은 미의 여신 비너스Venus이다. 섹스를 중요하게 여기며 감각적 본능에 충실한 경향이 있다.

쌍둥이자리 Gemini(5.20~6.21)

변화무쌍하며 쾌활하고 활동적이다. 대인 관계를 중시하지만 감정적으로 쿨cool하다. 호기심이 강하다. 지배자는 신들의 사자使者인 머큐리 Mercury, 즉 수성水星이다. 상징 기호인 Ⅱ에서 두 개의 평행선은 선과 악을 나타낸다. 이중성을 갖고 있다.
섹스에서 정신적인 만족을 중요시한다. 새롭고 색다른 것을 원하는 경향이 있다.

게자리 Cancer(6.22~7.22)

침착함과 섬세함. 창의력과 독립심을 뜻하며 내향적이며 소심한 편. 모성애의 별자리로 가정적이다. 지나친 배려로 상대를 힘들게 하는 경향이 있다. 자유분방한 섹스를 즐긴다. 게자리의 상징 기호는 젖가슴을 상징한다. 지배자는 달Moon이다.

사자자리 Leo(7.23~8.21)

자아의식을 뜻하는 별자리. 개방적이고 솔직하며 창조적인 기질을 가진

리더. 지배자는 태양계의 왕인 태양Sun이다. 주위를 지배하려는 속성이 있다. 불의 별자리로 상징 기호는 사자의 꼬리를 연상한다. 섹스도 주도적으로 하기를 원한다.

처녀자리 Virgo(8.22~9.22)

상징 기호는 가정에 헌신하는 미혼녀를 뜻하며 현실적이며 비판적. 타인에게 봉사하는 인간성. 순결과 복종. 근면성. 실용적이며 청교도적인 별자리로 지배자는 머큐리Mercury이다. 섹스에 대해 부정적인 경향이 있는 반면 변태적인 취향을 갖기도 한다.

천칭자리 Libra(9.23~10.22)

타인과의 관계를 중시한다. 지배자는 금성Venus이다. 아름다움을 추구하며 사교와 향락을 좋아한다. 바람의 별자리. 상징 기호는 저울을 디자인한 것. 섹스 자체보다 에로틱한 분위기를 선호한다. 섹스도 상대의 쾌락에 맞추는 경향이 많다.

전갈자리 Scorpius(10.23~11.21)

죽음과 재생의 별자리. 강한 정신력. 독재적인 성향. 지배자는 화성Mars. 남성의 성 에너지가 가장 많으며 오히려 금욕주의를 선택하기도 함. 강한 성욕과 통제력을 같이 갖고 있다. 심령적인 기질. 상징 기호는 전갈의 독침을 본뜬 화살촉 모양이다. 12 별자리 중 가장 성욕이 강하다. 섹스도 자기중심적이며 흥분과 쾌락에 몰두하는 편이다.

사수자리 Sagittarius(11.22~12.22)

미래지향적이며 낙천적이다. 지배자는 제우스의 특징을 보여주는 목성

Jupiter이다. 목성은 모든 분야에서 확장을 주관한다. 그리스 신화에 나오는 켄타우르스(반은 사람이고 반은 말)가 발은 대지에 머리는 구름을 가르듯 하는 데서 성직자의 별자리로 통한다. 이중성의 기질이 있다. 성적 표현은 개방적이다. 섹스를 일종의 예술 행위로 생각한다.

염소자리 Capricornus(12.23~1.19)

신중하고 냉철한 기질. 지배자는 로마 신화에 나오는 농경의 신 새턴 Saturn 토성±이다. 총독의 별자리로 근면하고 가족 중심적이며 책임감이 강하다.

사랑과 섹스를 동일시하며 안전감을 느낄 때 성적 에너지를 분출한다.

물병자리 Aquarius(1.21~2.19)

동료의식이 발달되어있다. 12별자리 중 유일하게 물을 쏟아 내는 인간을 그린 상징 기호는 인류애의 화신을 의미한다. 지배자는 토성이다. 지성을 상징하는 별자리. 섹스에 있어서도 육체보다 지적인 면에 먼저 반응한다. 성적 환상과 충동에 대한 욕망이 강한 편이지만 감정 표현을 드러내지 않는다.

물고기자리 Pisces(2.20~3.20)

상징 기호는 하나의 끈에 묶여 반대 방향으로 헤엄치고 있는 두 물고기를 나타낸다.

감정이 풍부하고 민감한 감수성의 소유자. 직감이 발달하여 심령가의 기질을 갖는 경우가 많다. 금욕주의적 경향. 상냥하고 친절함. 자기 포기의 별자리로 불린다. 이성의 유혹에 약하고 치유 능력을 가진 경우가 많다. 지배자는 해왕성海王星이다.

섹스를 통해 쾌락을 극대화할 수 있는 능력이 잠재되어 있다. 격렬하고 황홀한 섹스를 꿈꾸는 경향이 있다.

이상에서 살펴본 황도 12궁의 별자리 섹스 성향은 그 경향성을 보여줄 뿐 개개인의 특성까지 세밀하게 보여주지는 않는다. 다만 각각의 별자리가 가진 기본적인 성향을 통해 자신과 연애 대상의 소통에 도움이 될 수 있다고 생각한다.

04

섹스리스sexless 부부를 위한
솔루션

섹스리스는 공식적인 병명이 아닌 일종의 증후군(syndrome)이다. 대다수의 관련 전문가는 부부 사이에서 최근 1년간 성性관계가 한 달에 1회 이하일 경우 섹스리스로 판단한다.

2016년 강동우 성 의학연구소가 1,090명의 성인 남녀를 대상으로 성생활 관련 설문조사에서 기혼자 743명 가운데 '섹스리스'는 36.1%였다.

강동우 박사는 "해외 논문에 발표된 세계 섹스리스 부부 비율은 20% 수준으로, 이에 비하면 한국은 매우 높아 일본에 이어 세계 2위에 해당한다."고 말했다.

우리나라에서 섹스리스가 많아지는 가장 큰 원인으로는 부부간의 각방 생활이 꼽혔다. 섹스리스 부부들은 결혼 생활에 대한 전반적인 만족도도 10점 만점에 5.8점으로 섹스를 유지하는 부부들(6.6점)보다 낮은 것으로 나타났다.

언젠가부터 부부의 섹스에 대해 "가족끼리 하는 것은 근친상간이야"라는 말이 나돌 정도로 결혼 생활에서 섹스리스를 합리화하는 경향이 생겼다. 물론 섹스가 생산의 기능에 치중하던 시대는 지나갔다. 그러나 부부가 단순한 경제 공동체만은 아닐 것이다. 그러면 왜 결혼 전에는 살이라도 베어줄 듯 불타는 사랑을 하던 커플이 결혼 후 섹스 없이 사는 부부가 되었을까? 신체적, 정서적, 환경적 요인이 작용하였을 것이다. 주변의 지인들 중에도 남편이나 아내와 섹스를 안하고 생활한 지 오래되었다는 얘기를 듣는다. 그런데 그들의 공통점은 부부간의 대화가 거의 없다는 사실이다.

그렇다고 싸움을 자주 하거나 사이가 나쁜 것도 아니라고 한다. 일상에서 뭔가 같이 해결해야만 하는 문제가 생겼을 때나 어느 한쪽이 필요에 의해 대화를 한다는 것이다. 그런가 하면 남편의 입장에서 아내와 사이도 좋고 섹스도 하고 싶은데 아내가 성교통으로 거부하는 경우도 있었고 남편하고 섹스를 의무적으로 하다가 발기 부전이나 조루로 섹스를 그만둔 경우도 많았다고 한다. 아내가 거부하는 경우에 많은 남자들은 야동을 보면서 자위를 하지만 정서적으로는 만족이 안된다는 얘기도 들었다. 그 외에 지방이나 해외 출장 갈 때마다 매춘을 통해 성욕을 해소한다는 남자도 있었다.

남성과 여성의 성기능 장애가 섹스리스를 만든다

섹스리스의 원인 중 하나는 남성과 여성의 성 기능 장애를 들 수 있다.

남성의 경우 사정은 물론 발기도 안 되는 경우를 '성선기능저하증性腺機能低下症'이라고 한다.

성선기능저하증은 남성호르몬 결핍증후군(TDS, Testosterone Deficiency Syndrome)인데 고환의 기능이 떨어지는 질환으로, 남성 호르몬과 정자가 잘 생산되지 않으며 원인은 음주, 흡연, 스트레스 그리고 노화라고 한다.

남성은 주로 주사 요법으로 치료하는데 병원에 가서 상담을 하는 것이 최선의 방법이라고 생각한다. 조루도 마찬가지이다.

여성의 성 기능 장애는 성욕 저하 장애, 흥분기 장애, 극치감 장애, 성교통증 장애 등을 말한다.

중·장년층이 성생활에 어려움을 겪는 이유로는 갱년기 등에서 비롯된 성 기능 장애, 우울증 등이 대표적이다. 남성은 이 시기에 테스토스테론 수치가 가파르게 감소해 발기력이 저하되는 등 성 기능이 떨어진다. 흡연, 음주, 당뇨병, 고혈압 등으로 혈관에 문제가 생기는 것도 원인으로 들 수 있다.

발기 부전은 평소에 규칙적인 운동, 채소와 과일의 충분한 섭취 등으로 미리 예방하는 것이 중요하다. 또한 니코틴은 고환의 혈관을 병들게 하는 적이므로 담배를 끊는 것이 좋다.

여성의 경우는 폐경기가 되면 난소에서 더 이상 여성 호르몬인 에스트로겐을 생성하지 못해 질 혈류 감소, 질 분비물 감소 등 여러 변화가 나타나며 성욕도 함께 감퇴한다.

질이 건조해져서 성행위 중 통증을 느끼는 것이 그 이유 중 하나이다.

또한 갱년기에 찾아오는 우울증은 상담을 받아 치료하면 극복할 수 있다.

한편 정서적 요인으로는 신혼 초에 나타나는 가치관의 충돌과 갈등을 해결하지 못한 상태에서 부정적 감정이 쌓였다고 보인다. 아이를 낳은 후에 각 방을 쓰면서 살다 보면 동거인의 관계가 된다. 섹스리스가 되면 계속 그 상황이 지속되기가 쉽다고 한다. 그리고 장기간 지속되면 외도를 하게 되거나 이혼의 위기를 맞게 되는 경우가 많다. 어떤 경우에는 남편과 섹스리스로 살면서 우울증과 소화불량으로 고생하다 개를 키우면서 정서적으로 안정을 찾았다는 얘기도 들었다. 그러나 반려동물이 남편을 대신할 수는 없을 것이다. 몸이 멀어지면 마음도 멀어진다는 말이 있지만 마음이 멀어지면 몸도 멀어지는 법이다. 서로가 진지하게 문제를 직시하고 전문의를 찾아야 할 것으로 보인다.

섹스리스에서 벗어나는 방법은 결혼 생활의 리셋에 있다

그러면 섹스리스에서 벗어나는 방법은 무엇일까?

섹스에서 가장 중요한 조건은 일단 내 자신의 몸과 마음이 편해야 한다는 사실이다.

몸이 아프거나 마음이 편치 않으면 상대에 대한 배려도 뒷전이 되고 만다.

1. 우리는 일상에서 많은 스트레스를 받고 산다. 중요한 점은 스트레스에 대한 적응이라고 본다. 가능하면 부정적인 생각보다 긍정적인 마인드를 가질 필요가 있다.

2. 오랫동안 무덤덤한 관계에서 서로 보는 것도 말을 섞는 것도 서먹한 상황을 반전시킬 필요가 있다고 본다. 의식적으로 상대에게 다정한 목소리로 말을 건네는 연습을 한다. 연애 시절에 대한 추억을 꺼내면서 대화 분위기를 만든다.

3. 상대 옆에 다가가 기분 좋을 얘기를 하면서 가볍게 등을 대거나 손을 잡는 등 의도적으로 신체적 접촉을 시도한다.

4. 상대의 건강과 컨디션에 대해 물어본다. 불편한 곳이 있다고 대답하면 같이 병원을 가겠다고 약속한다.

5. 외식을 하자고 청하고 상대가 좋아할 만한 식당을 예약한다.

6. 분위기 좋은 카페에 가서 자신의 솔직한 감정을 털어놓는다. 특히 성생활에 관한 문제를 조심스럽게 꺼내면서 대화를 시도한다.

7. 외박을 제의하고 트윈 베드 있는 룸으로 정한다.

8. 호텔 룸에서 서비스를 시켜 와인과 가벼운 안주를 먹으면서 로맨스 영화를 본다.

9. 식탁 앞에서도 일상적인 날씨부터 시작해서 가벼운 대화를 나누는 연습이 필요하다. 한 사람이 식사 준비를 하면 상대에게 설거지를 부탁하는 방법도 있다.

10. 대화를 할 때는 상대의 눈을 맞추는 게 중요하다. 옛말에 "눈 맞으면 배 맞는다."고 했듯이 눈을 보면서 얘기하면 진심을 전할 수 있다.

11. 서로의 취미에 대해 관심을 갖고 가능한 같이 할 수 있는 것을 찾는다. 부부가 같이 할 수 있는 것으로 댄스를 추천한다. 댄스는 서로 호흡을 맞춰야하기도 하고 자연스럽게 신체 접촉을 하게 되므로 정서적으로 친밀감을 갖게 한다.

무엇이든지 시작이 힘들지 한번 시도하고 또 계속하면 변화될 수 있다. 물론 오랫동안 얼어있던 부부간의 빙하가 하루아침에 녹지는 않아도 진심으로 상대를 존중하면서 보살펴주고 소통을 위해 노력한다면 조금씩 상대도 감정의 변화가 있을 것이다.

나는 주변의 50대와 60대 섹스리스 부부가 심한 경우는 5년 이상 한 번도 관계를 하지 않은 채 남편이나 아내와 친구처럼 살면서 부부의 성을 포기하였다는 얘기를 들으며 안타깝게 느껴졌다. 어떤 경우는 특별히 사랑이란 감정을 느끼지 못한 채 결혼한 경우도 있고 살면서 경제적인 이유로 서로의 감정이 파손된 경우도 있다. 개인적으로는 부부 중 누군가 먼저 손을 내민다면 분명히 개선될 수 있을 거라 생각한다.

섹스리스의 많은 부분은 성적 만족도라는 문제에 있지만 성기능 장애 등은 의학의 발달로 많은 효과를 보고 있다. 문제는 멀어진 마음의 거리를 좁혀 나가는 것에 있다.

부부의 성생활은 건강뿐 아니라 무엇보다 삶의 행복을 느끼는 가장 큰 선물이라고 생각한다. 선물꾸러미를 창고에 넣어두면 먼지가 쌓인 채 고물이 되는 것이다.

부부의 성생활도 리셋reset이 필요하다고 본다.

05

자유롭고 행복한 성행위, 건강이 먼저다

현재 성생활이 일상의 삶 속에서 차지하는 행복과 관련이 있다는 결과는 여러 연구를 통해 나타나 있다.

세계보건기구(WHO)도 섹스로 얻는 성적 만족을 삶의 질을 표현하는 가장 중요한 척도로, 행복의 지표(Happiness marker)로 인정하고 있다.

2020년 미국 다트머스대학 교수 데이비드 블라치 플라워David Blachflower와 영국의 워윅대학 교수 앤드루 오스왈드Andrew Oswald는 섹스와 행복이 상관관계를 가진다는 사실을 발견했다. 연구진은 미국의 성인 남녀 16,000명을 대상으로 설문 조사를 진행했고 삶의 만족도를 결정짓는 여러 요인 중에서 성관계가 차지하는 비중을 수치로 분석했다. 이들은 한 달에 한 번 섹스 하던 사람이 최소 일주일에 한 번 이상 섹스를 할 경우, 생산되는 만족도는 일반적인 중산층 미국인이 한 해 벌어들이는 소득과 맞먹는다고 보았다. 블라치 플라워 박사에 의하면 사랑하는 사람과 정기적으로 하는 성생활은 삶의 만족도를 높여준다는 것이다.(출처: 마음건강 길

(https://www.mindgil.com)

성생활에서 얼마큼 자주 하느냐도 중요하지만 성애를 할 때 서로가 느끼는 즐거움도 그에 못지않다고 본다. 당연히 쾌락을 위해 다양한 방법을 구사하는데 그 중 강력한 것 중 하나가 오랄 섹스Oral Sex라 할 수 있다.

일반적으로 커닐링구스cunnilingus와 펠라티오fellatio로 나누어지며, 특히 여성의 성기를 구강으로 애무하는 구강성교, 즉 커닐링구스는 남녀의 성교 전 전희의 과정으로서 중요한 역할을 한다. 오르가즘에 도달하는 시간이 남성보다 오래 걸리는 여성에게 오럴 섹스는 전희 단계에서 중요할 수 있다. 특히 입술과 혀의 따뜻하고 부드러운 촉감은 여성 오르가즘에 필요한 음핵(클리토리스) 자극에 큰 도움이 될 수 있다.

펠라티오fellatio라는 단어는 라틴어로 '빨다'라는 뜻의 동사에서 나왔다.

남성의 성기를 혀, 입술 등의 구강 기관으로 애무하는 성행위다. 보통 음경을 입으로 빠는 것을 가리키지만 행위 중에 음경뿐 아니라 고환을 자극할 수도 있다.

우리나라에서는 일본어 '사까치サカチ'가 펠라티오를 뜻했는데 이의 어원은 대나무로 만든 피리 샤쿠하치shakuhachi. 일본에서는 펠라티오를 '샤쿠하치를 불다'라고 표현한다.

펠라티오는 세계 각국에서 고대에서부터 널리 행해졌다. 서양에서는 그리스, 로마 시대 널리 애호됐다는 기록이 있으며, 인도의 카마수트라에

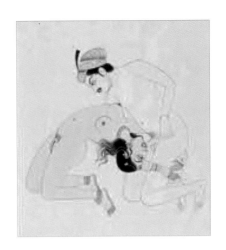

| 카마수트라

도 그림과 같이 펠라티오가 묘사돼 있다.

기독교가 널리 전파되기 전에는 세계 대부분 지역에서 펠라티오가 광범위하게 보편적으로 이루어졌으며, 오랄 섹스는 대단히 일반적인 행위로 받아들여지고 있었다.

중국 명대의 소설 『금병매金甁梅』에 나오는 반금련潘金蓮의 성희性戲 중 가장 뛰어난 기술은 바로 '피리 불기'였다고 한다. '피리 불기'는 성애 자극을 위해 여성이 남성에게 행하는 음경지벽陰莖舐癖, 즉 펠라치오를 일컫는 은어이다.

펠라치오는 기독교 문화권에서 번식 없이 쾌락만을 추구하는 행위라 하여 이를 혐오스럽게 여겼으나, 타 문화권에서는 번영의 상징으로 다루어지는 경우도 있었으며, 타 지역과 비교할 때 대범하게 묘사된 경우도 있다.

커닐링구스Cunnilingus는 근대 라틴어의 cunnus(보지)라는 명사와

lingere(핥다)라는 동사에서 파생되었다. 남성이 입술이나 혀로 여성의 가슴하고 성기를 빨아주면서 애무하는 것을 말한다. 구체적으로 혀를 질에 넣거나 여성의 클리토리스, 외음부나 그 주변, 또는 가슴을 핥거나 빨면서 애무한다.

1976년에 쉐어 하이테가 발표한 『하이테 보고서The Hite Report』에는 대부분의 여성이 커닐링구스의 일환으로서 행해지는 클리토리스 자극에 의해 용이하게 오르가슴에 도달한다고 기록하고 있다.

한편 중국의 도교에서는 커닐링구스가 수명을 연장시키는 행위로 여겨져, 영적으로 성취되는 관습으로 존경받았다. 도교에서 체액體液은 매우 중요한 액체이며, 따라서 그 상실은 생명력의 쇠약을 일으키는 원인이 되고 반대로 그것을 마실 때 생명력을 회복할 수 있다고 생각했다. 반면 로마 제국 기간 동안에는 커닐링구스가 여성에 대한 남자의 복종으로 간주되었기 때문에 커닐링구스를 하는 비율이 감소했다.

커닐링구스는 남성이 여성의 외음부 특히 음핵과 소음순을 입으로 접촉하는 것으로 외음지벽外淫砥癖이라고 한다. 특히 음핵을 입으로 자극시키면 여성에 따라서는 극치감을 느끼기도 한다.

여성들 중에는 삽입보다 오랄 섹스에서 더 빨리 오르가즘에 도달할 수 있기 때문에 선호하는 경우도 많다. 그런데 오럴 섹스는 정말 안전할까?

펠라티오와 커닐링구스의 위생과 건강

많은 사람들이 구강성교는 성병에 안 걸릴 거라 생각하는데 확률이 비교적 낮을 뿐이지 성병의 전염이 가능하다고 한다. 입과 성기가 만나는 행위이기 때문에 여러 가지 성병과 병균에 노출될 위험성이 많다. 이뿐 아니라 침 속에는 수많은 병균이 늘 존재하기 때문에 오랄 섹스를 즐기는 사람들은 인후염, 인후암, 구강암 등의 성병에 감염되기 쉽다는 것을 간과해서는 안 된다. 여성의 구강에 사정했을 경우 억지로 삼키게 하기도 하지만 지양하는 것이 좋다. 의학계에서는 구강성교로 인한 발병이 급격하게 증가하고 있다는 조사가 발표되었다.

커닐링거스 후에는 입을 닦은 후 삽입 섹스를 하는 것을 권한다.

또 평생 완치가 안되는 헤르페스 같은 성병도 입과 성기의 접촉으로 인해 감염되기 쉽다. 헤르페스는 입과 성기 두 가지 유형의 바이러스가 있는데 최근 이 둘이 교차 감염되는 것이 밝혀졌고, 심지어 증세가 없을 때에도 감염의 위험성이 있음이 밝혀졌다.

앞서 말한 구강암 역시 섹스를 통한 HPV 감염이 그 발병 원인이 될 가능성이 높다는 것이 여러 연구에서 밝혀지고 있다. 최근 밝혀진 구강암의 원인은 주로 흡연과 음주, 그리고 HPV에 의한 발병이다. HPV는 여자에게 자궁경부암을 일으키는 주요 인자인 바이러스로 주로 성 접촉을 통해 발병한다.

그래서 오랄 섹스 할 때에는 입과 성기를 청결하게 씻는 것도 중요하지만, 상대의 성 건강 상태를 모르는 경우 콘돔이나 덴탈 댐Dam(오럴 섹스 시 사용하는 얇은 라텍스로 만든 성 위생 도구)을 사용해 성병 예방 조치를 취하는 것이 필요하다.

탄트라tantra를 통한
섹스 테라피

탄트라에 대한 연구 가운데 여기서는 아지트 무케르자의 『탄트라』를 참고로 소개하고자 한다.

탄트라tantra란 본래는 산스크리트어로 실絲이라는 의미이다. 실의 씨실을 의미하고 여러 내용이 파생되었다는 역사적인 기록이 있다.

'넓히다'라는 뜻을 가진 tan이라는 어원에서 나왔고, 하여 '그것에 의하여 지혜가 넓혀지는 것'이라고 해석할 수도 있다. 8세기 이후에 성전聖典으로 나타났다.

인도에서 성전을 나타내는 뜻의 수트라sms는 날실縱絲이라는 의미를 갖고 있다. 수트라는 사상적인 내용이 풍부한데 비하여 탄트라는 실천적인 면에 중점을 두고 있는 것이 특징이다.

인도인의 우주관에 의하면 절대자로서의 브라만은 자체 안에 남성적 요소와 여성적 요소의 양면성을 가지고 끊임없는 변화 속에서 창조와 파괴의 순환을 거듭하는 것으로 이해된다. 그러므로 탄트라는 우주의 본질과 합일을 이루어 우주 본래의 복됨에 도달함으로 초월하려는 방식이다.

탄트라의 성性은 생명력의 근원으로 합일하는 신성한 종교의례

탄트라에 따르면 이 세상에 나타나는 것은 푸루샤purusa라는 남성 원리와 샥티sakti라는 여성 원리로 이루어진 이원론二元論에 기본을 두고 있다. 그곳에는 남녀의 교합이 <시바신>과 <삭티>와의 창조적인 결합으로까지 고양高揚될 수 있다는 사상에 근원을 두고 설명하고 있다. 시바는 이성이며 삭티는 에로스eros이며 창조적 에너지는 삭티로부터 솟아 나온다는 것이다. 그러므로 삭티는 모든 개체 인간의 근원에 깃들어 있는 정신 및 육체적 힘의 구심점이 된다. 따라서 탄트라 수행자가 지향하는 궁극적 목표는 내재하는 삭티를 통해서 시바와 결합하는 일이다. 이러한 결합은 경전 가운데 성적 결합으로 상징되어 있을 뿐 아니라 실제로 섹스는 수행의 중심이 되기도 하였다.

남성은 시바로 여성은 삭티로 인격화되어 남녀의 성교는 단순한 육체적인 결합만이 아니고 우주적인 자연 에너지와 자아라는 두 원리의 융합을 나타내는 것이다.

탄트라에서는 모든 자연적 본능의 충족을 긍정하고 있다. 왜냐하면 고

행이나 금욕을 통해서 자연을 억제하거나 육체를 약화시키고 정신적인 긴장과 갈등을 야기시키는 일은 생명의 건강한 성숙을 방해한다고 생각한다. 그러므로 오히려 자연의 저급한 충동으로부터 고상한 충동으로 향상되도록 수련할 것을 주장한다. 모든 자연의 충동은 본질적으로 동일한 신성神性으로부터 솟아오르는 진화의 창조적 에너지라고 파악하기 때문이다.

육체가 갖는 본래의 에너지를 최고로 발휘함에 따라서 내면에 잠자고 있는 초월적인 자아를 본래의 모습으로 드러내게 하려는 것이다.

탄트라의 성性은 우주의 에너지인 생명력의 근원으로 합일하는 신성한 종교의례였다.

오쇼 라즈니쉬(Osho Rajneesh, 1931~1990)는 섹스에 대해 생명 에너지라고 하였다.

생명 에너지life energy는 하나이지만, 그것은 여러 방향으로 드러날 수 있다. 섹스는 그것들 가운데 하나이다. 생명 에너지가 생물학적이 되면 그것은 성 에너지가 된다. 섹스는 생명 에너지가 적용된 하나의 형태일 뿐이다. 에너지가 다른 방향으로 흘러가면 섹스는 존재하지 않는다. 그러나 그것은 에너지가 순화된 것이 아니라 변형된 것이다. 섹스는 생명 에너지의 생물학적이고 자연스러운 흐름이며, 생명 에너지가 가장 낮게 적용된 형태이다. 섹스 없이는 생명이 존재할 수 없기 때문에 섹스는 지극히 자연스러운 것이다.

그는 "일반적인 섹스와 탄트라 섹스는 어떻게 다른가?"라는 질문에 이렇게 대답했다.

그대의 성행위와 탄트라 섹스는 본질적으로 다르다. 그대의 성행위는 무엇인가 내보내기 위한 것이다. 그것은 시원하게 재채기를 하는 것과 같다. 에너지가 방출되고 그대는 짐을 던다. 그것은 창조적인 행위가 아니라 파괴적인 행위이다. 물론 배설 뒤에 몸과 마음이 이완되는 효과가 있긴 하지만 그 이상의 의미는 없다.

요가의 아사나를 하다 보면 섹스 체위와 비슷하다고 느낀 경우가 많을 것이다.

탄트라는 우리들을 얽어매고 있는 인간의 본성적인 측면 바로 그것이 사실은 해탈로 들어가는 디딤돌이 될 수 있는 것이다. 이러한 견지에서 보면 성적인 충동도 우주 진리의 문을 열기 위한 방법이다. 요가의 여러 가지 체위 〈아사나〉는 섹스의 에너지를 정신면에서 충실히 활용할 수 있는 방법을 분명히 밝혀준다.

인간의 육체는 대우주에서 볼 수 있는 모든 것과 대응되고 있다. 이것은 결국 인간 자신 속에서 모든 진실을 밝혀내려는 사고방식이다.

탄트라는 정신과 육체를 일체화시킴으로써 인간의 정신적 육체적인 힘을 최고도로 발휘할 수 있게 한다.

인도의 카주라호 사원에 새겨져 있는 미투나들을 보면 남녀의 교합상, 남녀의 성기가 노골적으로 표현되어 있어 충격적으로 다가올 수 있다. 그러나 그것은 풍요를 기원하는 고대 인도의 농경의례를 계승하고 있는 것으로 생동감 있는 특성 또한 인도 문화의 특이한 성격과 밀접한 관계가 있다고 한다.

카주라호 사원의 미투나
ⓒ 2008 서종규

탄트라 섹스는 상대와 눈맞춤을 하면서 깊은 호흡에서 시작한다

그러면 탄트라 섹스는 어떻게 하는 것일까? 인도네시아 언론 페미나 (femina.in)가 탄트라 섹스의 입문 과정을 소개한 것을 요약하면 다음과 같다.

1. 적절한 공간을 만들어라. 모든 감각을 이완시키는 공간이 중요하다.

2. 9개 차크라를 깨워라. 차크라는 우리 몸의 기氣가 모이는 곳이다. 가슴에서 시작해 갈비뼈로 내려가기 전에 9번의 심호흡을 하는 동안 원을 그리는 동작으로 가슴을 마사지하라. 마사지는 아래쪽으로 이동할 때 9배수로해야 한다.

3. 서로 부드럽게 자극하라. 상대의 몸을 정성스럽게 만져주면서 자극해주라는 것이다.

4. 변화를 세심히 관찰하라.

탄트라 섹스의 많은 부분은 섹스 중 몸과 마음이 하나가 될 때 일어나는 변화를 관찰하는 것이다.(출처: 속삭닷컴http://soxak.com 중에서 인용)

탄트라 섹스는 일종의 의식처럼 치러지기 때문에 장소는 조용한 침실이 적당할 것이다. 조명 대신에 향이 없는 초를 준비한다.

탄트라 섹스에 대한 방법은 다양한데 기본적인 원칙은 크게 다르지 않다.

1. 먼저 서로 반대편에 서서 서로의 눈을 바라보고 왼손을 파트너의 심장에 댄다. 그런 다음 그는 당신의 심장에 손을 대고 최소한 2분 동안 같은 리듬으로 숨을 쉬도록 노력해야 한다.

2. 눈을 마주 치는 연습을 한다.

3. 얼굴을 맞대고 앉는다(이는 그의 무릎에 앉아있을 때 가장 효과적이다). 파트너를 껴안고 몸을 함께 누른다.

4. 눈 접촉을 유지하면서 신경을 깨우고 감각을 높이기 위해 파트너의 몸 위로 손가락 끝을 아주 가볍게 천천히 움직인다. 손, 깃털, 부드러운 티슈 및 기타 촉감이 좋은 물건을 사용하여 서로 관능적인 마사지를 할 수 있다. 여기서 유일한 규칙은 성감대를 건드리지 않고 파트너를 애무하는 것이다.

5. 마지막 단계는 섹스가 될 수 있다. 그러나 그것은 선택이다. 당신은 즐거운 성적과 관능적인 행복의 행복한 상태에서 옆에 누워 키스하고 껴안을 수 있고 섹스 그 자체는 탄트라 섹스의 주제가 아니라 가능한 시나리오 중 하나일 뿐이다.

6. 자신이 너무 많이 흥분하면 파트너와의 유대감을 증가시키는 느린 자세를 선택한다. 신체는 가능한 한 서로 가까이 있어야 하며 눈을 잃지 않아야 한다. 성적인 에너지, 감정 및 감각을 더 많이 개발할수록 오르가슴이 더 강해진다.

탄트라 섹스에서 빈번한 오르가슴은 여성의 성 건강에 도움이 될 수 있다고 한다. 그러나 일반적인 오르가슴과 탄트라 오르가슴 사이에는 엄청난 차이가 있다. 보통 오르가슴은 짧은 기간 동안 지속되고 성적 기관에서 격리 된 상태로 유지된다.

탄트라 섹스 오르가슴은 이론적으로 전신 및 정신을 포함하며 몇 시간 동안 지속된다. 탄트라 섹스에서 중요한 몇 가지는 다음과 같다.

1. 섹스하는 동안 몸의 감각을 느끼고 받아들인다.

2. 쾌락이 이끄는 대로 움직여라.

3. 깊은 호흡과 눈맞춤이 필요하다. 눈맞춤을 유지하면서 5초 동안 반복적으로 숨을 들이쉬고 내쉰다.

4. 탄트라 마사지를 해준다. 파트너를 정면으로 눕게 한 후 따뜻한 오일을 사용하여 등 중앙(하트 차크라)에서 시작하여 사지를 향해 단단히 마사지한다. 발바닥, 손가락 사이, 팔 뒤쪽과 같이 방치된 부위를 마사지하고 만지는 데 시간을 할애하라고 전문가는 조언한다.

5. 분위기 조성으로 관능적인 무드에 필요한 캔들이나 마사지 오일 제품을 준비한다.

여기서는 탄트라 섹스의 기본 규칙에 대해 소개하였지만 실제로 제대로 하기 위해서는 일정 기간 요가를 배우면서 숙련된 스승의 지도가 필요하다. 탄트라는 바르게 이용하기만 한다면 자아를 고양시킬 수 있으나 오용하면 역효과가 생겨나 자아를 파괴시키게 된다는 것이다.

성교육자 딘Nadia Deen은 탄트라 섹스를 통해 더 영적이고 의식적인 방식으로 파트너와 연결하여 휴식과 평온을 궁극적인 목적지로 만들 수 있다고 말한다.

연인이나 부부간에 탄트라 섹스는 심신의 건강을 위한 수행법이라고 생각한다.

탄트라 위치에 있는 인도 연인,
북서 인도 원본 제조, 10-11세기 프리미엄 사진

07

행복한 성을 만드는
건강식품 26가지

매년 미국에서는 세계 슈퍼 푸드라고 10대 식품을 선정하여 발표하고 있다.

슈퍼 푸드super food는 건강한 효능이 있다고 여겨지는 식품을 가리킨다. 일반적으로 콜레스테롤이 적고 해독 작용과 활성 산소를 제거하는 항산화 작용을 한다고 알려졌다. 그런데 식품 중에는 특별히 정력에 좋은 것들이 있으며 우리가 일상에서 많이 섭취하기도 한다. 정력을 강화하기 위해서는 혈관 관리가 중요하며 혈액 순환과 호르몬 분비가 원활해야 한다. 또한 생식기의 기능을 강화하는 것이 필요하다. 어떤 식품에 들어있는 영양소가 정력에 도움이 되는지 살펴보았다.

1. 마늘

마늘은 발기 부전에 좋은 음식으로 발기가 되려면 혈액 순환이 원활해야 한다. 마늘에 들어 있는 알리신이라는 성분은 혈관을 확장시켜 혈액 순환을 돕고 혈압과 콜레스테롤을 낮추는 기능을 갖고 있다. 또한 마늘은 호르몬 분비를 촉진시켜 정력을 증진시킨다.

2. 양파

양파에는 퀘르세틴이 많고 마늘처럼 자극적인 냄새를 내는 알리인이 들어 있는데, 이 성분들이 정력 증진에 중요한 역할을 한다.

3. 양배추

양배추는 우리 몸에 독소를 제거하고 혈액 순환을 개선시키는 효과가 있다. 혈액 순환이 좋으면 성기능이 올라가며 정자에 좋은 영향을 주게 되어 생식력과 정력에 좋다고 알려졌다.

4. 아스파라거스

고대 식물성 의약품으로 사용된 아스파라거스는 고혈압 예방에도 좋다. 비타민E도 함유돼 있어 남녀 모두의 성호르몬을 활성화시키며, 단백질 함유량이 높고, 칼로리와 나트륨이 적은 대신 식이 섬유가 풍부해 다이어트식으로도 사용된다.

5. 부추

부추에 함유된 황화알린 성분에는 피로 회복에 좋은 비타민B1 성분이 풍부하게 들어 있다. 부추를 기양초起陽草라 부르기도 하는데 말 그대로 양기를 일으키는, 즉 정력을 좋아지게 하는 풀이라는 뜻이다. 부추에 포함된 황화알린은 생식기 기능을 강화시켜주므로 남성의 발기 부전이나 정력 강화에 도움을 준다.

6. 시금치

시금치는 3대 영양소뿐 아니라 수분, 비타민, 무기질 등을 다량 함유한 완전 영양 식품이다. 시금치에는 정자의 필수 영양소인 엽산이 풍부히여 정자 생산에 도움이 되고 항산화 성분이 풍부하며 혈압 조절과 면역력 증가에 효능이 있다고 알려졌다.

7. 생강

인도 전통의학인 아유르베다는 생강을 신이 내린 치료제로서 만병통치약으로 간주한다. 생강은 성욕, 성관계 능력 향상에 도움이 된다.

8. 다시마

다시마는 요오드 함량이 높아 갑상선 기능을 도와준다. 갑상선기능부전으로 인한 성욕감퇴로 괴로워하는 여성에게도 효과적이라고 알려져 있다. 풍부한 알긴산 성분이 혈액 내 콜레스테롤 수치를 낮추어 심혈관질환 예방에 도움을 주며 노폐물을 배출하여 혈행 개선을 도와준다.

9. 토마토

토마토는 원래 생명 연장인 장수에 도움이 된다고 알려졌다. 가장 강력한 항산화 성분인 라이코펜을 함유하고 있다. 라이코펜은 면역을 강화하는 효능은 물론, 심혈관 질환과 전립선 관련 질환을 예방하는 효과가 크다는 사실이다.

10. 아보카도

아보카도의 기름은 불포화 지방산을 다량 함유하고 있어 심장 질환, 암, 당뇨병의 발병률을 크게 낮춰주는 효과가 있다. 무기질이 풍부하며, 항산화 성분도 다량 함유되어 있다. 또 남성 호르몬을 생성하는 비타민B6가 많아 혈액 순환 개선에 도움을 준다.

11. 복숭아

중국에서는 '불로장생의 과일'이라 알려졌고 유방암 전이 억제 효과가 있다고 한다.
정자의 활성화를 높여주는 비타민C가 아주 많이 함유되어 있다.

12. 바나나

비타민B1·비타민C 및 마그네슘이 풍부하며 정자의 수를 증가시키고 운동성을 향상시킨다. 성호르몬을 조절하는 희귀 효소인 브롬리아드Bromeliad를 함유하고 있다. 그외에 우리 몸에 독소를 빼주며 정맥염과 관절염 항염증 기능도 있다.

13. 무화과

무화과는 아미노산이 풍부하며 스태미나 증강에 도움을 준다. 정자의 생성과 활동, 남성의 불임증에 효과가 탁월한 것으로 알려졌다.
무화과에는 식이 섬유도 많아 식후에 디저트로 먹으면 소화도 잘 된다.

14. 오미자

오미자는 정기를 수렴시켜 몽정, 유정, 활정을 다스리고 당 대사를 원활하게 하는 기능으로 간세포의 단백질 합성을 자극해 정력을 증강시킨다.

오미자의 짠맛은 신장腎臟을 보호하는데 한의학에서는 신장이 남자의 생식 기능과 관련이 깊다고 보았다.

『동의보감東醫寶鑑』에는 남자의 정기를 돋운다고 되어있다.

15. 오트밀

오트밀이란 귀리를 볶은 다음 죽처럼 조리한 음식인데 풍부한 양질의 단백질과 비타민B1, 비타민B2는 활력을 증진시키는 효과가 있고 귀리에는 정액의 일부를 구성하는 아연이 풍부하여 정자의 활동을 활발하게 만들어주며, 특히 사정할 때 정자를 분출시키는 연동 운동을 원활하게 한다.

16. 달걀

비타민B의 함량이 풍부한 달걀은 건강한 성적 생활에 효과적인 식품으로, 각종 호르몬 분비를 조절해 준다. 또한 B6을 한 번에 다량으로 섭취할 수 있는 음식이다. 비타민E와 단백질이 풍부한 달걀은 건강한 정자의 형성을 돕고 정자의 운동성을 향상시킨다. 정자 세포를 활성 산소(free radicals)로부터 보호해 준다.

17. 스테이크

에너지의 근원이 되는 단백질이 많고 붉은 살코기는 성기능 장애를 유발하는 뇌하수체 황체자극 호르몬의 생산을 억제해 준다.

18. 장어

장어는 남성의 조루를 개선하고 정력을 높여줄 뿐만 아니라 여성의 불임에도 좋은 효과가 있다고 한다. 오메가3 특히 남성의 정력 증강에 도움이 되는 물질인 뮤신과 콘도로이친이 다른 식품보다 풍부하게 들어있다.

19. 굴

정력에 좋은 이유는 바로 아연과 셀레늄 때문인데 이는 남성 호르몬의 분비와 정자 생성을 촉진해서 생식 능력을 강화해주어 정력에 좋은 성분으로 알려져 있다. 또한 남성 호르몬인 테스토스테론을 만드는 데 쓰이는 특별한 아미노산이 풍부하다고 한다.

일반 남성은 한 번 사정할 때 약 5mg의 아연이 몸에서 빠져나가는데, 굴 100g에는 약 90mg의 아연이 들어있다고 한다. 굴에는 정력을 증가시켜 주는 것으로 알려진 호르몬인 도파민도 들어 있다.

20. 전복

전복은 시력 회복과 항암 효과가 크다고 알려져 있는데 특히 아르기닌 arginine이라는 아미노산은 남자 정액의 주요 구성 성분으로 남성의 정력을 증강하여주고 발기 부전이나 혈관이 좋지 않은 분들에게 효능이 있다고 한다.

21. 새우

새우는 성욕을 증진하는 신경 전달 물질을 생성하는 페닐알라닌이 다량 함유돼 있으며, 한방에서는 새우가 남성 성 기능 장애에 효과가 있는 것으로 보고 있다. 또한 정자 생산 및 정자의 활동력을 강화시키는 효과도 있다.

22. 홍삼

홍삼은 자연이 주는 천연 정력제라고 알려져 있는데 남성의 에너지 충전과 강력한 성기능 회복에 우수한 효능이 있다고 한다. 사포닌이라는 성분이 정자에 좋고 정자를 강화시키고 발기 부전에 도움을 준다는 연구 결과가 나왔다.

23. 대추

『본초강목本草綱目』에는 "대추는 근골을 강하게 해주고 음기를 더해 주며 살이 찌게하고 신체를 건강하게 해준다. 기가 허한 상태에 있는 남성들이 대추를 복용하면 성욕과 정력을 증강시켜 준다."고 기록되어 있다. 오장을 보호하고 신장 기능을 도와 생식 능력을 높이고 정력을 좋게 하는 강장 작용도 한다고 알려졌다.

24. 아몬드

아몬드는 불포화 지방산, 셀레늄, 비타민E, 아연 등의 성분이 함유되어 있어 정자 생성에 도움을 주어 정자 생산력을 높여준다. 또한 생식 기능, 호르몬 생성(특히 테스토스테론), 성욕에 필수적으로 여겨지는 필수 지방산이 풍부하다. 셀레늄과 아연 성분은 정자를 생성해주는 성분이라서 발기 부전 정력 감퇴에 큰 효능이 있다.

25. 호두

호두는 전립선암과 유방암 발병 가능성을 낮춰준다. 호두에 함유된 L-아르기닌은 심장병을 앓는 이들에게 좋다. 호두는 염증을 줄여주고 혈전의 생성도 줄여준다. 또한 정자를 건강하고 활동적이게 도와주는 셀레늄의 공급원이며 불포화 지방산이 대부분인 호두는 혈중 콜레스테롤을 감소시키고 흡수가 잘되어 정력에 도움이 된다.

26. 초콜릿

실제로 혈액 순환에 도움을 주며, 신경계를 민감하게 만들어서 욕구를 끌어 올려준다.
또 콜레스테롤이 제거되면서 혈액 순환이 향상되기 때문에 발기력이 좋아진다고 한다.

초콜릿에는 신경계를 민감하게 하여 욕구를 돋게 해주는 성분이 다량으로 포함되어 있어 연인 사이에 관능적인 오감을 발달시켜주는 최음제로도 알려졌다.

『동의보감東醫寶鑑』에 "옛 사람은 병이 났을 때 먼저 식품으로 치료하는 것을 먼저 하고, 식품으로 치료가 되지 않으면 비로소 약으로 치료하는데 식품에서 얻는 힘은 약에서 얻는 힘에 비하면 절반 이상이 된다."고 하였다.

한편 정력을 약화시키는 음식은 지나치게 짜거나 튀김 요리, 라면, 술, 콜라 등을 들 수 있다. 반면에 청국장이나 홍어 같은 발효음식은 정력에 좋다고 알려져 있다.

발효(醱酵, Fermentation)는 라틴어의 'fervere(끓는다)'에서 유래하였으며 산소 없이 당을 분해해서 에너지를 얻는 대사 과정을 말한다. 발효식품에는 프로바이오틱스가 풍부하여 면역체계를 향상시킨다고 한다.

한의학에서 '의식동원醫食同源' 혹은 '약식동원藥食同源'이라고 하여 의약과 음식은 그 근원이 같다고 하였듯이 음식으로 건강을 지키는 일이 무엇보다 중요하다고 본다.

A.I Artificial Intelligence 시대와 섹스 로봇

지난 몇 년 간 우리 사회에서 뜨거운 찬반 논쟁을 일으킨 문제가 리얼돌real dool의 수입허가였다. 대법원의 승인과 세관 당국의 통관 불허는 리얼돌을 어떤 관점에서 보느냐의 차이이다. 개인의 성적 만족을 위한 성인용품으로 인정해야 한다는 입장과 여성을 성적 대상화시키고 성범죄로 악용될 가능성이 높다는 입장의 대립은 좀 더 심각한 사회의 담론談論이 될 것이다.

인간은 욕망의 생명체이다. 그 욕망이 사회를 발전시킨 동력이 되었고 역사를 만들었다. 인간은 더 편하고 더 안락해지기 위해 끊임없이 물질문명의 탑을 높이 쌓아 올렸다. 또한 데스몬드 모리스의 '성적으로 진화한 인간'은 인공지능 시대에 인간의 본능이라는 섹스의 영역까지 고도로 지능화된 기술을 도입하게 되었다. 인공지능을 탑재한 섹스로봇은 리얼돌보다 훨씬 광범위하고 심각한 사회 문제로 이슈가 되고 있는 현실이다.

현재 각국에서 벌어지는 논쟁의 주제는 섹스로봇이 인간성을 파괴하느냐의 문제에 있다. 학자들 사이에서도 섹스로봇에 대한 순기능과 부정적 견해가 첨예하게 부딪치고 있는데 다가올 미래의 결과에 대해서는 누구도 확신하기는 어려울 것 같다.

스티븐 스필버그 감독이 2001년에 만든 영화 <A.I>에는 인간이 되고 싶었던 로봇 데이비드에게 남창男娼인 섹스로봇 지골로가 "로봇 애인을 경험하면 다시는 인간 남자친구를 만들고 싶다는 생각이 없어질 거야!"라는 말을 하는 장면이 나온다.

현재 섹스로봇은 인공지능과 바이오 기술, 로봇 공학, 의료 기술의 발전으로 날로 진화하는 현실이며 세계 각국에서 남성용, 여성용 등의 판매가 증가 추세에 있다.

그렇다면 섹스로봇은 사회에 어떤 변화를 가져올 것인가? 또 어떤 파장을 미칠 것인가? 생각해 보지 않을 수 없다.

인공지능 과학자 데이비드 레비David Levy 박사는 2007년에 『로봇과의 사랑과 섹스Love and Sex with Robots』에서 "현실의 연애에서 만족하지 못하는 사람들, 그리고 아동 성범죄자의 치료가 가능해질 것이다. 애정 관계가 어려운 사람에게 섹스로봇은 큰 선물이라고 강조하며 점점 더 많은 사람이 가상 도우미와 개인적인 연결감을 느끼고 우리는 로봇을 재미있는 대화 파트너로 받아들였다. 현재 인공지능의 발전 속도를 볼 때, 장기적 파트너십을 넘어 결혼도 가능하게 될 것."이라고 예측하였다.

또한 세계적인 미래학자 이안 피어슨Ian Pearson박사는 2016년 『미래의 섹스The Rise of the Robosexuals』라는 보고서를 통해 "2035년이면 대다수 사람들은 가상섹스를 하는 섹스토이를 가지며 2050년 로봇섹스가 인간끼리의 섹스보다 많아진다."고 전망하였다. 어디까지 예측에 불과할 뿐이지만 미래에 심각한 사회 문제가 될 수 있다고 본다.

2017년 국내 성인 콘텐츠 전문 사이트에서 진행한 설문조사에서 '5년 안에 섹스 로봇을 구매할 의향이 있다.'는 응답이 40%가 넘었다. 2020년 기준으로 1인 가구가 30%를 넘는 현실과 대비하면 섹스로봇의 수요는 계속 증가할 것이라 예상할 수 있다.

2017년 영국의 '책임 있는 로봇연구재단(Foundation for Responsible Robotics)'은 섹스로봇의 영향을 분석한 보고서를 발표하였다. 섹스로봇이 부부의 성욕 불균형을 해소하고 성관계 상대를 찾기 어려운 사람이나 노인, 장애인 등에게 혁신적 도구가 될 수 있지만, 여성이나 소아성애, 성폭행 등에 대한 욕망을 만족하는 데 악용될 수 있다고 우려했다는 것이다.

2018년 영국의 로빈매켄지 교수는 "인공지능과 로봇 공학이 결합해 머잖아 인간의 성적 욕구에 따라 지각력과 자아의식을 갖춘 남성·여성 섹스 로봇이 설계·생산될 것이고 섹스 로봇은 인간을 사랑하도록 제작돼 자기 학습 과정에서 인간에 대해 깊이 알고 고통도 느끼는 수준까지 올라 설 것"이라고 전망하였다.(<아시아경제>2018.12.11.)

그 후 2020년 미국에서 남성용 섹스로봇 하모니와 여성용 헨리가 출시되었다.

하모니는 안드로이드 앱과 연동해 20개 이상의 성격 및 표정, 말투 등을 내장했다. 대화가 가능한 건 물론이고 눈썹, 눈꺼풀, 안구, 입술, 턱 근육까지 움직여 인간의 표정을 구현한다. 이처럼 섹스로봇은 계속 진화를 하고 있는 중이다. 이에 대해 제니 클리먼Jenny Kleeman의 『AI시대, 본능의 미래Sex Robots&Vegan Meat』에서 섹스로봇에 대한 찬반의 입장을 언급하였다.

사용자들은 섹스로봇이 반려자를 찾지 못한 사람들의 결핍을 채울 완벽한 인간 대체재라는 것이다. 하지만 그 반대편에는 섹스인형이 소아성애자의 충동을 외려 부추긴다는 실험 결과와 함께 섹스로봇이 인간관계의 디스토피아를 가져올 것이라 믿는 사람들이 있다. 이들은 섹스로봇이 남성들이 권력과 지위를 잃어가는 시기에 등장한 피조물로 남자의 강간 판타지를 충족시킬 뿐이라며 비난의 수위를 높이고 있다.

제니 클리먼은 우리가 로봇과 관계를 맺었을 때 생길 인간성의 변화를 두려워한다.

순전히 주인을 즐겁게 할 목적으로 존재하는 파트너, 친척이나 생리주기나 화장실 습관이나 감정의 응어리나 독자적인 뜻과 같은 걸림돌 없이 언제든 사용 가능한 파트너를 소유하는 게 가능해진다면, 그리고 어느 한쪽만의 즐거움만 중요한 상황에서 타협할 필요 없이 성관계를 갖는 게 가능해진다면, 다른 사람과 상호 관계를 맺는 우리의 능력은 분명히 줄어들 것이다. 공감이 사회 소통에 필요하지 않은 때가 온다면, 공감은 우리가 연습해야만 하는 기술이 될 것이다. 그리고 우리는 모두 조금 덜 인간적이 될지도 모른다.

그의 예상은 어쩌면 다가올 미래의 현실이 될지도 모른다. 그보다 더 심각한 상황은 인간 사이에 공감 능력은 떨어지는 반면에 섹스로봇과 더 친밀해질 수도 있다.

로봇 공학의 발전은 섹스로봇이 단순한 성적 대상을 넘어서서 정서적인 유대감을 갖는 존재로 변할 수 있기 때문이다. 물론 반대로 인간을 위협하는 존재가 될 가능성도 없지 않다고 본다.

2015년의 영화 <엑스 마키나Ex Machina>는 인공지능을 가진 여성 로봇 에이바를 통해 인간의 미래에 대해 섬뜩한 결말을 보여주고 있다. 섹스로봇의 진화는 인간을 보조하는 존재가 아니라 지배자로 변할 수 있다는 가능성을 경고하는 메시지로 읽혀진다.

섹스로봇의 일상화는 소비자의 필요에 의해 결정되는 것이지만 현재 세계적인 추세로는 판매량이 증가하고 기능이 업그레이드되는 것도 현실이다.

이제 섹스로봇은 로봇과 인간, 인간과 인간의 관계에 대한 본질적인 문제를 던져주고 있다. 사랑이라는 감정과 정신적 교류, 정서적 친밀감을 인간에게서 느끼지 못하고 섹스로봇에게서 찾게 된다면 인간의 미래는 어떻게 펼쳐질 것인가.

한 예로 인간과 상호 작용을 목적으로 설계된 휴머노이드 로봇 소피아 Sophia는 60여 개 감정을 표현하며 사람과 대화할 수 있으며 인간과 비슷한 모습을 하고 있다.

섹스로봇이 인간의 모습을 하고 신체의 질감도 인간의 피부와 유사해지고 일상적 대화 뿐 아니라 좀 더 심도 있는 내용까지 말할 수 있으며 섹스 능력도 인간보다 훨씬 뛰어난다면 그야말로 인간의 존재는 무의미하게 되는 것일까.

아무튼 인간의 욕망과 자본주의의 결합이 섹스로봇 산업을 더욱 확장시킬 것이라는 사실은 충분히 예상할 수 있다. 외로운 사람이나 독신자로 성관계가 필요한 사람을 위해 만든 것에서 시작한 섹스로봇은 인류의 미래 사회에 커다란 변화를 예고하고 있다. 로봇과의 섹스, 로봇과의 결혼이 많아질 것이라고 전망하는 입장과 섹스로봇이 사회에 가져다 줄 부정적인 영향에 대해 두려움을 느끼는 찬반의 논쟁은 계속되고 있다. 그런데 섹스로봇의 긍정적인 작용도 분명히 있다고 보인다. 그리고 심각한 재앙이 될 수 있다고 무조건 막을 수 있는 일은 아니라고 생각한다. 아직 우리 사회에서는 섹스로봇에 대해 큰 관심을 갖지 않고 있다. 그러나 머지않아 닥칠 문제라 생각한다. 따라서 앞으로 섹스로봇에 대한 사회적 담론이 필요할 것으로 보인다.

인간과 로봇의 경계가 불분명해지는 지점에서 인간의 사랑과 섹스는 어느 쪽을 향할 것인가? 그리고 과학의 발전이 인간의 삶을 얼마나 변화시킬 수 있는지 또한 그 변화가 행복지수를 높일 것인지 궁금해진다.

1980년 대 까지도 성性 혹은 섹스라는 단어는 우리 사회에서 금기어처럼 여겨졌다. 그런데 언제부턴가 성은 방송이나 잡지, 인터넷 등에서 연애와 결혼에서 중요한 문제로 다뤄지고 있는 현실이다. 그만큼 성에 대해 개방적으로 변했다고 볼 수 있다. 예전에는 여성의 혼전 순결을 금과옥조金科玉條처럼 강요하기도 하고 혼전 동거나 혼전 임신에 대해 그 책임을 일방적으로 여성에게 떠맡기기도 하였다. 부부간의 성 관계에서도 여성은 자신의 성욕을 표현하기 어려웠고 남편의 욕구만이 당연한 것으로 여겨졌다. 그러나 오늘날 여성의 법적 사회적 지위가 향상되면서 성에 있어서 여성들도 자신의 목소리를 내게 되었다. 그런데 자유롭고 개방적인 성 문화의 폐해는 오히려 연애와 결혼 생활의 갈등을 부추기는 것이 아닐까 라는 생각이 든다. 또한 자본주의 체제에서 성은 소비재처럼 취급되고 섹스 관련 산업은 날로 번창하고 있는 것도 현실이다. 그리고 남녀를 평가하는 기준을 '섹시하다'는 성적 매력에 두는 것은 매스컴에서 조장한 결과라고 보인다. 그러면 섹시한 남녀는 섹스를 잘하는 것일까?

그것은 별개의 문제이다. 섹스를 잘한다는 것은 무슨 뜻일까? 하룻밤에 몇 번 씩 성행위를 하는 것이 과연 행복한 성이라 할 수 있을까? 개인마다 타고날 때부터 체력이 다르듯이 성 에너지도 각각 다르다고 볼 수 있다. 그런데 아무리 체력이 좋아도 지나치게 무리하면 지치고 질병에 노출될 위험이 있는 것처럼 성 에너지도 마찬가지라고 생각한다.

일반적으로 남성들은 정력의 기준을 섹스 횟수가 많고 오래 지속하는 것이라고 생각하지만 그것은 판단의 오류일 뿐이다. 밤새 섹스를 하고 다음 날 눈이 퀭해지며 초죽음 상태가 된다면 생명을 단축시키는 지름길로 가는 일이다.

현재 인간 수명 100세를 향해가는 시대에 노년에도 성생활은 계속 지속될 수 있지만 그것은 개인의 정신적 신체적 건강에 따라 차이가 나게 된다. 그렇다면 노년이 되어서까지 건강하고 행복한 성을 유지하는 방법은 무엇일까?

이 책은 행복한 성생활을 위해서 성에 대한 의미와 역사 속의 성을 살펴봄으로써 지침으로 삼고자 하였다. 먼저 섹스라는 뜻부터 살펴보았다.

섹스라는 영어 단어의 어원을 보면 '분리하다'란 뜻의 라틴어 '세카레 secare'에서 유래되었다.

플라톤의 『향연饗宴』에 분리된 유래가 나오는데 아리스토파네스가 말하기를 "신들에게 반기를 든 인간들을 벌하기 위해 제우스가 인간의 힘을 약화하기 위해 반으로 쪼개어 놓았고, 그래서 모든 사람은 자신의 반쪽을 찾아 완전함을 이루고자 하며 이런 욕망을 에로스"라고 하였다.

섹스의 원래 의미는 생물학적인 성별로 남녀의 구별을 말하고 이 경우로 쓰일 때는 보통 M/F(Male/Female)로 구분한다. 수컷과 암컷이라는 뜻도 있다.

일반적으로 '섹스'라고 하면 거의 대부분 성관계(sexual intercourse)를 떠올리게 되는데, 영어로도 '성관계(sexual intercourse)'가 어원으로 단어를 줄여서 같은 의미로 쓰게 된 것이다. 성관계를 속되게는 fuck이라고 하여 욕설로 통한다.

섹스를 한자로 표기하면 색色이 된다.

『한서漢書』, 「외척전外戚傳」에는 경국지색傾國之色이라 하여 나라를 기울게 할 정도의 미색이라는 글귀가 나오는데 한무제의 신하였던 이언년이 자기 누이의 아름다움을 자랑하여 한무제의 총애를 받게 하였다. 경국지색은 중국 한무제(漢武帝, B.C156~87) 때 이연년李延年이 지은 다음과 같은 시에서 비롯되었다.

北方有佳人 絶世而獨立 一顧傾人城 再顧傾人國 寧不知傾城與傾
國 佳人難再得
북쪽에 어여쁜 사람이 있어 세상에서 떨어져 홀로 서 있네. 한번 돌아
보면 성을 위태롭게 하고 두 번 돌아보면 나라를 위태롭게 한다. 어찌
성이 위태로워지고 나라가 위태로워지는 것을 모르리요만 어여쁜 사
람은 다시 얻기 어렵도다.

색이란 글자를 풀어보면 다음과 같다.

색色을 후배위後背位의 성애 장면을 그린 것으로 보는 것이 자형에 근
접한 해석이 아닌가 싶다. '설문해자說文解字'에서 제시했던 머리 혈頁

과 터럭 삼彡과 의심할 의疑로 구성된 색色의 이체자도 머리를 돌려 뒤돌아보는 모습에 강렬하게 나타난 얼굴빛을 강조한 글자다. 그래서 색의 원래 뜻은 성애 과정에서 나타나는 흥분된 '얼굴색'이며, 이로부터 '성욕'과 성애의 대상인 '여자', 나아가 정신의 혼미함 등을 뜻하게 되었다. (하영삼교수의 풀이)

색은 교합交合의 뜻이다. 성적인 교태를 부릴 때 하는 말을 '색 쓴다'고 하는데 성교한다는 의미가 있다.

중국의 사상가 고자告子는 생生을 성性이라 한다든가, 식食과 색色은 성性이라고 하여, 타고난 기질 그대로의 식욕과 성욕이라고 하는 동물과 같은 생리적인 욕구의 현상을 성이라고 생각하였다. 그 결론으로서, 그는 성은 선善도 악惡도 아니라고 주장하였다. 그러나 맹자는 동물과 인간이 생긴 그대로의 상태에서 가지고 있는 식食과 색色을 성性으로 보는 이런 견해에 대해서 "개의 성이 소의 성과 같고, 소의 성이 사람의 성과 같다는 말씀입니까?"라고 반문하였다. 그런데 맹자는 인간에게는 동물과 다른 무엇이 있을 것이며, 그것이 인간의 타고난 도덕성, 즉 인의仁義라 하여 동물과 구별하려고 하였다. 이때 성적 욕망은 색色과 연관되는데 특히 색의 원래 의미라 할 얼굴 표정에서 벗어나 여색의 의미로 굳어지면서 여인을 색으로 말하게 된다.

그러면 성 혹은 섹스에 대한 순 우리말은 무엇일까?

사전의 의미로 '얼우다'라는 뜻인데 얼운이 변해 어른이 되었다고 한다. 즉 남녀가 얼우면 어른이 된다고 볼 수 있다. 황진이의 시조에 나오는 '얼운님 오신 날 밤이어든'에서 얼운님은 서로 섹스를 한 정인情人이라는 의미로 해석된다.

섹스는 순 우리말로는 표준대백과사전에 '빠구리'라는 속어로 되어 있는데 전라도 지역에서는 전혀 다르게 '땡땡이 친다'는 뜻으로 사용한다. 그런가 하면 '씹'이란 말이 욕의 접두어로 쓰이는데 사전의 의미로는 하나는 여성의 성기를 가리키는 뜻이고 다른 의미로는 성관계를 갖는다는 뜻이다.

일례로 '씹선비'라는 말은 선비를 비하하는 의미인데 고상하고 잘난 척하는 사람을 빗대어 지칭한 것이다. 그런가 하면 '앉은뱅이 씹자랑하네'라는 말은 별 볼일 없으면서 자랑하는 것을 뜻한다. 속담에 '씹에 길 나자 과부된다더니', '이 호강 저 호강해도 씹 호강이 제일이다', '봄 씹 세 번에 초상난다', '고기는 씹는 맛, 씹은 박는 맛이다', '토끼 씹하듯 한다(일을 후다닥 해치울 때)'는 등 씹이 들어간 속담이 많이 있다. 그것은 성이 인간의 기본 욕구라는 사실을 일깨워준다.

그 외 흔히 쓰는 말로 '떡친다'라고 하는데 원래는 떡을 떡메로 세게 부딪치게 하다라는 뜻으로 떡매와 절구의 모양이 마치 남녀의 성기를 닮은 듯해서 나온 것으로 남성 중심의 표현법이라 볼 수 있다.

색이시습지 불역열호色而時習之 不亦說乎는 색을 때때로 익히면 이 또한 즐겁지 아니한가라는 뜻이며 여기서 색은 성을 뜻한다.

영화 <색,계 Lust, Caution>에서 색色은 욕망, 계戒는 주의, 경고하다는 뜻이다.

중일전쟁(1937~1945) 속에서 구국의 임무 대신 사랑을 택한 여주인공은

색의 덫에 걸린 것일까?

사실 색과 계는 양립할 수 없는 문제로 우리 삶 속에서도 늘 갈등의 여지를 주고 있는 문제라 할 수 있다. 인간의 욕망은 사회규범 속에서 일정 부분 통제되기 때문이다.

한편 불교에서 색은 넓은 뜻으로는 물질적 존재, 즉 변화하고 소멸되며, 일정한 공간을 배타적으로 점유하여 다른 것과 그 공간을 공유하지 않는 사물을 총칭한다고 본다. 색즉시공色即是空은 눈에 보이는 현상은 인연因緣에 따라 끊임없이 생겼다가 소멸하는 것이지 실재하는 존재가 아니라는 뜻으로 『반야심경般若心經』에 나오는 글귀이다.

2002년에 개봉된 <색즉시공>에서 색도 성을 뜻한다.

그런데 20년 가까이 지난 현재까지도 성은 음담패설의 소재로만 인식하고 있는 것이 현실이다. 물론 성 자체는 자연적인 것이고 생존의 필수 조건임은 부인할 수 없는 사실이지만 문제는 어떤 상황에서 어떤 관계에서 어떻게 이루어지느냐에 따라 추함과 아름다움, 범죄와 미덕으로 나뉘는 것이다.

오늘날에는 2세를 얻는 것보다 연인과 부부 사이에 성에 대한 정확한 지식과 올바른 성 인식을 갖는 것이 행복하고 건강한 성생활을 위한 필수 조건이 된다고 볼 수 있다.

우리는 과연 성에 대해 얼마나 정확하게 알고 있을까?

우리가 색깔을 구별하지 못하는 상태를 가리켜 색맹色盲이라고 하는데 성에 대한 무지와 오류를 범하는 것 역시 색맹이라 할 수 있다.

성性도 이제는 우리가 배워야 할 필수 교양덕목이라고 생각한다.

EPILOGUE

성에 대한 건강한 인식은 시민으로서 갖춰야 할 기본 덕목인 동시에 행복한 삶을 위한 필요조건이라 할 수 있다.

개인적인 의견으로 이제 성 관련 교육이나 상담, 치료에 대해 지자체나 국가에서 관심을 갖고 시스템을 구축하여 국민건강 차원에서 지원해야 된다고 생각한다.

이 책을 읽는 독자 여러분의 행복한 삶을 위해 작은 도움이 되기를 바라는 마음이다.

추천사

평소 저자와 나눈 대화중에서 가장 인상적이었던 것이 그녀의 성(性)에 대한 해석이었다. 때문에 우리가 성에 대해 편견을 갖게 된 이유에는 다양한 배경이 있었음을 알게 되었다. 인문교양서 『불멸의 성』은 누구나 한 번쯤 읽어본다면 세상의 갈등이 크게 해소되리라 생각한다.

고영림(언어학박사, 제주프랑스영화제 집행위원장)

저자는 『불멸의 성』을 통해 성이라는 민감한 주제를 그 특유의 솔직담백한 성격을 보여주듯 툭~하고 우리에게 내민다. 특히 1부 <우리 역사 속의 성>은 성이 제도와 금기를 넘어선 욕망이라는 점을 환기시켜준다. 일단 책을 펼치면 술술 읽게 되어 독자들은 어느새 이전과는 사뭇 다른 새로운 패러다임으로 性을 마주하게 될 것이다.

김순정(성신여대 융합문화예술대학장/평생교육원장)

『불멸의 성』은 2부에서 다룬 문학과 영화 속의 에로티즘, 동성애, 장애인의 성, 노인의 성, 섹스리스, 인공지능 시대의 사랑 등을 통해 성에 대한 다양한 탐색이 돋보인다. 이는 공동체로 살아가는 현대인들에게 보다 자유롭고 해방된 성의식의 포용력을 제시하고 있다.

이공희(영화감독/아시아 인스티튜트 미디어아트센터장)

불멸의 성性

발행일 2022년 10월 28일

지은이 임해리
펴낸이 박승합
펴낸곳 노드미디어

편 집 박효서
디자인 권정숙

주소 서울시 용산구 한강대로 341 대한빌딩 206호
전화 02-754-1867
팩스 02-753-1867
이메일 nodemedia@daum.net
홈페이지 www.enodemedia.co.kr

등록번호 제302-2008-000043호

ISBN 978-89-8458-352-8 03300
정가 19,500원